Chi An Kuei

Himmlische Verführung

Die Astrologie der Liebe

Ullstein

Ullstein Buchverlage GmbH & Co. KG,
Berlin
Taschenbuchnummer: 35779

Ungekürzte Ausgabe
November 1998

Umschlagentwurf:
Vera Bauer
Unter Verwendung einer Abbildung von
Photonica/Ann Cutting

Printed in Germany 1998
Gesamtherstellung:
Ebner Ulm
ISBN 3 548 35779 2

Die Deutsche Bibliothek –
CIP-Einheitsaufnahme

Ji, Anguei:
Himmlische Verführung :
die Astrologie der Liebe /
Chi An Kuei. –
Ungekürzte Ausg. –
Berlin : Ullstein, 1998
(Ullstein-Buch ; 35779)
ISBN 3-548-35779-2

Inhalt

♈	Widder	*21. 3.–20. 4.*
♉	Stier	*21. 4.–20. 5.*
♊	Zwillinge	*21. 5.–21. 6.*
♋	Krebs	*22. 6.–22. 7.*
♌	Löwe	*23. 7.–23. 8.*
♍	Jungfrau	*24. 8.–23. 9.*
♎	Waage	*24. 9.–23. 10.*
♏	Skorpion	*24. 10.–22. 11.*
♐	Schütze	*23. 11.–21. 12.*
♑	Steinbock	*22. 12.–20. 1.*
♒	Wassermann	*21. 1.–19. 2.*
♓	Fische	*20. 2.–20. 3.*

Vorwort

Über Sternzeichen ist schon viel geschrieben worden, und auch auf den folgenden Seiten werden Sie sicherlich Bekanntes und schon Gesagtes finden. Der Schwerpunkt dieses Buches liegt allerdings auf dem Thema Erotik und Verführung.

Um auch die intimsten Details aller Zeichen aufzuspüren, haben wir natürlich die interessanteste Seite der Astrologie offengelegt, zusätzlich aber gründlich recherchiert und in Gesprächen unseren Interviewpartnern die schonungslose Wahrheit und die geheimsten Wünsche entlockt. Sie werden sich wundern, zu welchen Ergebnissen wir gekommen sind. Sie werden Venustöchter, Flatterhafte, Draufgänger, Jäger und Raubtiere kennenlernen. Sie erfahren, wo die erogenen Zonen von A bis Z liegen, was sie am liebsten mögen, vom Widder bis zum Fischegeborenen, wen man mit Wasser und Seife verführt, wen mit Champagner und Kerzenlicht – und vieles mehr.

Halten Sie die Augen offen und nehmen Sie die Möglichkeit wahr! Begeben Sie sich in die Welt der himmlischen Verführung, und träumen Sie ein bißchen. Lesen Sie kreuz und quer, schmökern Sie, vergleichen Sie, und lassen Sie es auf sich wirken und Ihre Phantasie spielen. Vielleicht werden Sie dem einen oder anderen nicht zustimmen – oder doch? In den Beschreibungen werden Sie sicher manchmal Ihren Partner und sich selbst wiedererkennen. Aber: Betrachten Sie das Ganze doch mit einem Augenzwinkern. Und vielleicht, wenn Sie ganz ehrlich zu sich sind und tief in sich hineinhorchen, dann fragen Sie sich, ob nicht doch etwas Wahres dran ist. Ihren Partner sehen Sie ab heute bestimmt aus einem ganz anderen Blickwinkel! In erster Linie soll Ihnen dieses Buch natürlich Spaß am Leben bringen, aber auch einige Anregungen zum Thema Partnerschaft geben. Egal ob man als Widder, Steinbock oder Wassermann zur Welt gekommen ist, jeder hat eine

Chance, sein Glück zu finden. Wenn Sie bereit sind, die in Ihrem Zeichen gesetzten Anlagen, Talente und Denkstrukturen, aber auch Grenzen zu erkennen. Denn darin liegt Ihr persönliches Glück.

Zum Abschluß möchte ich mich bei allen, die zum Gelingen dieses Buches beigetragen haben, herzlich bedanken.

Die Macht des Schicksals

Vom Treffen, Finden und Funken – Wo und wie findet man sie/ihn?

Wenn irgendwo ein Funke überspringt, der ein Feuer zum Lodern bringt, muß es einen leicht entzündlichen Stoff geben und etwas, das ihn entzünden kann. Diesen physikalischen Vorgang kann man gut mit dem vergleichen, der stattfindet, wenn sich ein Mann und eine Frau begegnen. Man spricht ja nicht umsonst davon, daß jemand Feuer fängt oder »entflammt« ist, beziehungsweise von heißen Nächten oder Affären. Doch während bei dem einen ein wahrer Feuersturm losbricht, entwickelt sich beim anderen nicht mal das kleinste Flämmchen. Warum? Weil die Mischung nicht stimmt, zum Beispiel. Die »Chemie« muß stimmen oder, um es auf unser Thema zu beziehen: Die Konstellation der Sterne muß die richtige sein.

So ist es unwahrscheinlich, daß eine Löwefrau Interesse an einem Löwemann zeigt, daß ein Skorpionmann eine Widderfrau verführt oder die Wassermannfrau mit einem Fischemann nach Hause geht. Aufgrund von Charakterzügen, Gewohnheiten und Vorlieben passen diese Zeichen nicht zusammen. Es funkt einfach nicht. Dafür verliebt sich der Krebsmann zum Beispiel in eine Steinbockfrau, die Widderfrau flirtet mit einem Steinbockmann, der Löwemann umwirbt eine Krebsfrau.

Natürlich wollen wir das Ganze nicht zu ernst betrachten, sondern mit Humor nehmen. Außerdem können wir nur Tendenzen aufzeigen und müssen uns letztendlich den Gesetzen der Wahrscheinlichkeit fügen, abgesehen davon, daß einem die Aszendenten ganz schön ins Gehege kommen und zwei völlig widersprüchliche Partner zusammenführen können. Wo die Liebe hinfällt eben . . .

Bevor wir im folgenden Kapitel auf jedes Sternzeichen im

Detail eingehen und Sie deren Persönlichkeit sowie Liebesgeheimnisse kennenlernen, tasten wir uns hier erstmal vorsichtig an jeden heran. Schauen wir uns an, wo sich die einzelnen Sternzeichen aufhalten und wer sich für wen interessiert.

Nehmen wir am besten einen Ort der Kommunikation, wo Menschen ausgelassen plaudern, auf Partnersuche sind, einen One-Night-Stand suchen oder einfach nur ein bißchen flirten wollen. Es kann die Kneipe um die Ecke sein, eine Cocktail-Bar oder ein Bistro. Der *Stiermann* ist hier Stammgast. Er kam schon gleich nach der Arbeit, um die frischen Muscheln zu probieren. Jetzt, etwas später, steht er quasselnd an der Bar. Er trägt noch seinen Boss-Anzug mit einer etwas auffälligen Krawatte, aber er ist eine männliche und gepflegte Erscheinung. Oft sieht man ihn in männlicher Gesellschaft. Sollten nicht einige seiner Freunde noch reinschneien, findet er schon jemanden, dem er ein Gespräch anhängen kann, zum Beispiel der sympathischen Blondine, die sich mit einer Freundin eben neben ihn gestellt hat. Sie ist eine *Waagefrau.* Geschmackvoll gekleidet, sehr apart und perfekt geschminkt, kramt sie mit ihren langen lackierten Fingernägeln in ihrer Ledertasche, aus der sie Zigaretten und ihr Cartier-Feuerzeug zieht. Doch der *Stiermann* kommt ihr schnell zuvor, gibt ihr Feuer und fragt sie im gleichen Atemzug, was sie trinken möchte.

An der Bar, aber etwas abseits, sitzt übrigens ein *Waagemann.* Ernst nippt er an seinem Cuba Libre und macht ein Gesicht wie drei Tage Regenwetter. Er wirkt zwar sehr interessant und strahlt eine Mischung aus Freiheit und Abenteuer aus, doch leider ist er eine Spur zu cool und zu verschlossen. Seine Wildlederjacke, unter der er auch noch einen Cashmirpullover trägt, zieht er trotz der Hitze in der Bar nicht aus. Sein Blick geht aber plötzlich in Richtung Tür, sein Herz fängt an zu schlagen, denn sein Schwarm, eine *Stierfrau,* hat die Bildfläche betraten. Seit Wochen beobachtet er sie, aber er traut sich nicht, sie anzusprechen. Insgeheim wartet er darauf, daß sie den ersten Schritt macht, doch leider hat sie noch keine Notiz von ihm genommen. Wie auch, im Halbdunkel des Thekenendes? Lässig hängt sie ihren Kunstpelzmantel (man ist tierlieb!) auf, wirft sich ihr Täschchen um die Schultern und geht erstmal hüftschwingend Richtung Toilette. Aus den Augenwinkeln beobachtet er sie und spürt schon, wie die Eifersucht in ihm hochsteigt, weil ihr wieder etliche Männerblicke folgen. Ihr enganliegendes Kleid betont ihre Taille und ihren wohlgeformten Po, ihre Augen sind ausdrucksvoll geschminkt, und an ihrem Hals blitzt ein kleiner Brillant. Sie lächelt charmant in die Umgebung – aber den *Waagemann* sieht sie wieder nicht. Kurze Zeit später begrüßt sie einen *Jungfraumann* mit kurzem Kopfnicken, will aber gleich weitergehen, denn sie muß ihr Make-up und ihre Frisur überprüfen. Aber so schnell kommt sie nicht davon! Er steht erstmal auf, schließt einen Knopf seines Jacketts, das wieder mal tadellos zu seiner übrigen Garderobe paßt und sein Image als gutsituierter Geschäftsmann unterstützt, und begrüßt sie mit einem warmen Handschlag. Er verbeugt sich leicht, macht ihr erstmal ein Kompliment und fragt, mit welchem Zaubertrank er sie verwöhnen darf.

In der Zwischenzeit hat der *Waagemann* Gesellschaft bekommen. Ein schillerndes weibliches Wesen mit riesengroßen goldenen Ohrringen und einer tiefausgeschnittenen Seidenbluse, die sich als *Löwefrau* erweist, hat diesen stillen Herrn nach der Uhrzeit gefragt. Ihrer Freundin, einer *Wassermannfrau,* hat sie den Rücken gekehrt, denn heute will sie mal wieder richtig flirten, und wer weiß, so charmant und gesprächig, wie er gerade wird, ergibt sich vielleicht noch das eine oder andere zu späterer Stunde. Da ihre Freundin aber *Wassermannfrau* ist, nimmt sie es ihr nicht krumm. Sie findet anderweitig Ablenkung, denn gerade ist ein *Zwillingmann* eingetreten, der sie auch gleich anlächelt und sich in ihre Nähe stellt – schließlich hat sie zurückgelächelt. Es dauert keine fünf Minuten, bis die zwei in ein lebhaftes Gespräch verwickelt sind. Er war gerade im Kino und erzählt ihr gestikulierend, wie genial die Kameraeinstellungen in diesem Film waren, während sie zum besten gibt, daß sie mit einem der Nebendarsteller befreundet ist. Nach kurzer Zeit verabschiedet sich die *Wassermannfrau* von ihrer Löwefreundin, um mit dem Zwillingmann noch auf die Party eines befreundeten Designers zu gehen. Er hilft ihr noch in ihre Lederjacke, streift sich selbst sein Gaultier-Jackett über und öffnet ihr die Tür, um mit dieser quirligen jungen Frau zu neuen Abenteuern aufzubrechen.

Hier prallen sie erstmal mit einem *Widdermann* zusammen, der dynamisch ins Lokal stürmt. Er will auf keinen Fall zu spät kommen und seine Freunde warten lassen. Während der Tagung in seiner Firma hatte er noch eine Auseinandersetzung mit einem *Steinbock-Kollegen* (über diesen *Steinbockmann* können wir vorerst nicht viel sagen, da er noch im Fitneßstudio seinen Ärger runterschwitzt und insgeheim hofft, seine angebetete Widderfrau zu sehen). Einem *Widdermann* könnte man übrigens auch im Fitneßstudio begegnen, doch da sollte man ihn nicht ansprechen. Er konzentriert sich auf seinen durchtrainierten Körper und hat ausnahmsweise mal keine Frauen im Kopf. Meistens ist er aber wie hier in geselliger Runde anzutreffen.

An einem Tisch sitzen etwa sechs Leute, die alle »Na endlich!« rufen, denn der *Widdermann* ist tatsächlich noch in seiner ganzen imposanten Männlichkeit erschienen. Leger, aber geschmackvoll gekleidet, steht er erstmal selbstsicher vor den bereits Anwesenden und erklärt, was er wieder für einen Streß hatte.

Der Bedienung ruft er zu »Das gleiche wie immer!« und hält kurz Ausschau, was heute so an weiblichen Exemplaren vorhanden ist. Vielleicht könnte er die Hübsche mit dem extravaganten Haarschnitt vom Nebentisch abschleppen. Sie hat ihm zwar nur kurz, aber tief in die Augen geblickt. Es ist übrigens eine *Fischefrau,* die gerade mit einer *Schützefrau* am Tisch sitzt. Sie macht ihre Gesprächspartnerin auf den gutaussehenden Widdermann aufmerksam. Während er sie gemustert hat, sind ihr lustvolle Schauer über den Rücken gelaufen. Genau das ist ihr Typ. Sie bewegt sich so, daß sie seine Aufmerksamkeit weckt, spielt mit ihrem Haar, lacht etwas lauter als sonst und spürt, daß er hin und wieder zu ihr rüberschaut.

Die *Schützefrau* bekommt davon gar nichts mit. Sie hat diesen Laden, den sie eigentlich haßt, nur betreten, weil sie sich in den Barkeeper verliebt hat. Sie hat sich zurechtgemacht, ihr neues Stretchkleid angezogen (und bereut, daß sie am Abend zuviel Pasta gegessen hat), sich parfümiert und all ihren Modeschmuck angelegt. Dieser Barkeeper, der hier für die durstigen Kehlen sorgt, die Cocktails mixt und seine Crew managt, ist ein junger dynamischer *Löwemann.* Er hat alles unter Kontrolle, kennt die meisten Gäste und ihre Gewohnheiten und verliert auch in der größten Hektik nicht die Ruhe. Er flirtet mit den weiblichen Gästen, ohne daß ein Fehler in der abendlichen Abrechnung zu finden sein wird.

Doch verlassen wir die Szenerie und folgen dem *Wassermann-Zwilling-Paar* auf die Party, denn auch hier ist ein interessantes buntes Völkchen eingetroffen. Der Gastgeber, ein *Fischemann,* der gerade Geburtstag feiert, heißt alle in seiner 120-Quadratmeter-Altbauwohnung willkommen. Er ist schon ganz unruhig, weil die *Widderfrau,* auf die er eigentlich wartet, noch nicht gekommen ist. Dafür ist mittlerweile die *Jungfrau-Frau* eingetroffen, die sich für die Verspätung entschuldigt, da sie im Theater war und anschließend ihre Freundin, eine *Steinbockfrau,* die von einer Geschäftsreise kam, noch vom Flughafen abholen mußte. Die *Steinbockfrau* kippt etwas müde den Empfangscocktail runter, denn eigentlich hatte sie überhaupt keine Lust mehr auf gesellschaftliche Ereignisse. Sie wurde eben einfach mitgeschleift mit dem Argument, daß sie auch mal raus müsse, und schließlich seien so interessante Leute da. Nachdem die *Jungfrau-Frau* ihre gestreßte Freundin erstmal mit Getränken und einem Teller mit den Resten vom kalten Buffet versorgt hat, begrüßt sie die tausend Leute, die sie hier kennt. Darunter befindet sich einer ihrer Verehrer, ein *Krebsmann,* der sich vorgenommen hat, dieser Frau endlich und offensichtlich den Hof zu machen. Er ist heute zwar etwas unpassend angezogen, weil sich sein einziger Anzug in der Reinigung befindet und er wieder mal auf Jeans und Baumwollhemd zurückgreifen mußte, aber mit einem unwiderstehlichen Kompliment bringt er die *Jungfrau-Frau* doch noch dazu, ihm zuzuhören. Schnell läßt sie sich fesseln, denn das Gesprächsthema ist die Inszenierung des Theaterstücks, und überhaupt – das Theater, die Literatur, die Kunst . . . Lassen wir die beiden mit ihrer Grundsatzdiskussion zum Thema Kunstwerk im Zeitalter der technischen Reproduzierbarkeit allein und widmen uns der schlechtgelaunten *Steinbockfrau,* die jetzt langsam auftaut, weil sie einen *Skorpionmann* im Visier hat. Dieser coole Typ ist genau das Gegenteil zu den Anzugsfritzen, die sie jeden Tag ertragen muß. Leider steht er gerade im Umkreis von mehreren Leuten, die einer *Krebsfrau* zuhören und zusehen. Witzig und spritzig gibt diese gerade die neuesten Stories aus ihrer WG zum besten. Sie hat übrigens ein Auge auf einen *Stiermann* geworfen (auch hier hält sich eines dieser Exemplare auf), von dem sie weiß, daß er Flugpilot und leider nur für zwei Tage in der Stadt ist. Irgendwann erhascht die *Steinbockfrau* einen Blick des *Skorpionmannes* und lächelt ihm zu, worauf er sich auch prompt neben sie setzt, um ihr zu sagen, daß er sie schon seit längerem beobachtet hat, oder was man sonst so an altbewährten Sprüchen losläßt.

Endlich ist zur Freude des *Fischemannes* auch die *Widderfrau* eingetroffen, in Begleitung eines *Wassermann-Mannes,* den sie als einen Bekannten vorstellt. Während der *Wassermann-Mann* sich gleich umschaut, was hier läuft, und sich an der Hausbar selbst bedient, stolpert er glatt über eine *Skorpionfrau,* die er mit einer seiner trockenen Bemerkungen lauthals zum Lachen bringt. Mit ihr hat er gleich die richtige Gesprächspartnerin getroffen, denn offensichtlich hat sie den gleichen Humor wie er. Eigentlich wollte sie gerade gehen, doch jetzt, wo dieser lässige und sympathische *Wassermann* aufgetaucht ist, bleibt sie noch. Sie entledigt sich also wieder ihrer Kostümjacke, setzt sich auf diese drauf, denn der Stuhl ist so unbequem, und läßt ihr kräftiges Sprachrohr erschallen.

In der Zwischenzeit mußte sich die *Widderfrau* um den besorgten *Fischemann* kümmern, der gleich eifersüchtig nachfragte, wer sie da begleitet hat, aber sie schafft es schon, ihn zu beruhigen. In seinen Augen sieht sie wieder perfekt aus: Der enganliegende schlichte Hosenanzug (ein zufällig günstig erstandenes Einzelstück), der ein Vermögen gekostet haben muß, steht ihr vorzüglich, ihr ganz dezentes Make-up unterstreicht die ausdrucksvollen Züge ihres Gesichts, und dieses Lächeln, das alles mögliche hoffen läßt, aber nichts verspricht, ist einfach verlockend.

Wenn es jetzt zu vorgerückter Stunde noch klingelt, kann es eigentlich nur eine *Zwillingfrau* sein. Tatsächlich, lachend und schon etwas angeheitert betritt eine solche die Bildfläche. Nach einer Vernissage war sie schon auf einem anderen Fest, doch nach einer Stunde zog sie gelangweilt ab, so daß sie doch noch vorbeigekommen ist (wie könnte sie auch eine Party sausenlassen!?).

Niemand ist ihr böse, denn sie ist ein willkommener Gast, der, selbst wenn die ersten Ermüdungserscheinungen bei einigen Gästen auftreten, noch Stimmung und Spannung in die Bude bringt. Ihre Ausstrahlung ist imponierend, schnell ist sie zum Mittelpunkt geworden und sieht sich von mehreren Männern gleichzeitig umworben, ganz nach ihrem Geschmack. Doch bei einem *Schützemann* bleibt sie hängen. Für ihre Begriffe trägt er zwar sein Hemd zu weit offen, und auf Goldkettchen, die sich in den Brusthaaren verfangen, steht sie auch nicht, aber was soll's. Er läßt einfach nicht locker, denn mit dieser Frau will dieser Aufreißer heute nach Hause gehen. In den vergangenen Stunden hat er schon einige in Beschlag genommen, aber diese entspricht allem, was er sich vorgestellt hat.

Mittlerweile ist es reichlich spät geworden. Die Party nähert sich langsam ihrem Ende, und die meisten Gäste sind schon gegangen. Nur die Nachteulen harren noch aus.

Auch in unserer Barszenerie ist nicht mehr viel los. Die Stühle wurden bereits hochgestellt, die Tür zugesperrt. Ob hier oder dort, Menschen sind sich begegnet, haben miteinander geredet, sich verliebt, gestritten. Manche Begegnungen sind oberflächlich, manche vielleicht für ein ganzes Leben bestimmt. Und die Begegnungen, die wir heute beobachtet haben, wie mögen sie ausgehen? Das steht wohl in den Sternen? Es könnte vielleicht so gekommen sein:

Der *Löwefrau* ist es in der verrauchten Bar zu voll geworden. Sie hat den *Waagemann* noch zu einer Tasse Kaffee in ihre Wohnung eingeladen. Der *Stiermann* hat sich irgendwann mit der *Waagefrau* an einen Tisch gesetzt, um sich in Ruhe zu unterhalten (und zu überlegen, wie es weitergehen könnte). Am nächsten Abend wird er sie zum Abendessen einladen, das ist schon mal sicher. Der *Jungfraumann* hat seine reizende *Stierfrau* mit dem Taxi bis nach Hause gebracht, sich mit Handkuß verabschiedet, aber mittlerweile duzen sie sich. Damit ist man schon mal einen großen Schritt weitergekommen. Der *Widdermann* geht da ganz anders vor. Er hat die *Fischefrau* überredet, mit in sein Appartement zu kommen, und vernascht sie mit Haut und Haaren. Die *Schützefrau* sitzt im Morgengrauen an der Bar, trinkt einen Tequila mit dem *Löwemann*, der in zehn Minuten Feierabend hat.

Und was macht die Partyszenerie? Die *Widderfrau* übernachtet bei ihrem *Fischemann* (sie hatte den Kulturbeutel mit ihrem Kontaktlinsenbehälter bereits dabei). Der *Krebsmann* begleitet die *Jungfrau-Frau* nach Hause, hofft, daß sie ihn jetzt noch einlädt, verabredet sich aber am Ende zu einem Ausflug ins Grüne für das kommende Wochenende. Die *Krebsfrau* und ihr *Stier-Pilot* haben heftig miteinander geflirtet. Es macht ihn ganz traurig, daß er bald abreisen muß, doch sie fragt ihn bereits, wann sie sich wiedersehen. Die *Steinbockfrau* sitzt im Auto des *Skorpionmannes* und redet mit ihm über Gott und die Welt, bis die Sonne schon hoch am Himmel steht. Der *Wassermann-Mann* tanzt mit der *Skorpionfrau* in einer Diskothek, und *last but not least* hat sich der *Schützemann* mit der *Zwillingfrau* im Gästezimmer eingeschlossen . . .

Zwillingmann und *Wassermannfrau* sind im Laufe des Abends richtig in Fahrt gekommen. Sie haben die Party recht schnell wieder verlassen und befinden sich auf dem Weg zu ihrer Wohnung. Ab und zu bleiben sie stehen und küssen sich leidenschaftlich.

Es gäbe viele Möglichkeiten, die erste Begegnung weiterzuspinnen, mit der Macht des Schicksals ein wenig zu spielen. Alles können wir aber nicht den Sternen überlassen, denn wenn es zwischen zwei Sternzeichen funkt, dann nicht zuletzt, weil jedes seine Mentalität, seine Vorlieben, Abneigungen, eben seine Charaktereigenschaften hat. Schicksal ist nicht nur eine Frage der Chance, sondern auch eine Frage der Wahl. Zunächst wählen wir einen ganz bestimmten Ort, zum Beispiel die Bar, in die wir abends gehen, weil wir uns hier wohl fühlen. Alle anderen, die dort sind, sind aus dem gleichen Grund da. Viele Chancen tun sich hier auf, den Partner für eine Nacht oder fürs Leben zu finden. Doch wir wählen einen ganz bestimmten. Da hat es eben einfach gefunkt.

Doch wer wen verführt, wie und warum, das lesen Sie nun im folgenden Kapitel.

Widderfrau

Persönlichkeit und Eigenschaften

Weiblichkeit im Einsatz

Wenn eine Widderfrau die Straße entlangschlendert, fällt sie auf. Eigentlich weiß man gar nicht recht, warum, denn eine auffällige Erscheinung ist sie nicht unbedingt. Ihre Figur mag eher kräftig sein, ohne jene berühmten weiblichen Kurven, doch weiß sie ihre Reize mit verführerischen Details ihrer Kleidung hervorzuheben. Möglicherweise ist ihr Outfit in den Augen der Geschlechtsgenossinnen an diesem Tag einfach unmöglich, total unpassend, doch die Widderfrau stört das überhaupt nicht. Selbstbewußt und mit wiegenden Hüften bewegt sie sich in ihrer Robe. Sie trägt kaum Make-up, weil sie weiß, daß sie in ihrer Natürlichkeit schöner ist. Die ausgeprägten Züge ihres Gesichts verleihen ihr genügend Charakter und Ausstrahlung.

Die Widderfrau ist schwer zu ergründen, und vielleicht ist es gerade das, was sie so interessant und anziehend macht. Sie wirkt manchmal etwas kühl und entrückt oder auch unzugänglich. Männer haben oft den Eindruck, als hätte sie gar kein Interesse an ihnen. Manche Widderfrauen können launisch, kratzbürstig und unberechenbar sein, andere wiederum sind stiller und zurückhaltender, ziehen die Ruhe der Auseinandersetzung vor, so daß man zwischen diesen zwei Widdertypen unterscheiden muß. Grundsätzlich jedoch ist die Widderfrau unbekümmert und geht furchtlos auf Neues und Unbekanntes zu. Wenn etwas ihre Neugier erregt, wird sie sogar richtig tollkühn – was leider zeitweise ihre Vernunft ausschaltet.

In der Freizeit bewegt sich die Widderfrau gern in freier Natur, allerdings nicht joggender- und schwitzenderweise, sie mag es lieber gemächlich. Sie liebt lange Spaziergänge bei Wind und Wetter, Schwimmen im waldumsäumten Bergsee, oder sie genießt die Landschaft hoch zu Roß.

Im Berufsleben braucht sie das Gefühl, in einer guten Position zu sein, möglichst mit verantwortungsvollen Aufgaben. Sie ist belastbar, hat viel Energie und nichts gegen ein bißchen Streß. Sie arbeitet als Sekretärin, im Medienbereich oder in der Modebranche, und gerne im Team. Wichtig für sie ist, daß sie genügend Geld verdient, um sich gewisse Statussymbole leisten zu können, denn sie ist sehr materiell eingestellt. Sie umgibt sich gern mit wertvollen Dingen, vom Designerkochtopf bis zum sportlichen Zweisitzer, wenn auch manchmal nur, um sagen zu können, wieviel es gekostet hat.

In ihren Vorstellungen von Liebe und Leidenschaft sind die Widderfrauen richtige Romantikerinnen. Es würde ihnen gefallen, ständig verliebt zu sein. Die Annehmlichkeiten und Aufregungen, die eine leidenschaftliche Eroberung so mit sich bringt, könnten ewig dauern. Bei Kerzenlicht, gutem Wein und gutem Essen, ihrem sie verwöhnenden Bewunderer gegenübersitzend, sind sie ganz in ihrem Element. Die Widderfrau liebt es, Komplimente über ihren Körper zu hören, sich mit Schmeicheleien becircen zu lassen. Der Mann, der seine Bewunderung kundtut und ihr das Gefühl gibt, eine begehrenswerte Frau zu sein, kann bei ihr alles erreichen. Nicht zu vergessen die Geschenke! Sie haben den gleichen Stellenwert wie Komplimente. Geschenke lassen die Herzen der Widderfrauen höher schlagen, ihre Augen leuchten, vertreiben Unstimmigkeiten und machen sanft und gefügig. Seidene Wäsche, teures Parfüm, ein Nachthemd, es sind die mehr oder weniger kleinen Aufmerksamkeiten außerhalb von Geburtstag und Weihnachten, die nicht unbedingt sinnvoll sein müssen, aber aufregend und möglichst kostspielig. Eine Widderdame, die zum Beispiel normalerweise nackt schläft, wird die geschenkte teure Nachtwäsche mit Freuden tragen und vorführen.

Apropos Geschenke . . . damit sind wir gleich bei den Männern angelangt. Widderfrauen und Männer, das ist wirklich ein Kapitel für sich. Wie sie es immer wieder schaffen, einen Anbeter zu finden, der sie reichlich beschenkt und verwöhnt, läßt selbst ihre besten Freundinnen neidisch werden. Wenn die Widderfrau einen Mann kennenlernt, der sie interessiert, spielt sie erstmal mit ihm. Sie präsentiert ihm eine schillernde Persönlichkeit. Sie gibt sich widersprüchlich, zieht ihn an, wickelt ihn um den Finger, um ihn Sekunden später wieder zurückzuweisen. Sie redet impulsiv, wobei es sie wenig zu kümmern scheint, was sie eigentlich sagt. Ihre Ruhelosigkeit macht ihn wahnsinnig, sie fasziniert ihn, aber was denkt sie eigentlich? Sie hält ihn jedenfalls auf Trab, und wer mit diesem Tempo nicht ganz mitkommt oder etwas schwerfällig reagiert, dem hinterläßt sie nur die Staubwolke ihres schnellen Verschwindens.

Liebesgeheimnisse und Phantasien

Zielstrebig zur Ekstase

Auf den ersten Blick wirkt die Widderfrau zwar kühl und unnahbar, doch der Mann, der eine gewisse Abenteuerlust mitbringt und den zweiten Blick riskiert, entdeckt eine weiblich-sinnliche und leidenschaftliche Frau, die zudem keinerlei Hemmungen hat, ihre sexuellen Phantasien auszuleben. Die Nacht mit einer Widderfrau kann für ihn höchst genußvoll werden, vorausgesetzt er ist *ihr* zu Willen . . .

Ohne daß er es merkt, taxiert sie ihn kühl und berechnend; sie weiß, ob er Haare auf der Brust hat, welche Unterhosen er trägt, welches After-shave er benutzt oder wie sich seine Hände auf ihrer Haut anfühlen. Hat die Widderfrau ihr Gegenüber als das Objekt ihrer Begierde erkannt und akzeptiert, wird sie alles daransetzen, um ihn dahin zu bringen, wo sie ihn haben will. Während sie noch am Cafétisch munter und harmlos drauflosplappert, überlegt sie sich eine Strategie. Die grundsätzliche Frage ist: Wie und auf welchem Weg kann ich ihn vernaschen? Hat die Lust sie einmal gepackt, entwickelt sie eine enorme Energie, ihre Erfindungsgabe ist ohne Grenzen. Doch Vorsicht! Hier haben wir es mit einer wirklichen Egoistin zu tun. Um ihr Verlangen zu stillen, nimmt sie sich, was sie braucht, wenn es sein muß, an jedem beliebigen Ort und so schnell, wie es ihr erregter Körper von ihr verlangt. Für zartbesaitete Herzensbrecher ist das wirklich nichts.

Wenn es um dieses Vergnügen geht, darf man von ihr weder Zartgefühl noch lange Vorspiele erwarten. Sie verwirrt und entflammt ihn, ohne daß er einen einzigen klaren Gedanken fassen kann. Denn sie weiß ihren Verstand und ihren Körper einzusetzen, um ihn auf Hochtouren zu bringen – und dazu, daß er, noch ehe er sich überlegen kann, wie er es nun anstellt, sich bereits ohne Hosen auf dem Sofa (eventuell auch an einem viel unbequemeren Ort) wiederfindet und sie in ihrer ganzen hüllenlosen Pracht über ihm.

Beim Liebesakt ist ihre bevorzugte Stellung oben, denn sie will herrschen und ihn beherrschen, ihn unter sich liegen sehen. Sie genießt seine untergeordnete Position, das scheinbar hilflose Ausgeliefertsein und die Begierde in seinen Augen. Es ist die Herrin-Sklave-Stellung, die sie in Erregung versetzt. Außerdem kann sie in dieser Stellung Rhythmus und Bewegung am besten steuern, um zum Orgasmus zu kommen. Unter ihr ist das Werkzeug *ihrer* Lust. Sollte sie nicht zum gewünschten Höhepunkt kommen, kennt sie keine Scheu und befriedigt sich selbst vor den Augen ihres Bettgenossen. Während des Liebesspiels muß die Widderfrau jede Sekunde spüren, daß sie dem Höhepunkt entgegentreibt; mit geschlossenen Augen konzentriert sie sich darauf, und sie will nicht durch lautes Stöhnen oder ordinäres »Anfeuern« gestört werden. Hat sie das Gefühl, daß ihr Partner ihr nicht genügend Aufmerksamkeit entgegenbringt und egoistisch wird, bricht sie das Spiel sofort ab. Was sie im übrigen haßt: wenn man sie von hinten »überraschen« will. Das also bitte vermeiden, sonst fällt die heiße Liebesnacht ins Wasser.

Die Widderfrau hat oft kurze, aber intensive Affären, denn sie ist ein eigenwilliges Geschöpf, das den Reiz des Abenteuers sucht. Ihr Sextrieb kann hin und wieder dazu führen, daß sie es mit einem gut gebauten Lastwagenfahrer oder einem Bauarbeiter treibt. Es ist der Geruch von Schweiß auf seiner gebräunten, muskulösen Haut, der sie reizt, die groben Konturen eines Gesichts, Blicke, die sie unverhüllt auffordern, das zu tun, wonach er verlangt, und die ihre Sinnlichkeit steigern. Und es ist die pure Männlichkeit, die sie dann lustvoll unter sich bezwingt.

Die Widderfrau möchte vom Kopf bis zu den Füßen begehrt werden. Am besten wäre es, an ihren Zehen zu saugen und gleichzeitig ihre Brüste zu massieren. Ihr Körper ist mit zahlreichen erogenen Zonen bedeckt, doch besonders empfindlich sind ihr Rücken und die Schenkelinnenseiten, auch der Genitalbereich. Sie wird vor Lust zerfließen, wenn ihr Partner mit seinen Händen ihren nackten Rücken vom Hals bis zum Po streichelt und wieder aufwärts oder seine Finger langsam an den Innenseiten ihrer Schenkel entlanggleiten läßt, bis er in ihr Allerheiligstes eintaucht.

Es erregt sie auch, wenn man ihr ins Ohr bläst oder an ihrem Ohrläppchen saugt. Ganz aus der Fassung bringen sie die Küsse eines bärtigen Mannes, die Barthaare lassen ihre Nervenenden vibrieren. Sie mag es auch hin und wieder, ein bißchen härter angefaßt zu werden; es ist die rauhe Hand, die zart, aber bestimmt über ihren Körper wandert, die Kraft männlicher Muskeln, die sie für einen Moment biegsam macht. Steht ihr Körper in Flammen, will sie ihre Lust selbst steuern, deshalb ist ihre bevorzugte Stellung oben. Sie experimentiert auch gern, probiert Neues aus, aber nur wenn sie glaubt, daß es zu ihrer Befriedigung führt.

Was eine Widderfrau sehr stimulieren kann und ihre Phantasie anregt, ist ein heißer Pornofilm. Das zügellose Treiben auf dem Bildschirm, ohne Grenzen und ohne Einschränkungen, macht sie rasend.

Widdermann

Persönlichkeit und Eigenschaften

Weltmann und Draufgänger

Im Grunde genommen steckt der Widdermann voller Widersprüche. Er ist ein Frühaufsteher – schließlich will er nicht die für ihn schönste Tageszeit verschlafen –, er singt beim Rasieren und schreitet dynamisch zur Tat, doch beim Frühstück wird er faul. Er läßt es sich am liebsten bringen und genießt es ausgiebig. Er liebt zwar den Streß, doch jetzt kann er ihn ganz und gar nicht gebrauchen, er haßt die Trägheit, doch während er kauend und kaffeetrinkend die Zeitung liest, gibt er sich ihr hin und scheint zu nichts mehr zu bewegen zu sein. Äußerlich wirkt der Widdermann perfekt, doch seine Wohnung ist ein einziges Provisorium. Von Gemütlichkeit keine Spur, Hauptsache, das Interieur dient dem Zweck. Wenn es nach ihm ginge, könnte er auch in einem Zelt leben – vorausgesetzt, darin hätte ein geräumiger Schrank für seine Garderobe Platz. Er kommt vom Joggen oder federnden Ganges aus dem Fitneß-Studio, um sich anschließend mit Fast food zu verköstigen. Man kann wirklich nicht behaupten, daß sich der alleinstehende Widdermann gesund ernährt. Wenn es ihm schmeckt, schlingt er sein Essen in Null Komma nichts hinunter. Von seinen Eßgewohnheiten könnte man durchaus Parallelen zu seinem Sexleben ziehen. Der Widdermann bevorzugt scharfe, deftige Gerichte, zum Beispiel Pfeffersteak, dazu einen starken Rotwein und anschließend Espresso. Würzig und zum schnellen Verzehr geeignet, was zählt, ist der Effekt, der Genuß in konzentrierter Form. Und die Frauen? Die verschlingt er am liebsten wie jenes Pfeffersteak, schnell und ohne großes Trara, denn in erster Linie muß sein Appetit gestillt werden, mehr nicht. Allerdings können diese Momente, trotz der Kürze, ein Hochgenuß sein.

Im Berufsleben ist dem Leistungsdrang des Widdermannes so schnell niemand gewachsen. Er ist eine Führernatur. Deshalb bewegt er sich auch in den oberen Chefetagen, in möglichst komplizierten und anspruchsvollen Berufszweigen, beispielsweise als Manager in der Stahl- oder Chemieindustrie oder als Vorstand eines Autokonzerns. Er ist es gewohnt, seinen Weg zu gehen, wenn es sein muß, ohne Rücksicht auf seine Kollegen. Mit denen geht er auch nicht gerade sanft um, was zu heftigen Auseinandersetzungen am Arbeitsplatz führen kann. Dank seines rhetorischen Talents versteht er es, seine eigenen Fehler anderen Menschen in die Schuhe zu schieben, und zwar so, daß sie davon überzeugt sind, daß er recht hat. Selbstsicher wie er ist, scheut er auch offene Auseinandersetzungen nicht. Es macht ihm nichts aus, wenn er dabei zuweilen persönlich angegriffen wird, Kritik legt er sich schon so zurecht, daß sie ihn nicht weiter tangiert. Nachtragend ist er nicht, und sollte er wieder mal jemandem lautstark die Leviten gelesen haben, ist das am nächsten Tag schon wieder vergessen.

Aufgrund seiner Position kann der Widdermann viel Geld verdienen, doch er weiß nicht immer vernünftig damit umzugehen, denn seine Extravaganz verlangt ein höheres Budget. Geld auszugeben ist für den Widdermann auch eine Möglichkeit, Macht zu demonstrieren.

Ob Geschäftsmann oder Intellektueller, der Widdermann tritt meistens leger und mit einer gewissen lässigen Eleganz auf. Sportlich, aber geschmackvoll gekleidet, weltgewandt und von sich überzeugt, erscheint er auf der Bildfläche. Ein interessanter Mann, ein Mann der Tat, voller Aktionsdrang und Leistungskraft. Bei Diskussionen glänzt er durch schnelle Auffassungsgabe und promptes Reagieren. Seine Reaktionen zählen übrigens zu den schnellsten im Tierkreis und haben schon so manchen aus der Fassung gebracht, weil er es doch immer wieder versteht, anderen das Wort im Munde umzudrehen. Seine Redegewandtheit ist eben unschlagbar, sein Intellekt scharf und präzise. Manchmal haftet ihm ein aggressives Image an, hin und wieder neigt er zu cholerischen Ausbrüchen, aber gerade das scheint einige Frauen in seinem Umkreis zu faszinieren. Dieser Mann hat einfach eine erotische Ausstrahlung, und er weiß sie gekonnt einzusetzen. Sollte der Widdermann gerade in geselliger Runde sitzen und eine Frau seine Aufmerksamkeit erwecken, wird er das nicht gleich zeigen. Er wird weiterhin durch seine Rhetorik glänzen und durch sein weltmännisches Auftreten imponieren, während er sie aus den Augenwinkeln beobachtet.

Liebesgeheimnisse und Phantasien

Jagdinstinkte

Der Widdermann ist ein Jäger auf der Suche nach Beute. Sein »Opfer« lokalisiert er schnell und zielsicher. Sein Unterbewußtsein sagt ihm bereits, welche diejenige ist, die sich mit Haut und Haaren von ihm verschlingen lassen wird. Meistens ist es eine Frau, die an seine Beschützerrolle appelliert und die seiner Männlichkeit schmeichelt, die seine absolute Dominanz akzeptiert. Sein Auftreten in ihrer Gegenwart ist zwar eher cool, doch in seinem Kopf spielen sich schon die heißesten Szenen ab. Gerade noch schießt er die in der Gesellschaft so gefürchteten Pfeile ab, die wieder mal beweisen, wie intelligent er ist, im nächsten Moment stellt er sich seine Auserwählte schon in allen möglichen Liebespositionen vor. Er zieht sie mit Blicken aus, und der Mund wird ihm wäßrig allein beim Anblick der Knopfleiste ihrer Bluse.

Hat ihm die Frau, die er begehrt, ihrerseits Signale der Lust gesendet, kommt die dominierende Rolle des Widdermannes voll zum Tragen. Ab jetzt bestimmt er, was wie und wo läuft. Ist er scharf auf eine Frau, reizt ihn alles an ihr: wie sie mit ihren Haaren spielt, ihr Ausschnitt oder wie sie die Beine übereinanderschlägt und ihr Rock ein wenig hochrutscht. All das erregt ihn, macht ihn schon ganz unruhig und nervös – und diese »Pein« soll sie ihm nun büßen. Einen Widdermann auf der Jagd nach Beute sollte man nicht provozieren. Wer es darauf anlegt, muß auch die Konsequenzen in Kauf nehmen. Nach koketten Spielchen, die ihn nicht zum Ziel führen, steht ihm gar nicht der Sinn, hier versteht er auch keinen Spaß. Die Frau, die mit ihm die Nacht verbringen will, sollte instinktiv spüren, daß der Verstand dieses Mannes von der Lust regiert wird. Es kann also gefährlich werden. Jetzt, wo er so richtig angeheizt ist, will er nur noch schnell zum Ziel kommen. Und bloß keine »Zicken«!

Das erotische Abenteuer muß nun nach seinen Vorstellungen ablaufen. Während beide auf dem Weg zum gemeinsamen Liebesnest sind, überlegt er schon, wie er sie auf schnellstem Weg ihrer Kleidung entledigt. Insofern er sich noch zurückhalten kann und sie nicht schon vorher auf dem Autositz verführt hat, macht er sich nun, kaum daß die Wohnungstür hinter ihnen zugefallen ist, heißhungrig über ihren Körper her. Er ist in seinem Element und legt zielsicher Hand an die entscheidenden Stellen.

Ihre nackte Haut wirkt wie elektrisierend, schnell will er sie von der lästigen Kleidung befreien, ihren Körper mit seiner Zunge und seinen Händen erkunden, wobei er erstaunlich zärtlich vorgeht. Dies alles wird sich aber innerhalb von Sekunden abspielen, denn der Widdermann mag keine langen Vorspiele. Er hat Lust und will sie befriedigen. Das Eindringen in sie ist ein Moment der Befreiung, und er wird sich nach kürzester Zeit und mit kräftigen Stößen in ihr entladen (lieber noch ein zweites Mal, vielleicht in der Nacht, während sie schläft).

Er bevorzug eine dominierende Stellung. Wenn sie vor ihm kniet und er sie von hinten nimmt oder sie hochhebt, um sie an die Wand zu drücken, während er in sie eindringt, ist das ganz nach seinem Geschmack. Der Widdermann hat jetzt nur noch eins im Sinn: seinen Orgasmus. Doch gerade seine ungezügelte Kraft kann sie bis zum Wahnsinn treiben.

So dominant und animalisch sich der Widdermann beim Liebesspiel auch verhält, sehnt er sich doch genauso nach einer zarten Hand. Seine empfindsamsten Nervenenden liegen am Kopf und im Gesicht sowie im Brustbereich. Es erotisiert ihn, wenn man mit seinem Haar spielt, ihm sanft über die Stirn streicht, über das Gesicht und den Hals zur Brust wandert. Mit geschlossenen Augen genießt er diese Streicheleinheiten. Dabei muß man sehr sanft mit ihm umgehen, denn er befindet sich nun in einer völlig anderen Welt und darf auf keinen Fall durch abrupte Bewegungen oder unpassende Worte erschreckt werden.

Was den Widdermann außerdem erregt, ist starkes Stöhnen. So hat er das Gefühl, richtig gut zu sein und seine Rolle perfekt zu beherrschen. Er hat die Macht, eine Frau vor Lust stöhnen zu lassen, das heizt ihn erst recht an.

Manchmal zeigt der Widdermann einen Hang zum Verbotenen, möglicherweise sogar zum Sadismus. In seiner Phantasie sieht er seine Gespielin am liebsten kniend vor sich, ihr Po fest zwischen seinen Händen, während er kraftvoll zustößt. Oder er nimmt sie noch, bevor sie überhaupt bereit dazu ist, und zwar so schnell, daß er ihr Erschrecken genießen kann. Da er am liebsten eine hingebungsvolle Partnerin hat, reizt es ihn auch, sie zu fesseln. Nicht daß er brutal mit ihr umgeht, aber ihre Hilf- und Wehrlosigkeit in diesem Zustand erregt ihn sehr, endlich kann er mit ihr machen, was er will.

Wer paßt zu wem, wie und warum

Widder – Widder
Da treffen zwei aufeinander, die genau wissen, was sie wollen, und es bestens verstehen, dies vor dem anderen zu verstecken. Im Spiel von Anziehung und Zurückweisung, das die Atmosphäre knistern läßt und aufeinander neugierig macht, sind sie beide Schauspieler par excellence. Wenn Widderfrau und Widdermann sich begegnen, ist was los, und es dürfte einen nicht wundern, wenn sie kurze Zeit, nachdem sie die ersten Worte miteinander gewechselt haben, die Nacht gemeinsam verbringen. In einer Widder-Widder-Affäre kann es ganz schön heiß zugehen, zumindest beginnt sie aufregend und vielversprechend. Aber schon nach kurzer Zeit landet das Widdergespann unsanft auf dem Boden der Tatsachen.

So interessant die Konstellation auch aussieht, wenn beide Partner zwei solche Egoisten sind wie diese, kann das nicht gerade auf eine harmonische Beziehung hinauslaufen. Die eigenen Bedürfnisse kommen nun mal grundsätzlich zuerst, das gilt vor allem auch beim Sex. Beide Partner neigen dazu, die Führung zu übernehmen. Die Widderfrau bevorzugt beim Sex die Stellung oben, um ihren Orgasmus zu kontrollieren, der Widdermann kann aber eine untergeordnete Rolle auf keinen Fall hinnehmen, denn er muß seine Lust mit dem Gefühl der Dominanz verbinden. Keiner der Partner wird bereit sein, nachzugeben und seine Stellung zu ändern.

Auch in einer längeren Beziehung oder Ehe sind die Schwierigkeiten vorprogrammiert. Daß Widder Seitensprüngen nicht abgeneigt sind, führt zu unerbittlichen Auseinandersetzungen, denn eifersüchtig und besitzergreifend sind sowohl Widderfrauen als auch Widdermänner. Dabei handelt es sich hier doch nur um rein körperliche Empfindungen. Vielleicht könnte sich das Widderpaar arrangieren, wenn beide Partner es lernen, den anderen mitsamt seinen Wünschen zu akzeptieren und die eigenen ab und zu zurückzustellen.

Widder – Stier

Auf den Widderr, der gern seine Impulsivität auslebt und spontan ist, wirkt die zuweilen schwerfällige und bedächtige Art des Stieres oft schwierig und langweilig. Der Widder will zur Sache kommen, aber der Stier reagiert ihm hier nicht schnell genug.

Mit ein wenig mehr Geduld und Zurückhaltung kann der Widder den Stier dazu bringen, ihn als Eroberer zu akzeptieren und sich von ihm führen – und verführen – zu lassen. Gerade bei diesem Zeichen sollte der Widder ruhig seine Phantasie spielen lassen. Es lohnt sich, denn der Stier wird ihn seinerseits nach allen Regeln der Liebeskunst überraschen. In jedem Stier steckt nämlich ein(e) feurige(r) Liebhaber(in). Auch den widdertypischen Wunsch nach Dominanz kann ein Stier anfangs durchaus akzeptieren, aber der Widder darf es nicht zu weit treiben, sonst wird es dem im Grunde sensiblen Stierpartner zuviel. Wenn sich der Stier endlich wieder seiner eigenen Wünsche erinnert oder sich eingeschränkt fühlt, wird es in der Partnerschaft sehr ungemütlich. Wenn ihnen etwas nicht paßt, neigen Stiermenschen zu plötzlichen, heftigen Ausbrüchen, und sie wollen mit dem Kopf durch die Wand. Obendrein werden sie eigensinnig und starrköpfig, wenn der Widderpartner nicht nachgibt. Es wird wohl eher darauf hinauslaufen, daß der Widder dafür weder Verständnis noch Entgegenkommen zeigt. Es kann durchaus sein, daß ihm der Stierpartner auch noch den Sex verweigert, sicher ein Grund für den Widderpartner, sich abzuwenden.

Es bedarf auf beiden Seiten des Verständnisses und der Geduld, Eigenschaften, mit denen beide Zeichen leider nicht gerade gesegnet sind. Sollte das Widder-Stier-Paar aber die tagtäglichen Kämpfe überstehen, so werden sich in dieser Konstellation Lösungen finden, gerade für eine Partnerschaft, wobei die Chancen für eine Widderfrau-Stiermann-Kombination allerdings besser stehen. Der Charme des Stiermannes macht die Widderfrau ein bißchen weicher, und beim Sex kommt sie auf ihre Kosten. Der Widdermann sollte aber nicht davon ausgehen, daß es einer Stierfrau genügt, wenn er ihr ein finanziell gesichertes Leben mit allen Annehmlichkeiten bietet. Sie will Liebe, Aufmerksamkeit und verwöhnt werden, und zwar jeden Tag. Er muß sich gut überlegen, ob er ihre Bedürfnisse wirklich befriedigen kann, ansonsten macht sich die Stierfrau ganz plötzlich aus dem Staub.

Widder – Zwillinge

Eine aufregende Mischung! Hier haben sich zwei richtige Genießer gefunden. Die Entdeckung des anderen wird zum Abenteuer; die geheimnisvolle Art des Widders macht den Zwilling neugierig, der Widder läßt sich vom Charme und Einfallsreichtum des Zwillings betören. Beide haben keine Hemmungen, ihre Sexualität auszuleben, schon in der ersten gemeinsamen Nacht werden sie sich vergnügen, bis der Hahn kräht. Haben Widder und Zwilling erstmal Feuer gefangen, wird das auch so weitergehen.

Die Neugier und das spielerische Erkunden haben beide Zeichen gemeinsam. Möglicherweise wird das »erste Mal« hinausgezögert, um die Spannung zu halten. Der Widder könnte sogar seine Gewohnheit, schnell zur Sache zu kommen, zügeln, denn was Gewandtheit und Charme angeht, ist der Zwilling einfach unschlagbar. Der Zwilling versteht es sehr gut, Komplimente zu machen. Das ist für den Widder natürlich wie Balsam auf seinem herrischen Gemüt. Die Forschheit des Widders imponiert dem Zwilling, der sich, neugierig wie er ist, gern überraschen läßt. Die Aufgeschlossenheit und Freizügigkeit des Zwillings gefällt dem Widder, der sich in seinem fordernden Sex nicht zurückhalten braucht. Mit diesem Partner kann der Widder selbst in die tiefsten Regionen seiner Leidenschaft gelangen. Jeder ist dem anderen Quelle der Inspiration, zusammen finden sie immer wieder neue Möglichkeiten, der Zweisamkeit die richtige erotische Würze zu geben.

Die Beziehung wird so lange gutgehen, wie der Zwilling den Widder reizt und dieser ihm neue Impulse bietet. Auch die Phantasie eines Zwillings ist irgendwann erschöpft, umgekehrt zeigt der Widder in einer längeren Beziehung die Neigung zur Bequemlichkeit, was wiederum den Zwilling langweilt. Aber nicht so schnell aufgeben! Durch eine Eheschließung besteht durchaus die Möglichkeit, daß beide ruhiger werden und Harmonie einkehrt. Eine Affäre mit einem Zwilling sollte der Widder auf jeden Fall wagen, schon allein, weil sie sein Erotikleben bereichert. Für eine dauerhafte Partnerschaft müssen sich beide in Geduld üben, doch dieses Unterfangen ist nicht aussichtslos.

Widder – Krebs

Eigentlich passen diese Zeichen überhaupt nicht zusammen, doch merkwürdigerweise besteht so etwas wie eine erotische Anziehungskraft. Die kann unter Umständen so stark sein, daß beide sich gleich, ohne viel zu überlegen, hemmungslos ins Liebesabenteuer stürzen. Der Widder sieht im Krebs die gefühlvoll-sinnliche Seite, die er selbst nicht hat, die er aber braucht, um dominieren zu können. Er fühlt sich dem Krebs überlegen und bewundert zugleich dessen Charme und Intelligenz.

In einer Affäre neigt er dazu, sich völlig zu verausgaben und vor dem anderen sämtliche Register erotischer Raffinessen zu ziehen. Sollte die Affäre länger dauern, könnte es sein, daß für die folgende Zeit nicht mehr viel Inspiration übrig ist. Der Widder merkt vielleicht erst viel zu spät, daß sein Krebspartner mehr Aufmerksamkeit und Einfühlungsvermögen braucht, als er geben kann. Der Krebs wird anfangen, Kritik an seinem Egoismus zu üben. Das macht dem Widder natürlich keinen Spaß, abgesehen davon kommt er mit der Gefühlsbetontheit und Empfindlichkeit des Krebses nicht zurecht. Dieser macht nicht alles mit, wonach die experimentelle Ader des Widders strebt. In der Widder-Krebs-Verbindung treffen zwei Temperamente aufeinander, die sich beim Sex ergänzen, im Alltag aber das Leben gegenseitig schwer machen können. Der Widder lebt im Moment, ist spontan und überlegt oft nicht, was er eigentlich sagt. Seine Worte können den empfindlichen Krebs-Partner zutiefst verletzen, obwohl das vielleicht gar nicht beabsichtigt war. Doch der Krebs merkt sich alles und ist obendrein nachtragend. Einen mürrischen Partner an seiner Seite kann der Widder nun überhaupt nicht gebrauchen, da macht er sich lieber auf die Suche nach dem nächsten Abenteuer. Vor allem in der Widder-Krebs-Beziehung ist es wichtig, daß die erotische Seite aufregend bleibt. Es muß knistern und kribbeln wie am ersten Tag. So können sie in Harmonie sein, über die Fehler des anderen hinwegsehen, im Alltag leichter Kompromisse eingehen.

Widder – Löwe

Hier funkt es gleich bei der ersten Begegnung ziemlich heftig. Die aggressive Seite des Widders spürt im Löwen einen ebenbürtigen Gegenpart. Dessen offene und packende Sexualität entspricht ganz der seinen. Oft ist es der Löwe, der dem Widder ein Zeichen gibt, doch dann muß der Widder schnell reagieren und die Gelegenheit beim Schopfe packen – andernfalls entgeht ihm vielleicht ein interessantes sexuelles Abenteuer.

Was die Widder-Löwe-Verbindung immer begleitet, ist der Machtkampf, der, wenn er im Bett ausgefochten wird, beiden Partnern ereignisreiche Stunden beschert. Sex läuft frei und ohne Komplikationen ab. Spielerisch lockt der Löwe den Widder an, aber dann geht es rund – ganz nach dessen Geschmack: Es ist Sex ohne Schnörkel, sinnlich-animalisch, ein Sex, bei dem sich beide nach und nach zu den höchsten Ebenen der Lust hochschaukeln.

Der Widder darf seinen Egoismus aber nicht allem voranstellen und seine Führungsrolle übertreiben, denn Löwen geben sich keinesfalls mit einer untergeordneten Rolle zufrieden. Für den Fall, daß er sich in der Rollenverteilung mit dem Löwen arrangiert, verfallen beide oft in Extreme, verlangen vom anderen zuviel. Doch purer Sex, ohne Gefühle, überfordert beide Partner auf die Dauer. Auch in der wilden Widder-Löwe-Beziehung dürfen Komplimente und der gefühlvolle Umgang miteinander nicht fehlen.

Die Schwierigkeit dieser Konstellation besteht darin, daß der Widder nur ungern sein dominantes Verhalten aufgibt. Er benutzt den Löwen als reines Lustwerkzeug. Darauf will der Löwe natürlich nicht reduziert werden, denn er ist stolz und braucht Bestätigung. Auch der Löwe ist dominant, und er verlangt viel vom Widder, was in diesem wiederum gelegentlich die Angst zu versagen auslöst. Voller Lust und Sinnlichkeit beginnt diese Beziehung, doch sind die ersten Wogen der Begierde geglättet, wird es zu einem unerbittlichen Machtkampf kommen. Meistens ist es der Löwe, der, weil er sich vom Widder eingeschränkt und hintergangen fühlt, Konsequenzen zieht und sich wieder in Richtung »freier Wildbahn« aus dem Staub macht – dann aber für immer.

Widder – Jungfrau

Die Kühnheit und das Draufgängertum des Widders wird die Phantasie der zurückhaltenden Jungfrau entzünden, und den Widder werden Takt, Verhaltenheit und Selbstbeherrschung der Jungfrau anziehen. Die Jungfrau wird, wenn sie einem Widder zum erstenmal begegnet, von dessen extravagantem Auftreten nicht unbedingt beeindruckt sein, was den Widder natürlich verwundert – dennoch reizt er sie. Sie ahnt vielleicht etwas von seinem Bedürfnis nach Liebesbezeugungen und seinem geheimen Wunsch nach Zweisamkeit. Die Jungfrau weiß instinktiv, wie sie den Widder um den Finger wickelt. Sie stellt es ganz geschickt an, spielt mit ihm und versteht es dabei, die nötige Distanz zu wahren, die der Widder braucht. Der Widder fühlt sich nach wie vor frei und merkt nicht, daß er schon ganz ihrem Sirenengesang verfallen ist.

Im Bett läßt sie ihn gewähren, wie es ihm beliebt, aber das gehört zu ihrer Taktik. Sie schmeichelt ihm und entlockt dem Widder sogar Zärtlichkeiten, bis sie ihn da hat, wo sie ihn haben will. Die Jungfrau braucht das Vorspiel, um in Fahrt zu kommen. Wenn es dem Widder gelingt, nur mit viel Einfühlungsvermögen allerdings, ihre Hemmungen abzubauen, kommt die Jungfrau ganz aus sich heraus und ihre animalische Seite zum Vorschein, ihre Lust nach hartem Sex. Ein Festmahl für den Widder! Allerdings muß er wissen, daß er diesen Genuß nicht sooft er will wiederholen kann, denn die Jungfrau läßt sich zu nichts verführen, wenn sie keine Lust hat. Entweder sie will Sex oder nicht, wenn nicht, wird der Widder nicht das geringste dagegen unternehmen können. Das kann für ihn ganz schön frustrierend sein.

In der Widder-Jungfrau-Beziehung wird der Widder-Partner zunächst das Gefühl haben, seine dominante Rolle weiterzuspielen, aber im Grunde genommen ist es die Jungfrau, die aufgrund ihrer geschickten Planung die Zügel in der Hand hat. Und wehe, der Widder kommt eines Tages dahinter! In diesem Moment wird es mit seiner Leidenschaft schnell vorbei sein.

Eine Affäre zwischen beiden Zeichen kann sehr beglückend sein, weil die Jungfrau dem Widder in seinen Wünschen anfangs sehr entgegenkommt. Doch eine Ehe hat nicht unbedingt Aussicht auf Dauer. Die Pläne der Jungfrau verlaufen im stillen, der Widder weiß nie so recht, ob ihre Ziele mit den seinen übereinstimmen. Das Gefühl der Unsicherheit stört einen Widdergeborenen, er muß bei seinem Partner wissen, woran er ist. Wahrscheinlich muß der Widder Konsequenzen ziehen.

Widder – Waage

Hier treffen wiederum zwei Gegensätze aufeinander, die sich nicht unbedingt anziehen müssen: die Aggressivität des Widders und die nach Ausgleich und Harmonie strebende Waage. Sollten sie sich dennoch näherkommen, werden sie feststellen, was sie wirklich verbindet. Es ist die Freude am Sex, die beide gemeinsam haben. Wenn es dem Widder gelingt, die Waage durch seinen Einfallsreichtum und seine Spontaneität mitzureißen, wird es deren unkonventionelle Seite ans Licht bringen. Mit einem bißchen Geduld und Einfühlungsvermögen kann er die Waage dazu verführen, alle »Schandtaten« mitzumachen. Waagemenschen brauchen einen Partner, der sie in die Geheimnisse der Erotik einführt. Diese Aufgabe wird ein Widdermann sicher liebend gern übernehmen. Darüber hinaus neigt die Waage dazu, ihren Partner zu idealisieren – ideal für den nach Komplimenten und Schmeicheleien strebenden Widder.

Letztendlich steht für die Waage Erotik und Sexualität aber nicht im Vordergrund. Die Waage möchte in erster Linie eine harmonische Beziehung, was die Gefahr mit sich bringt, daß sie ihrem Widderpartner schnell ihre Enttäuschung zeigt, wenn sein ungestümes Temperament mit ihm durchgeht. Der Widder braucht Spannung, Sex und Aktivität, die Waage bevorzugt zwischenzeitlich einen gemütlichen Abend vor dem Fernseher oder eine gepflegte Konversation, auch wenn sie sonst ganz gern in Gesellschaft ist. Die unterschiedlichen Charaktere der Partner, die vor allem in der längeren Beziehung in den Vordergrund treten, müssen irgendwann dazu führen, daß beide unzufrieden werden. Der Widder kann aber dafür sorgen, daß die körperliche Harmonie erhalten bleibt, denn die ist sehr wichtig für die Beziehung.

Widder – Skorpion

Der Skorpion hat mit dem Widder die Aktivität und das hohe Potential an körperlicher Energie gemeinsam. Beide sind es gewohnt, schnell zu handeln, Entscheidungen zu treffen und unabhängig zu sein, beide sind in ständiger Unruhe und auf der Suche. Insofern ist die Wahrscheinlichkeit, daß eine Widder-Skorpion-Beziehung Harmonie und Ausgeglichenheit verspricht, genauso groß wie die, daß sie frustrierend sein kann, letzteres vor allem, da die jeweiligen Vorstellungen meistens nicht mit denen des Partners übereinstimmen. In erotisch-sexueller Hinsicht bringt diese Konstellation gute Voraussetzungen mit, denn beide Zeichen besitzen die Fähigkeit zu uneingeschränkter Leidenschaft. Ihre Freizügigkeit und natürliche Neugier erleichtert es ihnen, den Partner von Kopf bis Fuß zu erkunden und schnell mit dessen erogenen Zonen vertraut zu werden. Möglicherweise wird es im erotischen Widder-Skorpion-Leben nicht unbedingt sanft zugehen. Ausgefallene Praktiken oder Neigungen sind in dieser Konstellation am ehesten möglich. Daß das beide zu ungeahnten Höhepunkten treibt, ist so gut wie sicher. Der Skorpion muß natürlich Gefallen an der Dominanz des Widders finden, aber das wird eher selten der Fall sein. Auch der Skorpion neigt dazu, die Führungsrolle zu übernehmen. Wenn sein Gefühl der Freiheit und Unabhängigkeit ausgeprägt ist, wird er sich auch nicht gern im Bett von seinem Widder-Partner gängeln lassen.

Da Sex und Leidenschaft sowohl für den Widder als auch

den Skorpion sehr wichtig sind, können beide Partner diese Gemeinsamkeit auch in einer längeren Beziehung genießen, wenn sich ihre sexuellen Wünsche decken. Häufigere Zwistigkeiten im Alltag sollten sie aber beide vermeiden, denn dann treten die gemeinsamen Freuden schnell in den Hintergrund, die Zweisamkeit wird auf eine harte Probe gestellt.

Widder – Schütze

Wenn der Schütze wieder mal zur Schwermut und zum Pessimismus neigt, wird sich der Widder nicht unbedingt zu ihm hingezogen fühlen. Aber möglicherweise läßt sich der Schütze von der Leichtigkeit und guten Laune des Widders anstecken, Gesprächsstoff für interessante Plaudereien hätten die beiden jedenfalls genug. Der Widder darf allerdings nicht den Fehler begehen, die schwermütigen Momente des Schützen als Schwäche zu deuten. Er hat hier weder leichtes Spiel noch leichte Beute, denn der Schütze ist eine Kämpfernatur und weiß eigentlich, was er will, unzufrieden macht ihn nur, daß er von seinen Wünschen bisher so wenig in die Realität umgesetzt hat. Wenn der Widder das begreift, lohnt es sich für ihn, sich ein bißchen mehr mit diesem Zeichen zu beschäftigen. Der Widder kann mit seiner unkomplizierten Art den Schützen dazu bringen, eine mehr spielerische Einstellung zum Sex zu entwickeln. Vielleicht gelingt es ihm sogar, aus der spärlichen Flamme, die im Schützen brennt, ein erotisches Feuerwerk zu entzünden. Denn was den Schützen negativ erscheinen läßt, ist oft nichts anderes als dessen sexuelle Unausgeglichenheit oder – was auch sein kann – ein häufiger Partnerwechsel, den der Schütze als Beweis für seine Unabhängigkeit braucht. Dem Widder werden angenehme erotische Stunden bevorstehen, denn er wird im Schützen einen hingebungsvollen Partner haben.

In einer Beziehung werden aber die Konflikte im Vordergrund stehen, zumal beide Zeichen von Natur aus kämpferisch veranlagt sind. In ihrer Freiheitsliebe können sie die Einengung durch den anderen überhaupt nicht vertragen. Am besten wäre eine Verbindung ohne feste Versprechungen und Verpflichtungen, so können beide lockerer damit umgehen, und nach einem Streit wird es genauso viele konstruktive Gespräche wie romantische Versöhnungszeremonien geben.

Widder – Steinbock

Auf der Suche nach Neuem kann schon mal ein Steinbock die Neugier des Widders wecken, auch wenn beider Temperament unterschiedlich zu sein scheint, denn der Steinbock ist ein eher vorsichtiger Mensch und nicht unbedingt für die Art von Experimenten zu haben, wie sie der Widder liebt. Sollte den Widder dennoch die anfänglich kühle Überlegenheit und Zurückhaltung des Steinbocks nicht abschrecken, braucht er Geduld, um dessen Sympathie zu gewinnen, denn der Steinbock läßt sich normalerweise von nichts und niemandem beeindrucken, schon gar nicht, wenn er es sich auch noch vorgenommen hat. Dieses zurückhaltende Wesen noch am selben Abend ins Bett locken, ist unwahrscheinlich, es sei denn, der Widder bietet all seinen Charme auf, damit der Steinbock eine Ausnahme macht. Hat er aber das Interesse des Steinbocks geweckt, wird dieser plötzlich aktiv.

Im Bett wird der Widder feststellen, daß der Steinbock gar nicht so konservativ und spröde ist, wie er gedacht hat. Der Körperkontakt ist sofort da, blitzschnell werfen sie ihre Kleidung ab, um die Bahn frei zu machen für einen Sex, der wild und recht herb sein kann. Der Steinbock kann sowohl hingebungsvoll als auch sehr aktiv und fordernd sein. Vielleicht bevorzugt er eine bestimmte Technik, und er wird dem Widder geradeheraus sagen, was er will, aber er beharrt nicht auf seinen Forderungen, denn dem Steinbockpartner macht es am meisten Spaß, wenn beide gleich viel vom Sex haben. Auf jeden Fall kann der Widder mit dem Steinbockpartner bis zum Äußersten gehen, und das Gefühl der Befriedigung wird kaum zu steigern sein. Vielleicht fühlt sich der Widder sogar etwas übersättigt nach dem Liebesspiel, und er braucht eine längere Pause vom Steinbock.

Auf Machtkämpfe im Alltag darf er sich mit dem Steinbock nicht einlassen, denn was Stärke und Ausdauer angeht, hat er es hier mit einem Ebenbürtigen zu tun. Mit diesem Partner muß der Widder vorsichtiger umgehen und ihn vor allem mitsamt seinen Eigenheiten tolerieren.

Widder – Wassermann

Impulsiv und ohne Scheu werden Widder und Wassermann aufeinander zugehen. Die Flatterhaftigkeit des Wassermanns reizt den Widder, dieses Wesen festzuhalten. Doch selbst wenn ihm die Faszination den Verstand zu rauben scheint, auf seinem Eroberungsfeldzug muß der Widder sehr vorsichtig und taktisch vorgehen, denn der Wassermann ist ein Träumer und Gefühlsmensch, der nicht immer genau weiß, was er eigentlich will. Gerade diese Unstetigkeit fordert den neugierigen Widder heraus. Er hat sein Ziel längst vor Augen.

Beim Sex ist der Wassermann gern bereit, den passiven Part zu übernehmen. Der Widder kann hier alle Register seines führungserprobten Erotiklebens ziehen. Das heißt allerdings nicht, daß es im erotischen Leben dieser Konstellation einseitig zugeht. Zur Überraschung des Widders legt sein Wassermannpartner viel Phantasie bezüglich Praktiken oder Stellungen an den Tag. Dafür ist der Widder natürlich aufgeschlossen, vor allem, wenn er damit neue Wege der Lust und der Befriedigung entdeckt.

Die Widder-Wassermann-Verbindung kann – das nötige Verständnis füreinander vorausgesetzt – abwechslungsreich und erfinderisch sein. Eine längere Beziehung wird mit vielen Erfahrungen angereichert sein, leider auch mit vielen negativen, denn beide Zeichen sind Experten auf dem Gebiet der Seitensprünge. Die Suche des Widders nach neuen Abenteuern und die Flatterhaftigkeit des Wassermanns können beide irgendwann auseinandertreiben. Doch wenn sie diese Schwäche überwinden und begreifen, daß sie sich eigentlich wunderbar ergänzen, wird diese Beziehung für beide Partner ein Persönlichkeitsgewinn sein. Das sieht man ihnen letztendlich auch an, denn dem Widder-Wassermann-Paar haftet immer etwas Geheimnisvolles und eine gewisse Extravaganz an.

Widder – Fische

Da der Widder gern seine Beschützerrolle spielt und jemanden sucht, der sich ihm anpaßt, findet er im Fischegeborenen sicherlich den richtigen Partner. Der Fisch ist sensibel und sehnt sich nach Geborgenheit, so daß ihn die sichere Ausstrahlung des Widders von Anfang an fasziniert. Der Widder wiederum spürt intuitiv, daß er mit einem Fisch vielleicht nicht nur den Partner für eine Nacht an der Angel hat. Sensibel und einfühlsam ist der Fisch, er gibt dem Widder viel, schon allein, weil er auf seinen Partner einzugehen versteht. Der Widder verspürt das Bedürfnis, den Fisch zu beschützen, ihn zu leiten und auf den »rechten Weg« – nämlich seinen – zu führen.

Beim Sex ist es ähnlich. Der Fischegeborene ordnet sich gern unter und paßt sich den Bedürfnissen seines Partners an, was für den Widder ideal ist. Mit einem Fisch kann der Widder viele seiner erotischen Phantasien ausleben. Mit großer Wahrscheinlichkeit werden sie sich sogar mit denen des Fisches decken, und beide können sexuell im Einklang sein. Doch darf sich der Widder nicht zu egoistisch verhalten, andernfalls hat das gemeinsame Schlafzimmer wirklich nicht mehr Atmosphäre als ein ausgetrockneter Goldfischteich. Der Widder muß mit seinen Versprechungen vorsichtig sein und versuchen, dem Fischepartner mehr als nur Routine (vor allem beim Sex) zu bieten, sonst wird der Fisch im wahrsten Sinne des Wortes stumm und teilnahmslos. Ist er einmal verletzt, wird er von sich aus selten den ersten Schritt tun.

Doch vielleicht wird der Widder gerade dem Fischegeborenen gegenüber sehr viel Einfühlungsvermögen an den Tag legen. Dann allerdings verspricht diese Konstellation Glück und Harmonie auf lange Sicht.

Stierfrau

Persönlichkeit und Eigenschaften

Unter dem Einfluß der Venus

Die Stierfrau scheint eine Frau zu sein, wie sie sich viele Männer in ihrer Phantasie herbeisehnen: feminin und sanft, sinnlich und warmherzig, aber mit der richtigen Portion Temperament. So wirkt sie, und sie wird die Blicke vieler Männer auf sich ziehen, wenn sie ihre weiblichen Kurven graziös und elegant durch ein völlig überfülltes Lokal schwingt. Auf hohen Absätzen bewegt sie sich genauso sicher wie andere in Turnschuhen. Ihre Kleidung ist meistens geschmackvoll und schmeichelt ihr. Sie bevorzugt Garderobe von französischen oder italienischen Designern, engsitzende Kostüme oder Kleider aus weich fließenden Stoffen, die sich angenehm auf der Haut anfühlen und ihre Weiblichkeit bestens zur Geltung bringen. Hosen trägt sie selten, es sei denn, sie legt einen ausgiebigen Wandertag ein. Unter den Stierfrauen gibt es auch einen etwas stilleren und konservativen Typ, weniger Vollblutweib, mehr natürlich und unscheinbar, was das äußere Erscheinungsbild angeht. Ihre Lodengarderobe in Grün- oder Brauntönen wird selten abgelegt und muß sowohl zum Einkaufen als auch für die Party herhalten.

Im Berufsleben wird man eine Stierfrau möglicherweise als Chefsekretärin vorfinden (die »Perle« des Chefs sozusagen), in einer gemeinnützigen Organisation mit angenehmem Ambiente und Gruppenklima oder in einem Edelkaufhaus als tüchtige Verkäuferin. Die Stierfrau mag den Kontakt zu anderen Menschen, und sie besitzt die Gabe, einfühlsam und mit dem richtigen Gespür auf andere zuzugehen. Vielleicht ist sie manchmal überfreundlich in ihrem Bestreben nach Harmonie, was andere leider allzuoft reizt, gegen sie zu arbeiten. Auf jeden Fall muß ihr Beruf etwas Bodenständiges haben, und sie will möglichst ihr geschmackliches Empfinden einsetzen können. Dann erbringt sie wirkliche Spitzenleistungen.

In der Gesellschaft ist die Stierfrau wegen ihrer Ausstrahlung und Warmherzigkeit gefragt und gern gesehen, zumal sie viel Humor besitzt und gerne lacht. Mit ihrem Charme kann sie ihre Umgebung schnell anstecken. In Gesprächen ist sie allerdings nicht unbedingt die Schlagfertigste, ihre Reaktionen sind manchmal recht langsam, vor allem, wenn es sich um Themen handelt, die ihr nicht vertraut sind. Dabei ist sie eigentlich sehr intelligent, hat vielleicht mehr begriffen als mancher andere, doch sie kann ihre Meinung nicht prägnant genug zum Ausdruck bringen. Hier stellt sie eigentlich oft ihr Licht unter den Scheffel, dabei hat sie es gar nicht nötig.

Das eigentliche Territorium der Stierfrau ist und bleibt eben die Liebe. Die Stierfrau ist ein Kind der Venus, und sie braucht sicher kein Lehrbuch, um ihre Verführungskünste einzusetzen (sie könnte höchstens selbst eines geschrieben haben). Ob sie es darauf anlegt oder nicht, sie schlägt nur ganz unverfänglich die Beine übereinander, schon sendet sie Sex-Signale an alle männlichen Wesen in der näheren Umgebung aus. Wenn sie ein Mann interessiert, braucht sie ihre erotischen Antennen nur in seine Richtung auszufahren, er wird sie – magisch angezogen – innerhalb kürzester Zeit ansprechen oder ihr einen Drink spendieren.

Was sinnliche Anziehungskraft angeht, ist die Stierfrau einfach unschlagbar. Allerdings ist sie nicht die Frau, die sich schnell hingibt. So viele Männer ihr auch zu Füßen liegen, bei der engeren Wahl verhält sie sich recht konventionell, denn sie sucht nicht das kurze Abenteuer, sondern eher den Partner fürs Leben. Dabei verläßt sie sich ganz auf ihre Intuition, was problematisch werden kann. Die Abgründe des Herzens sind eben manchmal tief und verschlungen und können die Stierfrau sehr in Verwirrung stürzen. Gerade weil sie so gefühlsbetont ist und darüber oftmals ihren Verstand einzusetzen vergißt, wird sie häufig Enttäuschungen erleben.

Den Mann, den sie liebt, versteht sie wie keine andere zu

verwöhnen. Sinnlichkeit in Person, die sie ist, räkelt sie sich wohlig unter der Daunendecke – mit dem Satinbezug, den sie am Vortag gebügelt und frisch überzogen hat –, um sich anschließend noch ein paar Minuten an ihren Lebenspartner zu kuscheln. Der Tag muß für die Stierfrau gemütlich beginnen. Hat sie sich endlich aus den warmen Decken geschält, wird sie entweder ihr ausgiebiges Körperpflegeprogramm starten oder ihrem Partner erstmal ein opulentes Frühstück bereiten. Der Tisch wird gedeckt wie zu einem Festmahl: Tischdecke und Kerzen gehören dazu, ein schönes Service, Kaffee und – zumindest am Wochenende – der selbstgebackene Kuchen. Mit Argusaugen wird sie jeden seiner Bissen überwachen, ob es ihm auch schmeckt, denn Bestätigung für ihre ganze Mühe braucht sie schon. Kommen die kredenzten Leckereien gut an – was meistens der Fall sein wird, denn die Stierfrau versteht es zu kochen und zu backen –, wird ihr Glück vollkommen sein. Beim Einkaufen achtet sie entweder auf Qualität, kein Weg ist ihr zu weit, oder sie dreht jeden Pfennig dreimal um, probiert selten Neues aus und beharrt noch heute auf den Artikeln, die sie schon vor 20 Jahren gekauft hat. Dieser Stierfrau-Typ greift möglicherweise sogar noch zur Sparschwein-Methode. Meistens jedoch steht sie auf Luxus und kann völlig über ihre Verhältnisse leben. Die stilvoll eingerichtete Wohnung ist so wichtig wie ein schickes Auto und natürlich der Luxus, den sie sich gönnt, um ihren Körper zu verwöhnen. Für Gesichtscremes, Haarpackungen und Kleidung kann die Stierfrau Unsummen ausgeben.

So gut sie es auch versteht, ihren Partner zu verwöhnen, so wenig begreift sie manchmal, daß es ihm einfach mal zuviel wird und sie ihn einengt. Sie erwartet von ihm Hingabe und uneingeschränkte Liebe, ohne zu merken, wie besitzergreifend sie ist. Wenn sie eifersüchtig ist, oft ohne Grund, kann es zu heftigen Szenen kommen. Dann geht das Temperament mit ihr durch, und im Sturm ihrer Gefühle sagt sie vielleicht Dinge, die ihren Partner verletzen. Im schlimmsten Falle verhält sie sich so, vor allem, wenn ihr Eigensinn, der bar jeder Vernunft ist, durchkommt, daß der Partner Konsequenzen zieht und selbst die harmonischste Beziehung zu Bruch geht. Wenn die Stierfrau aufwacht und ihre Gefühlsausbrüche bereut, ist es meistens schon zu spät, sie versteht die Welt nicht mehr.

Ein großes Unwetter wird hereinbrechen, wenn ihr Ungerechtigkeit widerfährt, wenn sie begriffen hat, was lange dauern kann, daß sie belogen und betrogen worden ist, oder wenn ihr Partner ihr Grund zur Eifersucht gibt. Alles, was sie in ihrem Leben an Gefühlen und Ungerechtigkeiten unterdrückt hat, kommt in diesem Moment zum Ausbruch. Dann ist mit der sonst so freundlichen Stierfrau nicht zu spaßen. Ihre Rachegelüste werden furchtbar sein, und man sollte es nicht darauf ankommen lassen.

Liebesgeheimnisse und Phantasien

Die Liebhaberin

Selbstverständlich haben wir es hier mit einer Verführungskünstlerin par excellence zu tun. Sie versteht es nicht nur, einen Mann zu entflammen, sie bringt ihn auch dazu, sie ganz nach ihrem Geschmack zu verführen. Sie setzt die erotischen Signale, den Rest überläßt sie ihrem Anbeter. Nicht daß sie passiv ist oder sein will, aber sie fühlt sich erst so richtig als Frau, wenn sie das Gefühl hat, umworben zu werden. Sie versprüht ihren Charme, spielt mit ihrer sinnlichen Ausstrahlung, sie kann erotisch, verrucht und zugleich wie ein unschuldiges Mädchen wirken. In ihrem unbekannten Gesprächs- oder Tanzpartner zum Beispiel erzeugt sie das Gefühl, daß er sie am liebsten sofort nehmen möchte, gleichzeitig wahrt sie die Distanz, sie spielt die Spröde, um die Erotik zu erhöhen, und bringt ihn trotzdem dazu, sich anständig zu verhalten (was ihm sicher schwer fällt). Berechnender oder unpersönlicher Sex ist nichts für die Stierfrau, sie braucht Wärme und Vertrauen und will sich seiner Zuneigung sicher sein. Der Abend kann noch so schön verlaufen, ihr Verlangen noch so groß sein, sie ist nicht die, die ihre sexuellen Gelüste sofort im Bett eines Mannes stillen muß (wenn es ausnahmsweise noch am selben

Abend sein muß, passiert es sowieso in ihrem eigenen). Sollte es ihm dennoch gelingen, muß er sich schon etwas einfallen lassen. Er muß seiner Liebesgöttin etwas bieten.

Die Stierfrau ist eine anspruchsvolle Liebhaberin. Sie will behutsam geführt werden, und dazu bedarf es viel Einfühlungsvermögen. Sie erwartet sexuelle Freuden, keine ungewöhnlichen Exkursionen. Sie will sinnliche Atmosphäre, ein romantisches Ambiente und – wie im Liebesfilm – ein Happy-End, das heißt einen Orgasmus. Für sie ist das wichtig, denn schließlich: Warum soll man ein Instrument stimmen, wenn man es dann nicht in *allen* Tonleitern zu spielen versteht?

Die Stierfrau präpariert sich für die Liebesnacht. Sie trägt seidene Unterwäsche, ihre Haut duftet (nach einem sündhaft teuren französischen Körperpuder), sie ist vom Kopf bis zu den Zehen gepflegt und appetitlich, und *last but not least* sorgt sie noch für die richtige Beleuchtung, um ihre verführerischen Seiten voll zur Geltung zu bringen.

Das Liebesspiel mit einer Stierfrau hat die Intensität eines Stierkampfes, und sie wird einen Mann außer Atem bringen. Am liebsten mag sie es – und da kommt ihre Rolle als Vollblutweib zum Tragen –, wenn sich ihr Partner als stürmischer Liebhaber erweist. Sie will sowohl seine Zärtlichkeit als auch seine männliche Stärke spüren. Sie liebt seinen Schweißgeruch, seine animalische Ausdünstung, sie gerät in Ekstase, wenn er sie etwas härter anfaßt und gleichzeitig ihren Körper mit feuchten Küssen bedeckt. Sie selbst versteht es, ihren Partner nach allen Regeln der Kunst in Wallung zu bringen. Gekonnt setzt sie ihren Mund und ihre Hände ein, schmiegt ihren Körper wie eine Katze an den seinen und gibt ihm unterschwellig zu verstehen, wie sie es haben will, um zum Orgasmus zu kommen. Der sinnliche Körper der Stierfrau fühlt sich am wohlsten auf einer weichen Unterlage. Sie ist sensibel für Stoffe wie Baumwolle, Seide oder Satin. Den Höhepunkt ihrer Wollust erreicht sie, wenn sie Fell auf ihrer nackten Haut spürt und ihr noch ein Rest tierischen Geruchs um die Nase weht. In ihrer Vorstellung liegt sie nackt auf dem Boden, als Unterlage dient ein Fell, das ihre Hautnerven kitzelt, über ihr der Mann, der die Schönheit ihres Körpers mit seinen Händen zu würdigen weiß. Soweit zu ihrer kontemplativen Rolle. Darüber hinaus ist die Stierfrau Expertin in der Inszenierung des Liebesaktes. Sie ist die Regisseurin, ohne daß er es merkt, und zugleich die Hauptdarstellerin ihres Stückes: die Jungfrau oder Hure, das Schäfchen oder der Vampir, der sich begierig auf sein Opfer stürzt. Ohnehin hat die Stierfrau ein stark orales Bedürfnis. Sie erkundet mit ihrer Zunge gern den Körper ihres Partners, saugt sich an seinem Hals fest. Sie mag ausgedehnte Zungenküsse und mag es auch, seine Männlichkeit in ihrem Mund zu spüren.

Auf Hochtouren bringt man sie, wenn man ihren gesamten Körper mit Zärtlichkeiten bedeckt. Besonders empfindlich reagiert sie, wenn man ihren Hals und ihren Rücken oder auch sanft ihre Genitalien streichelt. Dann aber kann es zur Sache gehen, dann will sie seinen Körper voll und ganz in sich spüren.

Wer aber meint, daß diese Tochter der Venus allein dem männlichen Geschlecht vorbehalten ist, hat sich getäuscht. Die Welt des Sexus ist groß, und da die Stierfrau nun mal für jede Art von Sinnlichkeit empfänglich ist, ist sie auch Frauen nicht abgeneigt. Sollte sie bei einem Mann nicht die sexuelle Befriedigung finden, um ausgeglichen zu sein, kommt es durchaus vor, daß sie sich Frauen zuwendet.

Stiermann

Persönlichkeit und Eigenschaften

Wie ein wilder Stier

Eines steht fest: Jener dezent gekleidete Herr, der sicher gerade in irgendein Gespräch vertieft ist, hat das gewisse Etwas. Er ist eine Persönlichkeit mit männlicher Ausstrahlung und Charme. Er muß ein Stier sein! Meistens ist es den Stiermännern selber gar nicht so bewußt, aber sie ziehen weibliche Blicke auf sich. Selbst die treuesten Ehefrauen, vielleicht gerade mit dem Gatten beim Essen in einem guten Restaurant, werden nicht umhinkommen, hin und wieder zum Nachbartisch zu schielen, wenn dort ein Stiermann sitzt. Apropos gutes Restaurant: Hier hält sich der Stiermann gelegentlich auf, und damit sind wir gleich bei seiner Leidenschaft angelangt. Er liebt gutes Essen mit einem exzellenten Wein, weshalb ihm sein Gewicht ab und zu Probleme bereitet. Was mindestens genauso wichtig für ihn ist, das ist die Umgebung. Stilvoll, aber gemütlich muß das Ambiente sein, dann stimmt *fast* alles. Ein Gegenüber, mit dem man angeregt plaudern kann, gehört noch dazu, dann ist der Stiermann in seinem Element. Dann kann der Abend noch lang werden. Der Stiermann braucht, und damit ist er seinem weiblichen Pendant sehr ähnlich, die zwischenmenschliche Kommunikation wie die Luft zum Atmen. Geht sie ihm ab, neigt er sogar hin und wieder zur Schwermütigkeit. Aber meistens hat er einen großen Freundes- und Bekanntenkreis oder, kontaktfreudig wie er ist, lernt er schnell jemanden kennen, den er möglicherweise zum Abendessen einladen kann, um einen Samstagabend nicht allein vor dem Fernseher verbringen zu müssen. Und wer kann schon einem Stiermann widerstehen, so charmant, wie er ist? Außerdem besitzt er den angenehmen Zug, nicht im geringsten überheblich zu sein. Er prahlt weder mit seinem Aussehen, einem teuren Auto noch mit seiner Intelligenz. Bis ins hohe Alter bewahrt er sich eine Natürlichkeit, die den meisten Menschen abgeht, kaum daß sie die Teenzeit hinter sich gelassen haben.

Seine Natürlichkeit und seine unkomplizierte Art, die so erfrischend sein kann, macht es Menschen, die erstmals mit dem im Stierzeichen Geborenen in Kontakt kommen, leicht. Aber hinter dieser Natürlichkeit steckt noch viel mehr. Einer sensiblen Frau mit feinem Gespür werden sich entweder die Nakkenhaare sträuben – oder aber alle ihre erotischen Sensoren stehen auf Empfang. Denn hinter dem Charmeur steckt das Tier. Nicht irgendein Tier, sondern ein Stier – »el toro« in Person, in feine Tücher gehüllt, kultiviert und nett. Hinter der Fassade ruht – oder brodelt, je nachdem . . . – die (Ur-)Kraft und eine starke Sinnlichkeit. Mit solchen Attributen gesegnet zu sein ist ein Geschenk, vorausgesetzt, man setzt sie im richtigen Moment ein, andernfalls können sie zum Verhängnis werden. Nicht immer kann der Stiermann damit umgehen. Der Stiermann ist eigentlich ein warmherziger und gutmütiger Mensch, solange sich ihm niemand in den Weg stellt. Man sagt nicht umsonst: Fordere einen Stier nicht heraus. Es ist ratsam, diesen Spruch in seiner Nähe unbedingt wörtlich zu nehmen. Sollte es jemand wagen, ihm zu drohen, ihn zu hintergehen oder einen Streit zu provozieren, wird das sehr unangenehm für die nähere Umgebung. Was dann passiert, ist ohne Übertreibung mit dem Moment in einer »Corrida« zu vergleichen, in dem ein ausgewachsener Stier in die Arena stürmt und das berühmte rote Tuch sieht. Wenn der Kampf oder – um wieder auf den Boden zu kommen – der Streit vorüber ist, fällt es dem Stiermann sehr schwer zu vergessen und zu verzeihen. Verbissen und hartnäckig beharrt er auf seinem Standpunkt. Eines ist sicher: Es gibt im ganzen Tierkreis keinen eigensinnigeren Menschen als den Stiermann. Oftmals ist sein Verhalten ungerecht anderen gegenüber, aber er hat seine Kraft eben nicht mehr unter Kontrolle und seinen Verstand vermutlich noch weniger. Soviel zur negativen Seite dieses Naturmenschen.

Seine Energie positiv umsetzen kann der Stiermann im Beruf.

Schon allein um seine sinnlichen Bedürfnisse zu befriedigen, muß er ein bißchen mehr Geld verdienen als andere. Kulinarische Genüsse, eine geschmackvoll eingerichtete Wohnung oder der Anzug von Hugo Boss kosten eben ihren Preis. Meistens hat der Stiermann einen Beruf, mit dem er sich die kleinen und größeren Annehmlichkeiten des Lebens leisten kann. Es wird ihm allerdings nichts in den Schoß gelegt. Er muß dafür kämpfen, aber er strengt sich an, um sein Ziel zu erreichen. Häufig verschwendet er dabei seine Energie durch überflüssige Bewegung und Aufregung, denn er neigt dazu, Kleinigkeiten überzubewerten und diese aus dem Weg zu räumen, was Kraft und Zeit kostet. Da er glücklicherweise Unmengen an Energie vorrätig und die nötige Ausdauer hat, kommt er irgendwann immer zum Ziel.

Der Stiermann braucht Aktion und Bewegung um sich herum, deshalb findet man ihn wahrscheinlich an der Börse, in der Immobilienbranche oder als Chef einer Werbeagentur. Mit dem Geld, das er verdient, kann er auch sehr gut umgehen. Manchmal fällt es ihm direkt schwer, seine Brieftasche aus den Tiefen seines Jacketts zu ziehen, vor allem und komischerweise, wenn es sich um Kleinigkeiten handelt. Nichts und niemand kann ihn von seinem Geld trennen, außer er selbst. So öffnet er die Brieftasche erst, wenn er überzeugt ist, daß es sich lohnt. Das klingt vielleicht so, als sei er knausrig, doch man muß ihm zugestehen, daß er sein Geld vernünftig ausgibt. Er spart eben lieber für sonnige Tage. Aber – welche Überraschung! – plötzlich schenkt er doch seiner Geliebten aus heiterem Himmel die kostbaren Diamantohrringe, die sie sich insgeheim schon immer gewünscht hat.

Sein Geld investiert der Stiermann auf jeden Fall in ein komfortables Zuhause. Die Frau, die zum ersten Mal die Wohnung eines alleinstehenden Stiermannes betritt, wird überrascht sein, wie gemütlich sie eingerichtet, ordentlich und sauber sie ist. Essensreste vom Vortag, alte Socken unter dem Sofa oder verlorene Papiertaschentücher wird man hier vergebens suchen. Der Stiermann umgibt sich gern mit schönen Dingen. Designermöbel, Bilder und Skulpturen (Originale natürlich) oder eine teure

Hifi-Anlage besitzt er weniger aus Prestigegründen als aus einem ästhetischen Empfinden heraus oder einfach weil er Freude daran hat. Der Stiermann ist eben ein Genußmensch in jeder Hinsicht.

Liebesgeheimnisse und Phantasien

Liebe bei Kerzenlicht

Dem Stiermann sollte man keinesfalls Grobheit oder Einfallslosigkeit nachsagen. Beim Sex geht es mit ihm manchmal recht unromantisch zu, denn auch oder gerade hier kommt seine Stiernatur so richtig zum Vorschein. Zunächst wird er aber die Dame seines Herzens nach allen Regeln der Kunst verwöhnen und dafür sorgen, daß sie sich wohl fühlt. Gedämpftes Licht und sanfte Musik, während sie bequem, mit einem Kissen im Rükken, auf seinem Sofa ruht und der Dinge harrt, die da noch kommen mögen, gehören zur Verführungszeremonie à la Stiermann, obwohl seine Gedanken insgeheim nur bei ihrem Körper sind und er die Erregung kaum noch unterdrücken kann. Aber die Zeremonie vor dem komfortablen Hintergrund ist für ihn fast genauso wichtig wie der Akt selber. Er inszeniert seine Liebesabenteuer perfekt und spielt auch noch die Hauptrolle dabei. Das Objekt seiner Begierde nackt auf einer flauschigen Decke, das würde vollkommen seinen Vorstellungen entsprechen. Dann begießt er sie noch mit einigen Tropfen deutschen Sekts, die er von ihrer Haut ableckt (Champagner ist einfach zu teuer . . .), und seine Lust kennt keine Grenzen mehr. Er kippt noch ein bis zwei Gläschen, aber dann geht es zur Sache. Eine Frau, die noch mit dem Entschluß ringt, ob sie gehen oder bleiben soll, hat jetzt keine Chance mehr. Für romantische Schwärmereien, Komplimente und Zärtlichkeiten ist keine Zeit mehr, denn wenn der Stiermann den Augenblick für gekommen hält, existiert nur noch die pure Lust, die Zeit und Raum ausfüllt. Jetzt ist das Kontrastprogramm angesagt, der Stiermann wird nämlich sehr direkt.

Sein Vorspiel ist nicht gerade phantasievoll und wirkt oft etwas einstudiert. Man darf in ihm sicher keinen exotischen Führer in die unbekannten Gefilde des Sexlebens suchen, denn sein Sex ist einfach und unkompliziert, experimentierfreudig ist er nicht. Wenn er seine Partnerin stimulieren will, glaubt er das mit einigen Handgriffen an den »entscheidenden Stellen« erledigen zu können. Er schiebt seine Hand unter ihren Rock oder ihre Bluse, ergreift ihre Brüste, steckt seine Zunge tief in ihr Ohr. Für sie kann das sehr lustvoll sein, denn der Stiermann tut das alles mit einer Sinnlichkeit, die nicht so schnell seinesgleichen findet. Der Stiermann macht gern Liebe. Das mag banal klingen – wer macht es schließlich nicht gern? –, aber es soll Menschen geben, die den Sex lediglich dazu benützen, um sich von Spannungen zu befreien, ihre Männlichkeit zu beweisen oder wie bei einem Wettkampf Punkte zu sammeln. Doch der Stiermann genießt ihn um seiner selbst willen, und mit seiner Sinnlichkeit bringt er Eisberge zum Schmelzen.

Der Stiermann hat ein starkes orales Bedürfnis. Deshalb mag er es, an den Brustwarzen oder auch den Zehen seiner Bettgenossin zu saugen oder ihr den Schweiß von der Haut zu lecken. Der Geruch unter ihren Achselhöhlen oder zwischen ihren Beinen wirkt wie ein Aphrodisiakum auf ihn.

In vieler Hinsicht ist er ein wunderbarer Liebhaber. Er besitzt ein natürliches, um nicht zu sagen tierisches Empfinden. Es ist der Instinkt, der vielen Menschen in der heutigen zivilisierten Welt verlorengegangen ist, aber der Stiermann hat ihn noch. Als Jüngling ist er lüstern und darauf bedacht, seinen früh erwachten Sextrieb auszuleben. Später wird er, was seine eigenen Bedürfnisse angeht, zwar unersättlich bleiben, aber er wird empfindsamer und vergißt nie die Wünsche der Partnerin. Er ist zwar extrem lustbetont in seiner ursprünglichen Einstellung zum Sex, aber immer mit sehr viel Gefühl. Irgendwie arrangiert er es, daß seine Partnerin seine Bedürfnisse befriedigt und gleichzeitig nicht zu kurz kommt. Was ihm vielleicht beim Vorspiel an Phantasie fehlt, macht er jetzt durch Ausdauer wieder wett. Er kann in einer bestimmten Stellung stundenlang weitermachen. Es ist die Frau, die behutsam die Initiative ergreifen muß, um den Akt in andere Bahnen zu lenken. Der Stiermann darf nicht das Gefühl haben, angetrieben zu werden, subtile Anregungen nimmt er gern entgegen, dann wird er seine Position seiner Partnerin zuliebe ändern und immer noch Spaß haben. Er selbst bevorzugt eher konventionelle Stellungen, aber er muß kraftvoll zustoßen. In solchen Augenblicken will er die Frau ganz, sie ist sein Besitz und sein Lustobjekt. Er bewegt sich in ihr mit seiner ganzen erdhaften Männlichkeit, und dies wird sie in Ekstase versetzen.

Obwohl der Stiermann seine Partnerin gern mit Zärtlichkeiten beschenkt, wird er natürlich selbst auch gern verwöhnt. Stundenlang könnte sie ihn streicheln, am besten in den Regionen Kopf, Hals und Rücken, denn hier ist er besonders sensibel. Um ihn in höchste Erregung zu versetzen, sollte sie mit ihren Fingern langsam und gemächlich dazu übergehen, seinen Hals zu berühren bis zur Kehle hin. Auch sanfte Bisse, bei denen er ihre Zunge auf seiner Haut spürt, erregen ihn. Seine gesamte Hals- und Nackenpartie ist sehr empfindlich, und es genügt schon, daß man ab und zu die Gelegenheit nutzt, ihn hier ganz zufällig beim Krawattenbinden oder beim Richten des Mantelkragens zu berühren.

Der Stiermann läßt sich leicht entflammen, aber seine Partnerin sollte schon die Konsequenzen kennen. Seine Geilheit ist durchaus mit der eines Stiers während der Paarungszeit zu vergleichen, und wenn sie gestillt werden soll, mag es der Stiermann eben am liebsten richtig animalisch. Er nimmt sie von hinten, der Anblick ihrer Pobacken erregt ihn noch mehr, er packt seine Gespielin fest, um seine ganze Lust in ihr zu verströmen. Am schönsten ist es, wenn sie noch ein bißchen Fleisch um die Hüften hat, denn seine Hände brauchen Halt, um seiner ungezügelten Kraft standzuhalten.

Er mag es, seine Partnerin von hinten zu nehmen. Aber es könnte auch durchaus ein männlicher Partner sein, dessen wohlgeformter Po sein Interesse weckt. Der Stiermann neigt nämlich zur Bisexualität. Sex mit einem Mann gehört zu seiner erotischen Phantasie, und obwohl er ein »echter Mann« ist, mit allem, was in den Augen der Frauen dazu gehört, ist gleichgeschlechtlicher Sex für ihn nichts Abwegiges. Analverkehr mit einem Mann reizt ihn durchaus. Beim Stiermann ist hin und wieder sogar ein Hang zur Koprophilie zu erkennen. Er könnte durchaus mehrere Verhältnisse gleichzeitig haben, denn die Entscheidung fällt ihm schwer, wenn es jemand versteht, ihn für seinen Körper einzunehmen, egal ob Mann oder Frau. Am Vormittag mit einem Mann und am Abend mit einer Frau zu schlafen, wäre durchaus nach seinem Geschmack. Es mit einem Mann zu treiben, würde seine tierischen Bedürfnisse befriedigen, eine Frau allerdings würde nicht nur seinen sexuellen Wünschen nachkommen, sondern auch seinem Wunsch nach Zärtlichkeit und Geborgenheit.

Wer paßt zu wem, wie und warum

Stier – Widder

Als echter Stier wird man einem Widder nicht unbedingt viel Beachtung schenken, schließlich scheint dieser Mensch doch ganz anders gestrickt zu sein als man selbst. Der Widdermann mag in den Augen der Stierfrau einen Tick zu extravagant und überheblich wirken – obwohl sie zugeben muß, daß er trotzdem recht interessant wirkt. Die Widderfrau erscheint dem Stiermann ein bißchen kühl und abweisend. Kann man mit ihr überhaupt in Kontakt kommen? Dieser Eindruck kann sich schnell ändern. Auf eine Diskussion muß er sich ja nicht unbedingt einlassen (die Hörner des Widders sind sehr widerstandsfähig), ansonsten darf sich der Stier ruhig von der kraftvollen Ausstrahlung und Begeisterung des Widders anstecken lassen. Da der sinnliche Stier leicht entflammbar ist, hat ihn der Widder bald um den Finger gewickelt. Möglicherweise steht eine stürmische Nacht bevor, wahrscheinlicher ist, daß dieses Widder-Abenteuer für ihn enttäuschend ausgeht, denn in erotischer Hinsicht gibt es hier kaum Übereinstimmungen. Während die Stierfrau noch dabei ist, den Sekt kühl zu stellen und das Licht zu dämpfen, liegt der Widder schon ausgezogen im Bett. Sie möchte die Zeremonie der Verführung und die erotische Atmosphäre genießen, er zum Ziel kommen. Etwas harmonischer geht es zwischen Stiermann und Widderfrau zu, denn der direkte schnörkellose Sex der Widderfrau gefällt ihm. Doch letztendlich brauchen Stiere mehr Romantik um sich herum, für diese Abteilung ist der Widdergeborene aber nicht zuständig.

Sollte der Stier dennoch Glück haben, daß ein Widder mehr Entgegenkommen und Einfühlungsvermögen zeigt als üblich, könnte sich im Laufe der Zeit sogar ein liebevolles Verhältnis entwickeln. Eine ständige Gefahr in der Stier-Widder-Partnerschaft bilden jedoch die Seitensprünge. Die treue wie eifersüchtige Stierehefrau wird irgendwann wutschnaubend ihre Koffer packen. Der Stierehemann vergißt es, während er sich nach anderen Frauen umschaut, seiner Widderpartnerin zu sagen, daß sie die einzig begehrenswerte Frau weit und breit ist, und hat im Alltag mit einer unzufriedenen Widderfrau nichts mehr zu lachen.

Diese Konstellation bringt Probleme und heftige Auseinandersetzungen mit sich. Da beide Zeichen sehr viel Ausdauer haben, ziehen sich die Streitphasen auch dementsprechend lange hin, andererseits liegt in dieser Eigenschaft die Chance, mit Geduld die schlimmsten Kämpfe zu überstehen. Nur so können beide Partner lernen, ihre Impulsivität zurückzunehmen, und eine dauerhafte Beziehung aufbauen.

Stier – Stier

Wahrscheinlich lernen sie sich über ein Gespräch kennen und sind sich gleich sympathisch. Schnell stellen sie fest, daß sie in vielen Dingen den gleichen Geschmack haben. Beide mögen klassische Musik, bevorzugen den gleichen Drink, haben ähnliche Eßgewohnheiten (es geht doch nichts über einen deftigen Braten mit selbstgemachter Sauce!) und lieben die Plauderei im geselligen Kreis. Leider sind diese Gemeinsamkeiten nur oberflächlicher Natur. Je näher sie sich kommen, desto weiter scheinen ihre Ansichten auseinanderzugehen. In der Liebe neigt die Stierfrau zur Sentimentalität. Sie kann romantisch wie ein junges Mädchen sein, sie will verwöhnt und begehrt werden, und zwar einzig und allein von ihrem treuen Gatten. Auch der Stiermann hat seine romantischen Seiten, aber er ist doch viel erdhafter und realistischer. Einerseits unternimmt er alles mögliche, um eine Stierfrau in den siebten Himmel zu heben, das versteht er wie kein anderer, andererseits läßt er sie von da oben auch wieder runterfallen. Es stört ihn, daß sie immer Klarheit braucht, es macht ihn kühl und zurückweisend. Das Budget für die Annehmlichkeiten des Lebens wird drastisch gekürzt, obendrein flirtet er noch mit anderen attraktiven Wesen, die seinen Weg kreuzen – es könnte übrigens auch ein Mann sein. Wenn Stier und Stier sich streiten, ist das so heftig, als würden sich alle Unwetter der letzten zehn Jahre an einem Tag entladen.

Der Stierfrau ist dieser Partner auf Dauer zu anstrengend, immerzu fordert er etwas, setzt ihr eine Kraft entgegen, die zu stark für sie ist. Abgesehen davon, muß sie nach einem Streit grundsätzlich den Anfang zur Versöhnung machen, immer muß sie ihn verführen. Wenn er endlich wieder will, will sie nicht mehr.

Die Stier-Stier-Kombination ist nicht gerade ideal für eine Ehe, aber für eine Freundschaft. Und die könnte sogar ein Leben lang dauern.

Stier – Zwillinge

Mit dem dualistischen, wandelbaren und vielseitigen Zwilling trifft der beständige und beharrliche Stier genau auf seinen Gegenpol. Und dieser Wirbelwind wird ihm seine natureigene Trägheit schon austreiben! Warum auch nicht? Innerhalb kürzester Zeit erliegt er sowieso dem Charme des Zwillings. Er läßt sich mitreißen und die Welt von der anderen Seite zeigen. Schließlich kann sich der Stier für vieles begeistern und hat meistens noch gar nicht die Vielzahl an Möglichkeiten entdeckt. Der Zwilling wird ihn in ganz andere Gefilde entführen. Das kann beim Stier natürlich panische Reaktionen auslösen, denn er verliert im wahrsten Sinne des Wortes den Boden unter den Füßen. Jetzt muß er die Gelassenheit lernen, die ihm meistens fehlt. Was ihm am Zwilling überhaupt nicht gefallen wird, ist dessen Unbeständigkeit und Launenhaftigkeit. Gerade noch hat er den genialen Einfall, im nächsten Moment wirft er ihn über den Haufen. Da kommt der Stier irgendwann nicht mehr mit, es macht ihn nervös, oder ihm platzt ganz einfach der Kragen.

Das Erotikleben mit einem Zwilling wird für den Stier ganz schön aufregend. Die Phantasie des Zwillings scheint ohne Grenzen zu sein, außerdem bringt dieser Partner eine Menge Erfahrung mit. Was ihn möglicherweise stört, sind dessen Capricen, denn er mag es letztendlich doch lieber konventionell.

Im Grunde genommen könnten sich die beiden so verschiedenen Partner gut ergänzen, wenn der Zwilling etwas von der Bodenständigkeit des Stiers annehmen würde und der Stier von der Leichtigkeit des Zwillings. Doch meistens verfällt der Stier in seine alte Trägheit, die Unbeständigkeit und die Phantastereien des Zwillings strengen ihn an und können ihn praktisch zur Weißglut treiben. Der Stierpartner sehnt sich langfristig nach Ausgeglichenheit, die ihm der Zwillingpartner nicht geben kann. Der Stier sollte die Beziehung als Chance sehen, seine negativen Eigenschaften wie Jähzorn und Starrsinn ein wenig herunterzuschrauben, und lernen, toleranter zu sein.

Stier – Krebs

Auf den ersten Blick verbindet sie wenig, doch es ist die romantische und gefühlvolle Seite des Krebses, die ihn für sich einnimmt. Der Stier verspürt vielleicht instinktiv, daß der Krebs genau die Sensibilität besitzt, die er braucht. Was beide Zeichen außerdem gemeinsam haben, ist die Sinnlichkeit, das Bedürfnis nach Zärtlichkeit und Zuwendung. Insofern ist auch die erotische Komponente in der Stier-Zwilling-Konstellation am bedeutendsten. Der Krebs verhält sich anfangs meistens etwas zögerlich, er traut sich nicht so recht, und es ist auch nicht leicht, gegen die Energie des Stiers anzukommen. Er ist also etwas unsicher, aber der Stier geht zielstrebig und direkt wie immer vor und wird das schon hinkriegen. Der Stiermann kann beruhigt die Zügel in die Hand nehmen, wenn er eine Krebsfrau verführen will. Sie hat nichts dagegen, stilvoll und sanft in die Welt des Sexus geführt zu werden. Im Krebsmann hat die Stierfrau einen zärtlichen Verführer, der ihre Sinne auf Hochtouren bringt. Sowohl Stier als auch Krebs haben ein großes Bedürfnis nach einem erfüllten Gefühlsleben. In einer längeren Beziehung führt vielleicht gerade das zu Komplikationen, denn um die Gefühlswelt in Übereinstimmung zu bringen, bedarf es viel Fingerspitzengefühls. Dazu haben beide nicht immer die Geduld. Der Krebs tendiert hin und wieder zur Überheblichkeit, was den Stier verletzt und zum anderen maßlos ärgert. Andererseits ist es der Stier, der auf den zarten Saiten seines Partners herumtrampelt, aber er wird nie verstehen, warum dieser ihm das nach einer Woche immer noch übelnimmt oder tagelang schmollt. Die Differenzen zwischen Stier und Krebs sind nicht so gravierend, als daß sie eine Partnerschaft oder Ehe unmöglich machten. Doch in erster Linie muß die körperliche Beziehung stimmen, so wird der Stier weicher und der Krebs gelassener.

Stier – Löwe

Warum der Stier fasziniert ist, wenn der selbstherrliche Löwe seinen Weg kreuzt, weiß er wahrscheinlich selber nicht. Es muß wohl die Grazie und der Stolz sein, mit der der Löwe auftritt und die den Stier in den Bann schlägt. Außerdem beeindruckt ihn dessen Scharfsinn, etwas, womit der Stier weniger gesegnet ist. Aber eigentlich ist es die andere, versteckte Seite des Löwen, die dem Stier noch am nähesten kommt: seine ausschweifende, gebende Natur, sinnlich und gefühlvoll. Von einem Löwe-Partner darf der Stier viel erwarten, aber es fällt ihm schwer, sich auf diesen Partner einzustellen. Zunächst mal muß er mit dem Selbstherrlichkeitskomplex des Löwen klarkommen und ihn tolerieren, er muß sich seinem Partner unterordnen, vor allem im Schlafzimmer. Der Stier wird sexuell erst von der großzügigen Seite des Löwen profitieren, wenn er dem Löwen das Feld überläßt. Er muß sich auf die Stimmung und das Tempo des Löwen einstellen. Doch eigentlich möchte der Stier geliebt und akzeptiert werden, so wie er ist. Er kann und will sich nicht umkrempeln lassen, insofern kann Sex mit einem Löwen leicht in Streß ausarten. Außerdem gelingt es dem Löwen leicht, den emotionalen Stier mit den scharfen Messern seines Verstandes zu verletzen. Versteckter Sarkasmus und eine gewisse Kühle sind bei diesem Menschen an der Tagesordnung, und damit wird der Stier auf Dauer nicht zurechtkommen. Ein Streitpunkt in der Partnerschaft mit einem Löwen sind Geldangelegenheiten. Der Löwe ist mindestens so freigiebig wie der Stier, doch auf andere Art und Weise. Er genießt ohne Einschränkungen und lebt ohne Sorgen vor sich hin, während den Stier schon die Panik ergreift. Mit einem Löwen an seiner Seite könnte der Stier durchaus einen zuverlässigen und treuen Partner gewinnen, doch das kostet ihn sehr viel Geduld und viele Einschränkungen.

Stier – Jungfrau

Es war die (Jungfrau) Europa, die der Stier einst auf seinem Rükken trug und entführte. Für wen diese Aktion nun anstrengender war, sei mal dahingestellt, jedenfalls kann es der Stier auch heute noch nicht lassen, eine Jungfrau zu entführen und vor allem zu verführen. Beide sind Erdzeichen, schon deshalb ziehen sie sich an. Wenn der Stier all seinen Charme in Gegenwart der Jungfrau versprüht, schmeichelt ihr das natürlich, denn sie braucht ständig Anregung und Ermutigung, egal ob Frau oder Mann. Eine Jungfrau ist grundsätzlich scheu und zurückhaltend, das muß der Stier wissen, wenn er diese Herausforderung annimmt. Die körperliche Anziehung ist in der Anfangsphase des Kennenlernens noch im Hintergrund, aber es prickelt schon . . . Sicher wird es der Stier sein, der den ersten Schritt in Richtung Schlafzimmer tun muß. Man behauptet von der Jungfrau zwar, sie sei beim Sex sehr zurückhaltend, um nicht zu sagen prüde, aber anscheinend wirkt die Sinnlichkeit des Stiers so stark auf sie, daß sie ihre Unschuld im Bett gänzlich ablegt. Ihr Sex ist in diesem Moment sehr anspruchsvoll, ihre Liebesspiele durchdacht und eine Bereicherung für den Stier. Aber der Stier muß darauf achten, daß nicht sein Temperament mit ihm durchgeht, sonst wird er die Jungfrau verschrecken.

Im normalen Partnerschaftsalltag ist die Jungfrau ein überaus sensibler Partner. Der Stier hat nicht immer die Geduld, um auf sie einzugehen, aber die Jungfrau ist nun mal schnell beleidigt und auch noch nachtragend. Sie gibt dem Stier das Gefühl, ein schlechtes Gewissen zu haben, das engt ihn ein. Ein gewisser Freiraum ist aber für den Stier sehr wichtig, sonst ist die Harmonie in der Partnerschaft gefährdet. Was der Stier andererseits mag und ihn immer wieder dazu veranlaßt, seinem Jungfraupartner zu verzeihen, sind die tiefen und analysierenden Gespräche mit ihm. Sie klären alles und bilden immer wieder den Anfang zur Versöhnung nach einem Streit. Das sind für den

Stier die schönsten Momente. Eine Partnerschaft in dieser Konstellation kann also durchaus funktionieren – aber mit viel Geduld.

Stier – Waage

Die Waage strebt nach Ausgleich und Harmonie und kann sich gut auf den impulsiven Stierpartner einstellen. Sie hat das nötige Fingerspitzengefühl, um seine nicht immer sinnvoll eingesetzte Kraft zu zügeln und sie in die richtigen Bahnen zu lenken. Es ist natürlich der Stier, der auf die Waage zugeht, und zwar ohne daß eine erotische Anziehung besteht. Die kommt erst später. Sicher ist sie nicht so sexbetont wie der Stier, aber dieser kann die sinnliche, oft im Verborgenen liegende Seite der Waage anregen. Der Stier ist nun mal hartnäckig, er möchte seinen Partner am liebsten bis in die verborgensten Winkel kennen. Mit einer Waage hat er sich da viel vorgenommen, denn zunächst muß er deren kühle Oberfläche auftauen. Aber hier kommt ihm die berühmte Hartnäckigkeit zugute. Und für den Stier lohnt es sich, ein bißchen Geduld aufzubringen, um hinter die erotischen Geheimnisse der Waage zu kommen.

Ein Waagepartner ist durchaus flexibel und versteht es, sich auf seinen Partner einzustellen, sowohl beim Sex als auch in der Partnerschaft. Eine Waage ist gutmütig und tolerant, anpassungsfähig und sensibel, allerdings kann der Stier diese Vorzüge nicht uneingeschränkt genießen. Er muß darauf achten, daß die Waage im Gleichgewicht bleibt, sonst kühlt die Partnerschaft ganz schnell ab. Es ist möglich, daß der Stier ständig damit beschäftigt ist, den Clown zu spielen, um seinen Waagepartner bei Laune zu halten. Immer wieder muß er sich etwas einfallen lassen, das setzt ihn ganz schön unter Druck.

Im Schlafzimmer übernimmt der Stier die Führung, aber mit diesem Partner muß er besonders einfühlsam sein, denn die Waage ist grundsätzlich nicht zu allem bereit. Die Grenze zwischen sexueller Erfüllung und Enttäuschung ist manchmal kaum wahrzunehmen, und es könnte sein, daß sie der Stier schnell überschreitet. Eine sympathische Affäre wird es für den Stier auf jeden Fall, auch die Aussichten auf eine Dauerbindung sind gut, allerdings muß er viel Energie aufbringen und sein impulsives Naturell etwas herunterschrauben.

Stier – Skorpion

Stier und Skorpion haben nicht unbedingt viel gemeinsam, dafür aber den Hang, ihre sinnlichen Gelüste zu stillen. Deshalb werden sie sich ohne große Umwege vor allem im Bett näherkommen. Im Skorpion trifft der Stier einen Menschen, der den gleichen sexuellen Appetit hat wie er selbst, allerdings heißt das nicht, daß sie auch den gleichen Geschmack haben, was die erotische Kunst angeht. Mit seiner natürlichen Sinnlichkeit kann der Stier beim Skorpion nicht landen, da braucht er schon eine gute Portion mehr Phantasie und vor allem Experimentierfreude. Der Skorpion ist nämlich nicht nur ein anspruchsvoller Liebhaber, sondern vor allem jemand, der es hin und wieder ein bißchen ausgefallener mag. Möglicherweise hat der Stier auch seine Passion, und wenn sie zufällig mit den Vorlieben des Skorpions übereinstimmen sollte, um so besser!

Der Alltag mit einem Skorpionpartner kann für den Stier sehr anstrengend werden, aber auch sehr harmonisch, vorausgesetzt, der Stier hält diese Geduldsprobe durch. Der Skorpion braucht geistige Tiefe und fordert das gleiche von seinem Partner, dafür bringt er ihm viel Liebe und Zärtlichkeit entgegen. Was dem Stier Probleme bereitet, ist die übersteigerte Sensibilität des Skorpions und dessen Unberechenbarkeit. Sollte der Stier seine Impulsivität nicht richtig unter Kontrolle haben, ist mit einem zornigen Skorpion nicht zu spaßen. Sein Stachel kommt unerwartet und gefährlich. Der Skorpion geht in die Offensive und trifft seinen Gegner an der empfindlichsten Stelle. Außerdem neigt er zuweilen dazu, aus seiner Haut herauszutreten und plötzlich eine ganz andere Rolle zu spielen, womit er den Stier immer wieder verwirrt.

Vielleicht sollte es der Stier mit einem stürmischen Verhältnis gut sein lassen, für eine Ehe müßte er einfach zu oft seine Toleranzgrenze überschreiten. Immerhin: Der Skorpion ist ein treuer Partner und neigt nicht zu Seitensprüngen.

Stier – Schütze

Welch interessantes Geschöpf kreuzt da den Weg des Stiers! Ein Schütze, der erhobenen Hauptes und ohne ihn zu beachten, an ihm vorbeigeht. Dem muß der Stier doch auf den Grund gehen. Und sollte er außerdem gerade auf der Suche nach einem erotischen Abenteuer sein, hat er im Schützegeborenen den richtigen Gefährten gefunden. Nicht daß der Schütze ausnahmslos *one-night-stands* bevorzugt, aber er ist ein Mensch mit einem enormen Freiheitsdrang, und er beweist sich seine Unabhängigkeit auch dadurch, daß er sich nimmt, was er braucht. Das sieht man dem Schützen gar nicht an, aber der Stier spürt instinktiv die pure Lust auf Sex hinter der manchmal strengen Fassade.

Seine wollustbetonte Natur kommt der Triebhaftigkeit des Stiers sehr entgegen. Sex zwischen Stier und Schütze entbehrt jeder Romantik, er ist schnörkellos, aber feurig, und er spricht die animalische Seite im Stier an. Körperlich wird es also überhaupt keine Probleme geben, in der Partnerschaft dafür um so mehr. Der Schütze neigt zum Grübeln und hat hin und wieder regelrecht melancholische Anfälle. Er sieht die Dinge kompliziert und macht dem harmoniebedürftigen Stier das Leben schwer. Außerdem hält er ihn immer wieder mit seinen Ausbrüchen auf Trab. Der Stier ist in regelmäßigen Abständen damit beschäftigt, seinen Schützepartner von dessen Höhenflügen zu Heim und Herd zurückzuholen. Möglicherweise lohnt sich die Mühe, aber der Stier hat eine harte Geduldsprobe zu bestehen, um den Schützen zu zügeln. Vielleicht ist der Schütze für den Stier der bessere Liebhaber als Ehepartner.

Stier – Steinbock

Bei der Begegnung mit diesem Erdzeichen werden weder Funken sprühen noch die Fetzen fliegen, und die Annäherung geht eher langsam vor sich, obwohl eine große Anziehungskraft besteht. Der Sextrieb ist bei beiden Zeichen gleich stark. Was die Art von Sex betrifft, hat der Stier hier einen für alles offenen Partner. Großartige Verführungszeremonien braucht er mit einem Steinbock auch nicht zu zelebrieren, denn er mag es lieber direkt und ohne viel Theater. Umgekehrt darf ein Stier von einem Steinbock nicht erwarten, daß er ihn stilvoll verführt. Hier geht es gleich zur Sache.

Was den Stier vor allem in einer längeren Beziehung mit diesem Zeichen stören könnte ist, daß der Steinbock seine Wünsche nicht formuliert. Das verwirrt ihn, denn er braucht Klarheit und Auseinandersetzung. Es macht den Stier auf die Dauer unzufrieden, daß er aus seinem Partner aber auch gar nichts herauskitzeln kann. Irgendwann wird ihm die Verschlossenheit des Steinbocks sicher zuviel. Der Stier brüllt, und der Steinbock schweigt, so oder so ähnlich würde die Beziehung aussehen. Außerdem vergißt der Steinbock nichts. An einen Streit oder eine Beleidigung kann er sich noch Jahre später erinnern. Der Steinbock kann für den Stier ein treuer, zuverlässiger Partner sein, aber einer, mit dem er ständig zu kämpfen hat.

Stier – Wassermann

So interessant ihm der Wassermann auch erscheint, von körperlicher Anziehung kann zunächst mal nicht die Rede sein. Stier und Wassermann haben nicht unbedingt die gleiche Wellenlänge. Während der Wassermann sich in geistreichen Plaudereien ergeht, kocht im Stier bereits die Leidenschaft. Die Kombination von Geist und Körper wäre ideal, doch hier gehen die Interessen zu weit auseinander.

Der Stier müßte sich schon um 180 Grad drehen und sich dem Wassermann sexuell mit äußerstem Fingerspitzengefühl annähern. Aber Vorsicht! Der alleinstehende Wassermann erforscht gern erotisches Neuland, und die Pfade, auf denen er wandelt, sind höchst verschlungen. Davon sollte der Stier lieber die Finger lassen, denn seine natürliche Einstellung zum Sex ist dazu das genaue Gegenteil. Die Partnerschaft mit einem Wassermann bietet dem Stier viel Abwechslung. Für den geistreichen Austausch ist auf jeden Fall gesorgt, wenn auch dem Stier nicht immer der Sinn danach steht. Der Wassermann steckt voller Ideen und kann den Stier durchaus aus seiner Trägheit reißen. Andererseits ist er unruhig, rastlos, und im Stieralltag geht es eben ein bißchen gemäßigter zu. Sollte es der Stier dennoch nicht lassen können: Ein flüchtiges Liebeserlebnis kann er riskieren, aber eine Ehe ist nur dann befriedigend, wenn er seinen Partner besser kennengelernt hat und nicht zu hohe Anforderungen an ihn stellt.

Stier – Fische

Damit der Fisch nicht an ihm vorbeischwimmt, braucht der Stier viel Geschick, denn der Fischegeborene ist ein wankelmütiges Wesen und kann dem Stier schnell wieder entflutschen. Der Fisch ist sehr sensibel, taktvoll und empfindsam. Das gefällt dem Stier, denn mit diesen Eigenschaften kann der Fisch sich wunderbar auf seinen Partner einstellen. In den Augen des Stiers wirkt der Fischegeborene erotisch sehr anziehend, obwohl die Sinnlichkeit des Fisches nicht im Vordergrund steht. Romantisch veranlagt ist er auch nicht gerade, noch besitzt er die Fähigkeit zu verführen, aber beim Sex – und da kann sich der Stier wie immer auf seinen Instinkt verlassen – wird er hemmungslos. Jedenfalls wird der Stier auf seine Kosten kommen, denn diesem Partner ist Sex zum einen sehr wichtig, zum anderen ist er zu allem bereit. Der Stier braucht also keine Hemmungen zu haben und kann die Nächte ganz nach seinen Vorstellungen gestalten. Er mag es, wie sich dieser Partner ihm anpaßt. Es macht den Stier erst richtig zum Stier. In einer partnerschaftlichen Beziehung ist es für den Stier oft schwierig, mit der Unberechenbarkeit seines Partners klarzukommen. Der Stier muß sich in Gelassenheit und Geduld üben. Aber insgesamt kann die Ehe mit einem Fischegeborenen sehr befriedigend verlaufen. Eine kürzere Liebesaffäre dagegen sorgt für heiße Stunden und körperliches Wohlbefinden – viel besser als Fitness- und Aerobicstunden.

Zwillingfrau

Persönlichkeit und Eigenschaften

Ein gefühlvolles Energiebündel

Man muß sich nur die bezaubernde Jeannie vorstellen, und schon hat man das Bild der Zwillingfrau vor sich. Sie ist ein Flaschengeist, ein entzückendes, rätselhaftes Wesen, das erscheint, wenn man es ruft – oder das plötzlich und unerwartet da ist. Sie ist eine verführerische Frau, die jeden auf Anhieb zu fesseln vermag. Schnell knüpft sie Kontakt und ist innerhalb von Sekunden mit einem Menschen befreundet, den sie vorher noch nie gesehen hat. Das Aktionsfeld der Zwillingfrau ist deshalb immer da, wo viele Menschen sind. Ihr Bekannten- und Freundeskreis ist enorm, denn sie braucht Kommunikation. Als unruhiger Geist ist sie ständig in Bewegung und auf der Suche nach Inspiration. Ein gemütlicher Abend mit einem Buch auf der Couch? Das muß nun wirklich nicht sein. Da geht sie doch lieber auf Entdeckungstour. Eine Ausstellung besuchen, sich mit Freunden zum Essen treffen, noch kurz zur Vernissage eines befreundeten Künstlers, anschließend auf eine Party gehen und vielleicht – so gegen zwei Uhr morgens – noch ein bißchen Konversation bei ihr zu Hause, so mag es die Zwillingfrau. Wie schade, daß man nicht alles gleichzeitig machen kann. Sie entscheidet meistens spontan, denn Lust und Laune wechseln bei ihr schneller als das Wetter im April. Sie haßt es, Dinge langfristig zu planen, schließlich weiß sie ja heute noch nicht, in welchem Gemütszustand sie sich morgen befindet. Auf jeden Fall muß ihr etwas geboten werden, aber sie selbst hat natürlich mindestens genausoviel zu bieten. Ihr wacher Verstand und ihre Intelligenz machen die Verabredung mit einer Zwillingfrau zu einem interessanten Ereignis. Sie ist eine herausfordernde Gesprächspartnerin, mit der man Diskussionen über Stunden führen kann – oder besser gesagt so lange, bis sie glaubt, es sei an der Zeit, etwas anderes zu unternehmen. Abgesehen davon, daß sie die Kunst der Formulierung bestens versteht und ihr Wortschatz sehr phantasievoll ist, hat man in ihr auch eine gute und anteilnehmende Zuhörerin. Sie zeigt Interesse an den Problemen anderer, jeder vertraut ihr gern seine Wünsche, Hoffnungen und Ängste an. Wenn es darum geht, Probleme zu lösen, findet man in der Zwillingfrau nicht nur ein williges Ohr und eine geduldige Zuhörerin (hier kann sie sogar mal längere Zeit stillsitzen), ihr Gegenüber wird auch eine Antwort auf seine Fragen bekommen. Sie besitzt die Fähigkeit, Lebenslagen und Probleme innerhalb kürzester Zeit zu analysieren und nützliche Ratschläge zu erteilen.

Für ihre Freunde wendet die Zwillingfrau viel Zeit auf. Sie macht sich die Mühe, andere zu erfreuen, und denkt vor allem an die kleinen angenehmen Dinge, die den Alltag um vieles schöner machen und die viele Menschen leider grundsätzlich vergessen. Eine Geburtstagskarte (pünktlich natürlich und vielleicht mit einem zusätzlichen Gag), der Telefonanruf zum Hochzeitstag ihrer Freundin, spontane Komplimente – wenn es darum geht, ist auf sie Verlaß. Die Zwillingfrau unternimmt diesen Aufwand natürlich nicht nur aus reiner Nächstenliebe, sondern auch, weil sie beliebt sein möchte. Das ist vielleicht eine kleine Schwäche von ihr. Sie selbst braucht permanent Bestätigung und das Gefühl, für andere unentbehrlich zu sein. Sie legt auch Wert darauf, daß man ihr das sagt. Es steigert ihr Selbstbewußtsein, von dem sie ohnehin schon genug besitzt, und erhöht ihre Tatkraft. Was die Zwillingfrau überhaupt nicht mag und anderen verübelt ist, wenn man ihr Probleme aufbürdet oder ihr die Zeit stiehlt. Schließlich möchte sie entscheiden, womit sie sich beschäftigen wird, vor allem wann, wo und wie lange.

Der Zwillingfrau fällt es schwer, sich auf eine Aufgabe zu konzentrieren. Im Berufsleben ist das ein Hindernis für sie, weshalb sie meistens einen Arbeitsplatz wählt, an dem sie kreativ, unabhängig, aber mit vielen Menschen zusammen sein kann. Einen künstlerischen Beruf mit freier Zeiteinteilung oder auch den absoluten Streßjob, der ihr genügend Abwechslung bietet und in dem sie möglichst ein bißchen in der Welt rumkommt. Da die Zwillingfrau immer Aktion braucht, macht es ihr nichts aus, zum Beispiel an einem Tag schnell von München nach Mailand zu fliegen, um die nötigen Geschäfte abzuwikkeln, und anschließend wieder von München den Nachtzug nach Hamburg zu nehmen, um eine Messe zu besuchen. Irgendwie kriegt sie ihre Termine immer geregelt, obwohl sie eigentlich nicht gerade das große Organisationstalent ist. Wenn es darum geht, spontan eine Party mit hundert Leuten zu veranstalten – schon, aber wenn es um die sogenannten wichtigen Dinge des Lebens geht – na ja. Es fällt ihr schwer, eine Aufgabe von Anfang bis Ende durchzuführen. Sobald sie bei der Hälfte angelangt ist, wird sie unruhig, und schnell hält sie Ausschau nach Neuem. Veränderungen gehören zu ihrem Leben, sonst wird es ihr langweilig. Die Zwillingfrau braucht eben ein Ventil für ihre überströmende Tatkraft. Manchmal ist sie von Angst und Zweifel geplagt, aber immer wieder handelt sie spontan und stürzt sich ins Unbekannte, ohne das Für und Wider zu überlegen. Ihre Entscheidungen trifft sie schnell, wobei sie sich weder auf das Urteil anderer verläßt noch auf ihre Vernunft. Ihre Handlungen entspringen mehr dem Reflex. Sie ist klug genug, um Situationen sofort einzuschätzen, doch sie ist auch ein Mensch, der vor allem von seinen Emotionen abhängig ist.

Meistens erlebt die Zwillingfrau eine Zeitspanne rein emotional, dann aber wirklich von A bis Z. Es sind ihre Gemütsbewegungen, die ihr immer wieder einen Streich spielen. Etwas, das für andere vielleicht eine Nichtigkeit ist, kann sie in den Zustand der Begeisterung versetzen und kurze Zeit später in tiefste Depression stürzen. Das Wetter, ein Arbeitsprojekt, ihr Liebhaber, egal was es ist, die Zwillingfrau durchlebt es immer mit allen Fasern ihres Körpers. Ihre Launen, auch die schlechten, verbirgt sie nicht, im Gegenteil, sie gibt sich ganz ihren Stimmungsschwankungen hin. Ihre Mitmenschen wissen daher oft nicht, woran sie sind. Wer kann ihre Stimmungsschwankungen schon nachvollziehen? Gerade noch war sie heiter und unterhaltsam, im nächsten Moment präsentiert sie sichtbar für jeden ihre unzufriedene Miene.

Wenn sich die Zwillingfrau für einen Mann interessiert, bringt sie ihn innerhalb kürzester Zeit dazu, daß er sich für sie mindestens genauso interessiert. Sie besitzt die Gabe, einen Mann so zu verwirren, daß er nicht mehr weiß, wo rechts und links ist. Vielleicht ist sie nicht mal sein Typ, aber kaum, daß der Kontakt hergestellt ist, ist er von ihr fasziniert. Das Objekt ihres Interesses fesselt sie dank ihres Charmes und ihrer Phantasie. Zuweilen wird ihr Herzlosigkeit nachgesagt. Das muß nicht unbedingt stimmen, aber in gewisser Weise gebraucht (mißbraucht?) sie eben ihre Liebhaber vornehmlich, um ihre Erfahrungen zu machen. Doch der »Leidtragende« ist schnell gewillt, wieder zu vergessen und zu verzeihen, man kann ihr auf Dauer eben nicht böse sein. Ihr Charme ist einfach unwiderstehlich, und ihren Sex-Appeal setzt sie gekonnt ein, um sich immer wieder das zurückzuholen, was sie begehrt.

Die Zwillingfrau kann einen Menschen beeinflussen und ihn dazu bringen, all seine Gewohnheiten aufzugeben. Sie braucht jemanden, der ihr folgt und all ihre Launen mitmacht. Dafür profitiert er von ihrer Heiterkeit, ihrem Verständnis oder einfach davon, sie zur Freundin zu haben.

Liebesgeheimnisse und Phantasien

Die Führerin

Ihre Ausflüge in die Welt des Sexus sind meistens recht abenteuerlich. Weil bei ihr Gefühl und Intuition entscheiden, stürzt sie sich kopfüber in eine Liebesaffäre. Es kann ein Sprung ins kalte Wasser sein oder ein Bad im karibischen Meer. Für den Liebesakt braucht sie keine besondere Inszenierung. Romantik – schön und gut, aber es darf ruhig mal ein Quickie auf der Restauranttoilette oder in den letzten Reihen eines Kinos sein. Voraussetzung ist, daß sie das Tempo bestimmt und ihr Liebhaber genügend Zeit aufbringt, um sie zufriedenzustellen. Und wehe, er treibt sie zur Eile an! Dann gefriert sie zu einem Eiszapfen, den man nicht so schnell wieder auftauen kann. Sie führt ihn bis zu einem gewissen Punkt, ab dann erwartet sie, daß er für die richtige Stimmung sorgt. Auch wenn es nicht immer so scheint – denn bei der Zwillingfrau geht es manchmal sehr schnell zur Sache –, sie schöpft das Liebesspiel voll aus, angefangen vom leichten Kitzel über die sinnliche Erregung und den Zustand der Ekstase bis zum erlösenden Orgasmus. Aber im Liebesakt sucht sie ein Ideal, die Übereinstimmung des beidseitigen Verlangens, eine Vereinigung von Körper und Geist, von Romantik und Realität, und dazu sollte sich ihr Partner schon ein bißchen mehr Zeit nehmen. Die Zwillingfrau ist zwar leicht entflammbar, doch man muß die nötige Geduld aufbringen, um ihren Vorstellungen und Ansprüchen zu genügen. Es lohnt sich, denn ihr sexueller Überschwang bietet dem Partner endlose Befriedigung.

Oft macht die Zwillingfrau den Anfang. Schließlich hat sie Lust, und um sie zu stillen, geht sie manchmal recht aggressiv vor. Es macht gar nichts, wenn ihr Partner auch ein bißchen aggressiv ist. Es ist eine Herausforderung zum Kampf mit einer gleich starken Person, die den erotischen Reiz ausmacht. Die Zwillingfrau ist nicht nur neugierig auf Sex im mentalen Sinne, sondern auch, weil es ihr wollüstiges Verlangen befiehlt. Sie kann sämtliche Grenzen (die allein sie gezogen hat) überschreiten und völlig aus sich herausgehen. Dessen wird sie sich nie schämen.

Beim Vorspiel tut die Zwillingfrau gern mehrere Dinge gleichzeitig. Wie sollte es anders sein? Sie beschenkt ihren Partner mit leidenschaftlichen Küssen und erkundet gleichzeitig seinen restlichen Körper. Es ist eine Entdeckungsreise, die ihn aufs höchste stimuliert. Beim Fellatio gebraucht sie nicht nur geschickt ihre Zunge, auch ihre Hände sind aktiv. Ihre Einfälle beruhen auf Intuition, und um die Erregung zu steigern, ersinnt sie immer wieder neue Variationen. Ihre Neugier ist unerschöpflich, ihre Phantasie rastlos, und ihre Lust soll unermeßlich sein. Sie experimentiert und probiert alles aus, denn sie will mehr Erregung, mehr Befriedigung. Sie sucht vor allem beim Sex den Superlativ, und um ihn zu finden, wechselt sie, besonders wenn sie jung ist, oft ihre Liebhaber. Das sind natürlich ganz unterschiedliche Typen – vom blonden Engel bis zum italienischen Macho wird alles ausprobiert.

Ihre Phantasie ist ein Spiegelbild ihres dualistischen Wesens. Mal ist sie wie ein bezauberndes Mädchen oder mit jeder Faser ihres Körpers das Weib, das sich demütig unterwirft, mal ist sie wie der aktive männliche Part, der sich nimmt, was er braucht. In letzterem Fall neigt sie zum Sadismus. Es stimuliert sie auszuprobieren, wie weit sie gehen kann, wenn sie ihrem Partner körperlichen Schmerz zufügt.

Bei der Zwillingfrau ist auch der Hang zur Bisexualität latent vorhanden. Deshalb wird sie in ihrer Experimentierfreudigkeit die gleichgeschlechtliche Liebe nicht auslassen, sie will alles wissen. Beim Sex mit einer Frau übernimmt sie den männlichen Part und beweist auch hier wieder ihren Einfallsreichtum.

Zwillingmann

Persönlichkeit und Eigenschaften

Ein Mann mit Capricen

Wenn die Party längst vorbei ist, gehört der Zwillingmann zu den letzten Gästen, die zwischen den Resten des Buffets und leeren Weinflaschen eine Grundsatzdiskussion zum Thema Atomenergie führen oder sich über die postmoderne Architektur auslassen. Er spricht lebhaft und überzeugend, unterstreicht seine Worte mit Gesten. Seine Arme und seine Hände sind ständig in Bewegung. Man muß ihm einfach zuhören. Er überrascht seinen Bekanntenkreis immer wieder mit seinem scharfen Verstand, zu den unterschiedlichsten Themen kann er irgend etwas sagen. Der Zwillingmann lernt schnell. Er ist zwar ungeduldig und befaßt sich nicht gern längerfristig mit einem Thema, aber die kurze Zeit, die er für eine Sache aufwendet, reicht aus, um auf allen möglichen Gebieten gesellschaftsfähig zu erscheinen.

Der Zwillingmann ist der geborene Autodidakt. Er besucht weder Fremdsprachenkurse, noch hat er sein Studium abgeschlossen (zumindest in den seltensten Fällen), denn er eignet sich sein Wissen lieber selbst an, und zwar dann, wenn er Lust und Laune dazu verspürt. Trotzdem ist er mindestens so gut wie die anderen. Wichtig ist, daß das Gelernte Bezug zu seinem realen Leben hat. Theorie ist trockene Materie für ihn. Für eine Philosophie zum Beispiel kann er sich erst dann begeistern, wenn sich ihre Grundgedanken in die Praxis umsetzen lassen. Man kann danach gehen, daß die zeitweiligen Verhaltensweisen des Zwillingmannes auf den starken Einfluß seines Buches, das er gerade liest, oder einen Film, den er am Vortag gesehen hat, zurückzuführen sind. Er wechselt schnell seine Rollen, aber er beherrscht sie so perfekt wie ein großer Schauspieler.

Heute ist er Existentialist – angefangen von der Garderobe bis zur französischen Zigarettenmarke und dem Pastice zur Dämmerstunde –, eine Woche später fängt er an zu meditieren und trinkt nur noch Tee, weil es ihm die fernöstliche Philosophie angetan hat.

Die Interessen des Zwillingmannes sind weit gestreut, und seine Neugier, seine Suche nach dem sogenannten Kick, treibt ihn sein ganzes Leben lang in Extreme. Seine Dualität ist ihm im Wege. Wie seine Sternzeichenschwester ist auch er ständig zwischen dem einen und dem anderen hin- und hergerissen. Kaum hat etwas sein Interesse geweckt, dauert es nicht mehr lange, bis er nach dem nächsten Ausschau hält. Schließlich hat die Welt so viel zu bieten. Er durchlebt einen Zustand von Anfang bis Ende und mit einer Intensität, die ihn sowohl zerstören als auch aufbauen kann. Typisch für den Zwilling ist jenes »Von himmelhoch jauchzend zu Tode betrübt«. Er verstellt sich nicht. Was er tut, ist ehrlich, denn er ist überzeugt von seiner Sache, selbst wenn diese Überzeugung nur eine Woche lang dauert. Wenn etwas sein Interesse geweckt hat, wendet er seine ganze Energie dafür auf, denn es dauert eine Weile, bis er merkt, ob es ihm etwas bringt oder nicht. Aber er scheint ein unerschöpfliches Potential an Energie zu haben, deshalb kann er so verschwenderisch damit umgehen.

In der Berufswelt wird man den Zwillingmann meistens im kreativen Sektor finden. Wichtig ist, daß er selbständig ist, ein Chef vor der Nase würde ihn stören. Er ist Werbetexter, Journalist, Architekt, Designer oder Graphiker. Er muß etwas schaffen, etwas, wovon er selbst beeindruckt ist. In seinen beruflichen Aufgabe neigt er zum Perfektionismus, hier ist er akribisch und kann erstaunlicherweise viel Zeit in scheinbar unwichtige Details investieren. Aber das Ergebnis seiner Arbeit ist immer eine gelungene Überraschung.

Der Zwillingmann ist ein Chamäleon, ein Exzentriker, und seine Freunde wissen nie so recht, wie er gerade drauf ist oder wie er eigentlich aussieht, sollten sie ihn seit einer Woche nicht gesehen haben. Ein Treffen mit ihm ist immer wieder aufs neue eine Überraschung. Langeweile ist ein Fremdwort, wenn man ihn zum Freund hat. Grundsätzlich legt der Zwillingmann besonderen Wert auf sein Äußeres – egal welchen Strömungen des Zeitgeistes er gerade folgt. Ob es um Kleidung, Frisur oder After-shave geht, er unterscheidet sich in jedem Fall von der Masse. Trägt die Männerwelt die Haare nackenlang, erscheint er mit einem kahlgeschorenen Schädel, seine Rasiercreme hat er aus London mitgebracht – und garantiert kennt die wieder kein Mensch –, seine Garderobe hat er sich nach seinen Vorstellungen von einem Maßschneider anfertigen lassen (denn das Foto in einer Zeitung von vor zwanzig Jahren hat ihn inspiriert). Sein Outfit ist immer perfekt, gepflegt und weist ihn als absoluten Exoten aus.

Die Capricen des Zwillingmannes können seine Bekannten sowohl amüsieren als auch an den Rand des Nervenzusammenbruchs bringen, schließlich sind sie gezwungen, Zeugen seiner Verwandlungen zu sein. Das ist manchmal höchst anstrengend, denn am liebsten spricht er 24 Stunden lang über ein und dieselbe Idee. Er besitzt die Gabe, jemanden so lange mit Worten an sich zu fesseln, bis derjenige überzeugt davon ist, daß es so und nicht anders ist. Denn der Zwillingmann braucht die verbale Zustimmung seiner Zuhörer. Nicht daß er unbedingt immer recht behalten muß, aber er fühlt sich doch geschmeichelt und bestätigt.

Natürlich ist der Zwillingmann auch der Frauenwelt leidenschaftlich zugetan. Wie sollte es anders sein? Schließlich ist er ein Mensch, der vor allem in der Gefühlswelt zu Hause ist. Er ist nicht unbedingt auf einen bestimmten Frauentyp festgelegt, aber was ihn beeindruckt, ist Stil, Temperament und Geist. Es ist vielleicht nur die Art, wie sie eine Zigarette raucht, ihre Frisur oder ihre Schlagfertigkeit, die ihn dazu veranlassen, sich näher mit einer Frau zu beschäftigen. Das gewisse Etwas, ein Geheimnis sollte sie umgeben. Das erweckt seine Neugier, und er genießt es, sie *peu à peu* zu »entblättern«.

Der Zwillingmann ist Weltmeister im Komplimentemachen und begegnet einer Frau mit einem Charme, der so schnell nicht seinesgleichen findet. Seine Wortwahl hat manchmal schon literarischen Wert, und er kann es darin durchaus mit allen großen Liebhabern der letzten hundert Jahre aufnehmen. Er flirtet hemmungslos, er kann eine Frau sofort in seinen Bann ziehen. Sein weibliches Gegenüber hat das Gefühl, noch nie einen interessanteren Mann getroffen zu haben. Was Frauen an ihm fasziniert, ist die Kombination aus höflicher Zurückhaltung, jungenhaftem Charme und dem versteckten Feuer, das in ihm lodert und die erotische Phantasie anregt. Sollte er sich ein weibliches Wesen auserkoren haben, mit dem er das Nachtlager teilen möchte, wird er diesen Wunsch mit großer Wahrscheinlichkeit realisieren können. Er sorgt dafür, daß sich seine Gefährtin wohl fühlt und keinesfalls der Eindruck entsteht, sie sei nur Mittel zum Zweck. Er berührt sie weniger mit seinem Körper als mit seinen Augen und seinen Worten. Mit einem gerade kennengelernten Zwillingmann fühlt sich eine Frau, als stünde sie vor einer abenteuerlichen Liebesreise.

Liebesgeheimnisse und Phantasien

Der doppelte Liebhaber

Er nimmt sie in dem Augenblick, in dem sie überhaupt nicht damit rechnet. Dafür hat er ein Gespür, und er genießt ihre Überraschung. Kurz bevor die beiden sich dem Ziel genähert haben, dem Ort der Liebe, den er ausgewählt hat, kann es sein, daß sein Temperament mit ihm durchgeht und ihn bereits in einem Park, der gerade auf dem Weg liegt, die Lust überwältigt oder er im Treppenhaus über sie herfallen muß. Seine Lust hat er die ganze Zeit zurückgehalten und ihr nicht im mindesten signalisiert, wie sehr sie ihn erregt. Anscheinend setzt sein Verstand jetzt vollkommen aus, er kann einfach nicht mehr anders. Man darf sich diese Szene nicht wie eine Vergewaltigung vorstellen, denn er ist kein Mann, der rücksichtslos seinen Trieb befriedigt. Aber er ist nun mal ein Mensch der spontanen Entscheidungen, in diesem Fall entscheidet sein Körper.

Der Zwillingmann hat durchaus seine eigenen Vorstellungen, wie Sex ablaufen sollte. Sein Leben ist reich an Erfahrungen mit den unterschiedlichsten Frauen, und er weiß, was ihm gefällt. Aber er ist ein ebenso einfühlsamer wie phantasievoller Liebhaber. Eine Frau wird bei ihm nicht zu kurz kommen. Er kennt sich in ihren geheimen Zonen sehr gut aus und lokalisiert zielsicher die Zentren ihrer Lust. Er mag es, eine Frau lange und intensiv zu küssen, während seine sensiblen Hände sich auf die Suche nach ihrem verborgenen Honig begeben. Er erkundet ihren Körper von Kopf bis Fuß und findet immer Zeit, ihr noch ein kleines Kompliment ins Ohr zu flüstern. Er läßt sie vor Lust aufstöhnen und steigert ihre Erregung von Sekunde zu Sekunde. Immer wieder läßt er sich neue Variationen der Stimulierung einfallen.

Er selbst mag es, wenn eine Frau Phantasie besitzt und Erfahrung mitbringt, ihre Sexualität offen präsentiert. Ihre Passion kann noch so absonderlich oder in den Augen anderer pervers sein, den Zwillingmann kann nichts schockieren. Sie wird in ihm einen willigen und begeisterten Schüler finden, wenn es darum geht, ihm neue Dimensionen der Liebeskunst zu eröffnen. Das Neue und Unbekannte interessiert ihn, was nicht heißt, daß ihn ausschließlich Perversionen reizen. Eine mädchenhafte schüchterne Partnerin, deren Bewegungen zurückhaltend und sanft sind, kann ihn genauso in Ekstase versetzen wie eine mit allen Wassern gewaschene Hure.

Während des Liebesspiels wechselt der Zwillingmann gern die Position. Er gibt keiner den Vorzug, er richtet sich eher nach den Launen seines Luststabes. Und die wechseln genauso schnell wie der Zwillingmensch an sich. Er schafft es, seine sexuellen Wünsche zu verwirklichen und gleichzeitig seine Partnerin zu befriedigen. Er ist ein ausdauernder Liebhaber und, wenn seine Partnerin ihn reizt, kann er auch mehrmals hintereinander Liebe machen.

Die sexuellen Phantasien des Zwillingmannes entspringen manchmal einer literarischen oder auch pornographischen Vorlage. Er konsumiert zeitweise Pornohefte wie andere Menschen Erdnüsse beim Fernsehabend. Er erweist sich als Kenner, wenn es um die ganz delikaten Dinge geht. Er muß sie nicht unbedingt praktizieren, vielmehr ist es seine Neugier, die gestillt werden will.

Seiner Sexpartnerin steht es frei, wie sie ihren Zwilling stimuliert. Er hat fast alles gern. Nur unter Druck setzen darf man ihn nicht. Seine erogenen Zonen sind überall zu finden – mit der Zunge im Ohr, der Hand an seinem Geschlecht, mit der Hand an seinem Po. Zärtlich und fordernd zugleich sollte seine Partnerin sein und ihm alles gestatten, was die Intuition ihm eingibt. Sie wird es nicht bereuen.

Wer paßt zu wem, wie und warum

Zwillinge – Widder
Geheimnisvoll, anziehend und erotisch ist der Widder, hier kann der Zwilling so richtig auf Entdeckungsreise gehen. Mit dem Widdergeborenen trifft er auf eine Person, die in vieler Hinsicht für ihn interessant sein dürfte, abgesehen davon, daß sie seiner Lust von Abenteuer entgegenkommt. Aber Vorsicht ist empfohlen! Der Widder weiß genau, was er will, er läßt nicht mit sich spielen. Er läßt sich auch nicht so schnell um den Finger wickeln – oder scheint es nur so? Zumindest macht er es dem Zwilling nicht leicht. Mit seinem Charme kann der Zwilling zwar viel erreichen, aber nicht alles. Der Widder ist anspruchsvoll, kein Partner für oberflächliche Gespräche oder kurze Flirts. Denn wann der Flirt aufhört und etwas anderes beginnt, muß der Zwilling schon ihm überlassen. Es kann durchaus sein, daß er sich plötzlich im Bett eines Widders findet, ohne eigentlich genau zu wissen, wie das passiert ist.

Sex mit einem Widder ist eine aufregende Sache, zügellos und ungeschminkt, frei von Hemmungen, und wird die erotischen Erfahrungen des Zwillings um ein gutes Stück bereichern. Allerdings sollte der Zwilling wissen, daß er es hier mit einem Egoisten zu tun hat. Es macht den Zwilling nicht unbedingt glücklich, daß sein Partner meistens schnell und ohne die angenehmen stimulierenden Vorbereitungen zur Sache kommen will. Ihm fehlt das spielerische Element, die Phantasie. Aber vielleicht kann man das dem Widder ja noch angewöhnen.

Eine Ehe verspricht bei diesen zwei temperamentvollen Partnern Turbulenzen und Auseinandersetzungen. Der Widder beharrt oft auf seiner Meinung und erscheint dem Zwilling starrköpfig und unflexibel. Dennoch kann die Partnerschaft mit einem Widder durchaus funktionieren.

Zwillinge – Stier

Der Stier liebt die Kommunikation und hat gern Menschen um sich, der Zwilling auch. Das ist zwar nicht das einzige, was sie verbindet, aber es ist eine wichtige Gemeinsamkeit. Insofern werden sie schnell in Kontakt kommen, und der Zwilling kann davon ausgehen, daß sein Charme auf den Stier unwiderstehlich wirkt. Eine Stierfrau reizt einen Zwillingmann, ihre sinnliche und sehr weibliche Ausstrahlung beflügelt seine Phantasie. Außerdem weiß er ihre Wärme und ihr Einfühlungsvermögen zu schätzen. Die Zwillingfrau fühlt sich von der animalischen, kraftvollen Seite des Stiermannes angezogen. Seine Gegenwart steigert ihre Sinnlichkeit, weckt Lustgefühle in ihr.

Ob es im gemeinsamen Schlafzimmer dann immer so harmonisch zugeht, ist zu bezweifeln. Dem Zwilling ist dieser Partner auf Dauer nicht wendig genug. Stiere können ihre Lust nicht so hemmungslos ausleben. Der Zwilling muß vorsichtig sein in dem, was er von ihm verlangt. Der Stier wirkt zwar robust, aber beim Sex muß man mit ihm behutsamer umgehen. Auf Dauer bietet dem Zwilling diese erotische Verbindung keine Befriedigung.

Der Zwilling mag das Temperament des Stiers, aber die Kehrseite kostet ihn viel Kraft und viele Auseinandersetzungen. Was den Zwilling vielleicht ein bißchen ärgert ist, daß es der Stier immer wieder schafft, ihn von seinen Einfällen abzubringen. Er wird seine Tollheiten wegen seines Partners natürlich nicht aufgeben (sonst wäre er kein Zwilling), aber immer wieder sind sie Anlaß für unzählige Debatten. Auf die Dauer stört das den Zwilling, er fühlt sich eingeschränkt. Die Aussicht auf eine befriedigende Partnerschaft mit einem Stier ist eher durchwachsen, denn die Geduldsproben, auf die er gestellt wird, sind nicht gerade seine Stärke. Doch sollte er sich überlegen, daß – trotz der vielen Kämpfe – der Stier ihm Sicherheit gibt und seine Launen stabilisiert, was für ihn nur von Vorteil sein kann. Es ist eine Überlegung wert, vielleicht doch eine Partnerschaft einzugehen.

Zwillinge – Zwillinge

Die große Verwirrung dürfte hier wohl vorprogrammiert sein. Wenn diese zwei Wirbelwinde aufeinandertreffen, gibt es wirklich Turbulenzen. Zwillingfrau und Zwillingmann sind sich von Anfang an sympathisch, aber daß es so richtig funkt, ist unwahrscheinlich, denn dafür ist man sich viel zu ähnlich, das spüren beide. Sollte dieses doppelte Zwillingpaar dennoch von Amors Pfeilen durchbohrt werden, wird die Zeit des Zusammenseins sicher sehr aufregend – im positiven wie im negativen Sinne.

Da sie viele gemeinsame Interessen haben und die nötige Energie, sind die zwei ständig in Aktion, es gibt keine ruhige Minute mehr. Sie übertreffen sich gegenseitig mit Ideen und Vorschlägen, die nicht immer in die gemeinsame Richtung laufen. Das wird sich vor allem beim Sex bemerkbar machen. Beide sind zu unruhig und unersättlich, als daß man die Freuden der Liebe richtig genießt. Sie wissen, daß sie gemeinsam Grenzen überschreiten können, und ihre Suche nach neuer Inspiration treibt sie von einem Extrem ins andere. Ob das die ersehnte Befriedigung bringt, ist fraglich. Ein Tip: Warum soll man es nicht mal wieder mit der ganz normalen Missionarsstellung versuchen – vorausgesetzt, der Hang zum Experimentieren hat nicht das Gefühl der Liebe und den Spaß an den einfachen Dingen abgetötet.

Diese Partnerschaft kennt zwar keine Langeweile, aber zuviel Aufregung ist bekanntlich auch nicht gesund. Ihre Launenhaftigkeit erschwert es ihnen, in Harmonie zu sein. Es fehlt der ausgleichende, ruhige Pol, den vor allem der Zwillinggeborene in einer Partnerschaft braucht. Am besten also, es bleibt bei einer stürmischen Liebesaffäre.

Zwillinge – Krebs

Hier wird zwar tüchtig geflirtet, aber das muß nicht heißen, daß sich mit dem Krebs etwas Ernsteres anbahnt. Der Krebs ist äußerst charmant und anziehend. Er begeistert den Zwilling durch seinen Verstand und sein kultiviertes Auftreten, aber es funkt nur in den seltensten Fällen. Sollte es ihm der Krebs dennoch angetan haben, muß er sich seine spontanen Einfälle für andere Gelegenheiten aufheben. Der Krebs ist äußerst sensibel und läßt sich nicht einfach so mitreißen. Er braucht viel Einfühlungsvermögen, vor allem beim Sex. Für Quickies, wie sie der Zwilling hin und wieder mag, ist der Krebspartner nicht zu haben. Was er von ihm erwarten kann, sind ausgedehnte zärtliche Stunden (Zärtlichkeiten stehen bei ihm übrigens ganz oben in der erotischen Hitliste). Hier muß der Zwillingpartner geduldig und ausdauernd sein, was bekanntlich nicht seine Stärke ist – aber gibt es eine angenehmere Form, um Geduld zu lernen?

In der Partnerschaft erweist sich der Krebs als mindestens genauso launenhaft wie der Zwilling, mit dem Unterschied allerdings, daß der Krebs schmollt, wenn ihm etwas nicht paßt, anstatt sich mit seinem Partner auseinanderzusetzen. Er wird den Zwilling damit ganz schön verwirren und ihn bei schlechter Laune halten. Die Zwilling-Krebs-Kombination ist zwar nicht von vornherein zum Scheitern verurteilt – schon gar nicht, wenn Harmonie im Schlafzimmer herrscht –, aber der Krebs ist nicht unbedingt der Partner, der den Zwilling ergänzt oder Ruhe in seinen Alltag bringt.

Zwillinge – Löwe

Diese Festung sollte im Sturm genommen werden, sonst widersteht sie; denn ein Löwe wittert schnell, wann es gefährlich für ihn wird, und dann kommt der Zwilling möglicherweise nicht in den Genuß, dieses königliche Wesen näher kennenzulernen. Ein Löwe läßt sich nicht leicht becircen, obwohl er das sicher hin und wieder gerne möchte, aber er wägt ab, befragt seinen Instinkt, ob sich das Abenteuer lohnt oder nicht. Hier kommt dem Zwilling sein Talent im Umgang mit Worten zugute. Einen Löwemann beeindruckt man am ehesten mit intelligenter Konversation, Löwefrauen sind sehr empfänglich für Komplimente, abgesehen von den sinnlichen Reizen, für die der Löwegeborene generell offen ist. Allerdings darf der Zwilling nicht gleich mit der Tür ins Haus fallen, er kann zwar den Anfang machen, aber dann sollte er das Feld dem Löwen überlassen – und die Entscheidung, wie der Abend ausgehen soll.

Beim Sex läßt sich der Löwe gern mit Zärtlichkeiten verwöhnen. Da dürfen Zwillinge die ganze Bandbreite ihres Einfallsreichtums auffahren. Großartige Experimente sollte er sich aber nicht erlauben, der Löwe ist ein Gewohnheitstier, er will seine Positionen beibehalten und außerdem die Führung im Bett übernehmen (ganz wichtig!).

Der Löwe ist eine starke Persönlichkeit, gewohnt, Entscheidungen zu treffen. Er braucht viel Freiraum, und er mag es überhaupt nicht, wenn man ihm etwas vorschreibt oder seine Gewohnheiten zu ändern versucht. Deshalb wird eine Löwe-Zwilling-Partnerschaft schwierig. Der Zwilling kann es nun mal nicht lassen, Menschen beeinflussen zu wollen und sie zum Spielball seiner Launen zu machen. So kann er den Löwen nicht bändigen.

Zwillinge – Jungfrau

Sollte tatsächlich dieses Zeichen das Interesse des Zwillings erregen, muß er damit rechnen, daß sich eine Jungfrau ausnahmsweise überhaupt nicht von ihm beeindrucken läßt. Es wird keine leichte Aufgabe für den Zwilling, die scheinbar undurchdringliche Schale der Jungfrau zu knacken. Einerseits fordert ihn das heraus, andererseits wird es ihn ziemlich schnell langweilen, sollte sich da rein gar nichts regen. Und das Potential an Geduld, um eine Jungfrau noch am selben Abend rumzukriegen, hat der Zwilling einfach nicht.

Der Jungfraugeborene ist ein überaus zurückhaltender Mensch, sensibel und introvertiert, eigentlich das ganze Gegenteil zum dynamischen Zwilling. Er neigt dazu, in allem in die Tiefe gehen zu wollen, für die Leichtigkeit, mit der der Zwilling zeitweise durchs Leben wandelt, hat er nichts übrig. In der Partnerschaft bremst er den Zwilling. Die Jungfrau läßt sich selten zu spontanen Aktivitäten hinreißen, schon gar nicht in amourösen Angelegenheiten. Manchmal wirkt sie fast ein bißchen verklemmt. Ganz vorsichtig und behutsam sollte der Zwilling vorgehen, um das Herz (und den Körper) einer Jungfrau zu gewinnen.

Die Zwilling-Jungfrau-Konstellation ist zwar nicht günstig,

da diese zwei wirklich aus ganz verschiedenem Holz geschnitzt sind, aber so pauschal sollte man das ja grundsätzlich nicht sagen. Es kommt schließlich auch auf den Aszendenten an, und der spielt vor allem ab dem zweiten Lebensabschnitt eine große Rolle – vielleicht ergibt sich zufällig eine optimale Konstellation der Aszendenten, oder möglicherweise hat die Jungfrau den Zwilling in ihrem fünften Haus. Werfen Sie mal einen Blick ins Geburtshoroskop.

Zwillinge – Waage

Mit all seiner Verführungskunst sollte der Zwilling um sie werben, denn diese Verbindung ist optimal. Obwohl eine Waage nach Ausgleich strebt und der Zwilling immer wieder dafür sorgt, daß die Waagschalen aus dem Gleichgewicht kommen, sind sich diese beiden Zeichen doch im Grunde genommen so ähnlich, daß sie sich automatisch anziehen. Anfangs wirkt die Waage etwas zurückhaltender als der vor Energie sprühende Zwilling, aber schnell wird er mit ihr warm, beide fühlen die Verwandtschaft.

Die Waage gibt dem Zwilling viel, und zwar freiwillig, ohne eine Gegenleistung dafür zu verlangen. Seine Rastlosigkeit stört sie ebensowenig wie seine Launen, sie fühlt sich nicht ausgenutzt. Beim Waagegeborenen findet der Zwilling gewissermaßen ein Zuhause.

Was die erotische Phantasie der Waage angeht, kommt sie der des Zwillings sehr nah. Der Unterschied zwischen beiden besteht darin, daß die Waage sich bisher nicht traute, sie auszuleben. Für den Zwilling ist es ideal, mit ihr das zu tun, was sie sich insgeheim schon immer gewünscht hat, abgesehen davon, können beide Partner gemeinsam viel Neues ausprobieren. Die Waage ist ein Glücksgriff für den Zwilling – also bitte festhalten!

Zwillinge – Skorpion

Der Auftritt eines Skorpiongeborenen ist so interessant, daß der Zwilling ihn einfach näher kennenlernen muß, sieht er in ihm doch den Exoten, der ihm neue Anreize bietet und mit dem er zu neuen Ufern aufbrechen kann. Der Skorpiongeborene ist aktiv, wendig, immer ein bißchen avantgardistisch, hin und wieder flippt er richtig aus, was den extrovertierten Zwilling natürlich beeindruckt. Auch erotisch zieht er den Zwilling an, denn er präsentiert ihm jene prickelnde Mischung aus Unnahbarkeit und Präsenz, die dessen Phantasie anregt. Er zeigt dem Zwilling die kalte Schulter, andererseits bekundet er durchaus sein Interesse.

Die Zwilling-Skorpion-Kombination ist auf jeden Fall amüsant, vor allem die körperliche. Hier kommt der Zwilling auf seine Kosten. Der Skorpion ist offen in der Sexualität, wenn auch der eine oder andere durchaus seinen ganz speziellen Geschmack hat. Auch in diesem Fall dürfte es kein Problem geben. Sie werden sich schon arrangieren, um sich auf ihren Partner einzustellen.

Der Skorpion ist sehr partnerschaftsbezogen und neigt dazu, sich an seinem Partner festzuklammern, was den Zwilling durchaus etwas in seiner Freiheit einschränkt, ihm aber gar nicht schlecht bekommt. Dafür gibt er ihm auch Bestätigung und Sicherheit. Er macht die Launen und das Rollenspiel seines Zwillingpartners mit, allerdings nur bis zu einem gewissen Grad. Der Zwilling geht nicht immer rücksichtsvoll mit diesem sensiblen Partner um, es besteht die Gefahr, daß er seine Rolle schnell verspielt. Als zuverlässig kann man den Zwilling nicht gerade bezeichnen, abgesehen davon, daß er dem Skorpion oft genug Anlaß zur Eifersucht gibt. Wenn es der Zwilling zu weit treibt, zieht sich der Skorpion zurück, oder – wenn es schlimm kommt – fährt er seinen berüchtigten giftigen Stachel aus. Insofern sollte sich der Zwilling gut überlegen, ob er wirklich zu einer Partnerschaft mit dem Skorpion bereit ist. Eine Affäre gibt dem Zwilling genug Zündstoff, doch um den Skorpion zu halten, darf er ihn nicht ausnutzen.

Zwillinge – Schütze

Es liegt auf der Hand, daß es hier gleich funkt, denn mit dem Schützen begegnet dem Luftzeichen Zwilling ein Feuerzeichen. Auf den Zwilling wirkt der Schütze sehr interessant. Er wird ihm von vornherein genügend »Luft« machen, um das Feuer richtig zu entfachen. Aber Vorsicht, die Gefahr eines Waldbrandes ist groß!

Es heißt zwar, daß man den wendigen Zwilling nicht an die Kette legen kann, aber der Schütze schafft es, diesen unruhigen Geist zu bändigen. Der Zwilling merkt nicht gleich, wie geschickt der Schütze eigentlich vorgeht, denn dieser läßt ihn denken, daß er eine nette und harmlose Person ist. Welch Irrglaube! Für den Zwilling wird es ganz schön gefährlich. Eingesponnen von den Cantaten der Liebe, die der Schütze zu singen vermag, läßt er sich an der langen Leine führen. Beim Sex vermittelt der Schütze ihm das Gefühl, sich ausleben zu können, abwechselnd spielt er Verführer und Verführter, dominiert und inspiriert den Zwilling oder läßt sich leiten.

In der Beziehung gibt er dem Zwilling ein Gefühl der Sicherheit, andererseits Raum und Bewegung, und zwar gerade so viel, daß der Zwilling glaubt, nichts von seiner Unabhängigkeit eingebüßt zu haben. Er lockt ihn immer wieder aus der Reserve und bringt das nötige Auf und Ab in seinen Alltag.

In der Zwilling-Schütze-Beziehung findet ein Rollentausch ohne Worte statt. Macht sich der Zwilling dies bewußt, wird er sicher kaum damit einverstanden sein, doch auf längere Sicht gesehen ist dieser Zustand für ihn ideal.

Zwillinge – Steinbock

Es ist schon merkwürdig, aber immer wieder kreuzt ein Steinbock den Weg des Zwillings. Dabei ist doch dieser oft ernste, zurückhaltende Mensch nicht unbedingt sein Fall, und eine Partnerschaft mit ihm? Nein danke. Aber die Wege des Schicksals laufen ja bekanntlich anders, schließlich darf man nicht vergessen, daß sie auch der Reife dienen. Der Zwilling muß also bei der erneuten Begegnung mit dem Steinbock nicht gleich die Flucht ergreifen. Der Steinbock ist das genaue Gegenteil von ihm (und gerade deshalb um so interessanter). Er hat völlig andere Gewohnheiten, mit denen er auch noch fest verwurzelt ist, und der Zwilling versucht es immer wieder vergebens, diesen Starrkopf davon abzubringen.

In der Partnerschaft hat er mit dem Steinbock viele Kämpfe auszufechten, die ihm manchmal nicht nur die Laune verderben, sondern ihn auch depressiv machen, vor allem, wenn sich der Steinbock von seiner harten und kühlen Seite zeigt. Aber einige atemberaubende Liebesstunden in der Nacht wirken Wunder, damit kriegt er ihn weich. Der Steinbock wird ihm eine ganz andere Seite seines Wesens zeigen: weich, nachgiebig und verständnisvoll. Diese Momente sind selten und kostbar.

Mit dem Steinbock kann der Zwilling lernen, beständiger zu werden, darin liegt eine Chance für ihn. Eine Liebesaffäre mit einem Steinbock kann der Zwilling also auf jeden Fall ohne Bedenken eingehen. In einer Partnerschaft wird er sich manchmal wie im Gefängnis fühlen, aber sie muß ja nicht »lebenslänglich« sein.

Zwillinge – Wassermann

Da hat der Zwilling den richtigen Gefährten für seine Flirt- und Streifzüge gefunden! Mit ihm kommt er schnell in Kontakt, abgesehen davon, daß erotische Anziehung im Verzug ist. Der Wassermann ist ein sehr lebendiger Mensch, offen, humorvoll, vielseitig. Auch er ist ständig auf der Suche nach Neuem, vielleicht weniger oberflächlich als der Zwilling, denn was er sagt und wie er die Welt sieht, hat Tiefgang. Außerdem ist er meistens spirituell veranlagt. Das heißt nicht unbedingt abgehobene Esoterik oder halsbrecherische Yogaübungen – vielleicht eher Partnermassage bei Kerzenlicht und Duftlampe?

Was Sex und Erotik angeht, hat der Zwilling mit einem Wassermann-Partner das große Los gezogen, endlich hat er jemanden gefunden, der genauso entdeckungsfreudig ist wie er. Alles Fremde und Exotische zieht sie an. Der Wassermann kennt keine Scheu, gemeinsam mit ihm kann er alles ausprobieren, von Tao bis Tantra, von Sado bis Maso.

In der Beziehung erweist sich der Wassermann als verständnisvoller Partner. Er nimmt sich Zeit für die Angelegenheiten eines Zwillings. Im Problemeverdrängen ist er mindestens genausogut wie er, oder er übertrifft ihn noch. Eigentlich neigt der

Wassermann zu Seitensprüngen, doch der Zwilling hat schließlich eine interessante Persönlichkeit und Aufregung genug zu bieten. In dieser Partnerschaft wird es mit Sicherheit keinem langweilig werden. Diese Kombination ist sehr gut, was die zwischenmenschliche Seite angeht, aber katastrophal, was die finanzielle betrifft. Der Wassermann kann genauso schlecht haushalten und seine Finanzen kontrollieren wie der Zwilling. Beide sollten unbedingt getrennte Konten einrichten. Aber schließlich und letztendlich hat der Zwilling mit einem Wassermann-Partner ja den Sechser im Lotto gewonnen.

Zwillinge – Fische

Die Gewässer, in denen der Fisch schwimmt, erscheinen dem Zwilling eher seicht als tiefgründig. Vielleicht ist der Zwillinggeborene wieder mal ein bißchen zu vorschnell und ungeduldig. Der Fischegeborene weckt nicht gleich das Interesse des Zwillings, er ist introvertiert, gehemmt und tut so, als ließe er sich vom Zwilling nicht beeindrucken (was nicht immer stimmt!). Möglicherweise gibt der Zwilling zu schnell auf, denn mit einem Fisch kann es erst richtig interessant werden, wenn man ihn näher kennenlernt. Die sexuellen Schwingungen des Zwillings können durchaus mit denen des Fischegeborenen übereinstimmen, doch der Fisch braucht Vertrauen und Geduld, eine stabile Beziehung, dann taut er auf. Er ist einerseits ein anpassungsfähiger Partner, bereit, auf die erotischen Launen des Zwillings einzugehen, andererseits kann er selbst beim Sex aus sich herausgehen und den Zwilling überraschen.

Zu einer Eheschließung mit einem Fischegeborenen wird es der Zwilling wahrscheinlich gar nicht erst kommen lassen, denn auf Dauer ist er ihm zu labil und zuwenig flexibel, um seine Stimmungswechsel mitzumachen. Er neigt zur Häuslichkeit, während der Zwilling ständig unterwegs ist und sich inspirieren läßt. Aber trotz aller konträren Charaktereigenschaften des Zwilling-Fisch-Paares: Es soll schon ungewöhnlichere Konstellationen gegeben haben, die goldene Hochzeit gefeiert haben.

Krebsfrau

Persönlichkeit und Eigenschaften

Zauberwesen mit Publikumswirkung

Eine Krebsfrau fällt in erster Linie durch ihre aparte Erscheinung und ihre Lebendigkeit auf. Sie steht im Mittelpunkt einer Gesellschaft, plaudernd, gestikulierend, während ihre Umgebung sie mit Sympathie betrachtet. Man kann nicht genau sagen, was es ist, aber diese sehr weibliche Frau hat etwas an sich, daß man gleich zweimal hinschauen muß. Es mag vielleicht ihre Garderobe sein, ein ausgefallener Stoff, den sie um sich drapiert wie ein gekonnter Dekorateur, ein Schmuck, den sie aus dem letzten Urlaub mitgebracht hat. Ein bißchen schräg und schrill darf es für sie ruhig sein, aber auf jeden Fall gibt sie ein stimmiges Bild ab. Abgesehen davon versteht sie es, sich geistreich zu unterhalten und gleichzeitig mit ihrem Gegenüber charmant zu flirten.

Die Krebsfrau ist agil, immer in Bewegung. Sie ist aufgeschlossen und neugierig, sie erkundet Unbekanntes und ist ständig auf der Suche nach Dingen, die ihr Interesse wecken könnten. Sie liebt die Kommunikation, den regen geistigen Austausch. Fremdsprachen zum Beispiel lernt sie in erster Linie, um mit Menschen in Kontakt zu kommen.

Ihr Alltag ist nicht mit dem anderer zu vergleichen, denn sie sorgt dafür, daß sie genügend Abwechslung hat. Meistens versuchen ihre Freunde vergebens, sie zu erreichen, und müssen mit ihrem Anrufbeantworter Vorlieb nehmen, weil sie sich spontan entschlossen hat, ein günstiges Reiseangebot an die Ufer des Nils oder zur Safari nach Afrika anzunehmen. Ist sie endlich wieder im Lande, kann ihr Freundeskreis davon nur profitieren. Sie ist eine wunderbare Erzählerin, sie fesselt ihre Umgebung mit ihren Reisebeschreibungen und hofft natürlich insgeheim, dafür auch Lob und Anerkennung zu erhalten. Das braucht sie einfach. Eigentlich hat sie ja genug Selbstbewußtsein, sie weiß genau, wie stark sie ist, doch sie braucht Bestätigung. Sie tut alles für ihre Freunde, aber sie muß auch das Gefühl haben, daß sie in allem den Superlativ erfüllt: Sie ist die Beste, Attraktivste, Intelligenteste. Die Krebsfrau inszeniert sich selbst und erwartet Applaus (der ist aber auch berechtigt). In ihrem Haus hat sie dazu am besten Gelegenheit. Hier empfängt sie ihren Besuch, sprich: ihr Publikum, und bietet ihm eine gemütliche Atmosphäre in stilvollem Ambiente. Sie hat ein Faible für dekorative Einrichtungen, und ihre Wohnung hat immer das gewisse Etwas. Hier findet man alle möglichen Variationen der Einrichtungskunst: bäuerliche Möbel, kombiniert mit Kitsch und Kunst, Altmodisches mit den neuesten Designerstücken. Das eigene Heim ist ihr Reich, hier ist sie Königin. Abgesehen von den optischen Annehmlichkeiten, sorgt die Krebsfrau auch für die von Leib und Magen. Niemand verläßt ihr Haus hungrig. Ihr Kühlschrank ist immer mit Vorräten gefüllt, schon allein weil sie sich ihres nächsten Mahles sicher sein muß. Sie ist eine vorzügliche Köchin und improvisiert selbst mitten in der Nacht noch ein kleines Gourmetessen.

Auch im Beruf braucht die Krebsfrau eine kommunikative, lebendige Atmosphäre und möglichst Publikum um sich herum. Sie arbeitet in einem Großraumbüro, in der Modebranche, im Dienstleistungssektor. Sie ist nicht unbedingt die typische Karrierefrau (schon allein, weil sie dazu tendiert, sich in ihren Chef zu verlieben, kaum daß sie die Arbeitsstelle angetreten hat). Am liebsten möchte sie ihre Gefühlswelt mit ihrem Berufsalltag in Einklang bringen, was sich immer wieder als schwierig erweist. Aufgrund dessen wechselt sie so lange den Arbeitsplatz, bis sie glaubt, das Richtige gefunden zu haben. Allerdings muß sie mindestens so viel verdienen, daß sie sich noch ein bißchen auf die Seite schaffen kann – für schlechte Zeiten. Sie kann sich auch total einschränken oder legt Geld an. Obwohl sie sonst ein großzügiger Mensch ist, ist ihr ihre finanziell abgesicherte Zukunft das wichtigste – so trennt sie sich manchmal sehr ungern vom Geld.

Womit die Krebsfrau und ihre mitmenschliche Umgebung zu kämpfen haben, sind ihre Stimmungsschwankungen. Eben noch hat sie gute Laune, aber es bedarf nur einer Kleinigkeit, damit sie innerhalb weniger Sekunden Trübsal bläst, sich völlig zurückzieht oder plötzlich aggressiv wird. Jemand, der nicht sensibel genug ist, um das zu verstehen, hat die Krebsfrau zur Feindin. Eigentlich bräuchte man einen Kompaß, um sich in der Seelenlandschaft dieser Dame auszukennen. Jedenfalls: Kritik verträgt sie schlecht, vor allem, wenn sie dabei ins Lächerliche gezogen wird. Nichts kann sie mehr verletzen. Es erscheint ihr grausam und ungerecht. Die schmerzliche Erinnerung daran bleibt ihr so lange erhalten, bis sie eine Gelegenheit findet, um Rache zu üben. Ein gutes Gedächtnis hat sie ja, aber nicht nur was schmerzliche Erfahrungen angeht. Die Krebsfrau ist ein intelligentes Wesen. Was sie einmal gehört und gelesen hat, speichert sie wie auf einer sicheren Datenbank in ihrem Gedächtnis. Sie verblüfft immer wieder mit der exakten Wiedergabe längst vergangener Ereignisse. Das liegt nicht zuletzt daran, daß sie einen starken Bezug zur Vergangenheit hat. Am liebsten würde sie in einem Zeitraum, der sie fasziniert, leben. Manche Krebsfrauen neigen zum Okkultismus, glauben an ein früheres Leben. Eine esoterisch orientierte Krebsfrau liest mit Sicherheit keine Schundliteratur, sondern historische Bücher oder zeitkritische Romane, in denen sie die Vergangenheit selbst erforschen kann.

Was das Erotikleben der Krebsfrau angeht, so sucht sie sich, um es auszuleben, nicht einen x-beliebigen Partner, denn auch hier strebt sie letztendlich nach Sicherheit. In jungen Jahren ist sie Experimenten nicht abgeneigt. Als neugieriger Krebs will sie schließlich alles ausprobieren. Schwierigkeiten, um das geeignete Objekt kennenzulernen, hat sie sicher nicht. Mit ihrer Ausstrahlung zieht sie Männer an. Sie wirkt zum einen bescheiden, heiter und mitfühlend, manchmal wie ein schutzbedürftiges Mädchen, gleichzeitig signalisiert ihr Körper volle Sinnlichkeit. Sie erobert in Null Komma nichts das Herz eines Mannes, und er wird gleich das Bedürfnis haben, diese Frau für immer festzuhalten.

Sex in schöner Verpackung

Die Krebsfrau sucht eigentlich jene Liebe, die über den reinen Sex hinausgeht, doch sie sammelt im Laufe der Zeit, vor allem, wenn sie jung ist, eine Menge Erfahrungen. Zum einen ist es sicher ihre Neugier, die sie ihre Sexualität ausleben läßt, zum anderen möchte sie natürlich für ihren späteren Lebenspartner die perfekte Liebhaberin sein. Sie nimmt sich, worauf sie Lust hat, und bereut später grundsätzlich nichts. In dieser »wilden Zeit« nimmt sie Sexsignale in ihrer Umgebung besonders schnell wahr, aber sie selbst würde nie den ersten Schritt in Richtung Schlafzimmer tun. Dazu ist sie einfach zu scheu, sie fürchtet, auf Kritik zu stoßen. Sie muß auf subtile Weise ermutigt werden, so daß sie ihre erotische Phantasie ohne Hemmungen einbringen kann.

Die Krebsfrau braucht immer eine Atmosphäre, in der sie sich wohl fühlt. Sauber, ästhetisch und bequem muß das Ambiente sein und möglichst vertraut, Fremdgefühle lassen sie nicht so richtig in Fahrt kommen. Ein Quickie auf dem Autorücksitz oder auf dem feuchten Waldboden, so etwas ist mit einer Krebsfrau nicht machbar. Sie möchte Zeit haben, um die Stimmung zu genießen, und nicht das Gefühl, als gehe es nur um reinen Sex. Sie möchte sicher sein, daß ihr Partner ihr außer körperlicher Lust auch Liebe und Sympathie entgegenbringt. Die Männer, die sie in ihr Schlafzimmer locken können, sind vor allem die mit ernsthafteren Absichten. Dann darf es schon richtig zur Sache gehen – aber bitte schön verpackt! Und dieses Paket sollte besonders viele Komplimente enthalten, denn sie lechzt danach. Komplimente wirken auf sie so erregend wie ein Vorspiel.

Als Sternzeichen, das in der Mitte des Jahres steht, ist sie zu vielem bereit, sie kann sich den erotischen Gegebenheiten gut anpassen, nur Extreme mag sie nicht. Wenn sie die wahre Liebe findet, tut sie für ihren Partner alles. Das Bedürfnis, ihm Befriedigung und Glück zu schenken, entspringt einem aufrichtigen Gefühl der Liebe. Sie erfüllt ihm die Wünsche seiner Leidenschaft, und ihr Instinkt sagt ihr, was er gern hat. Da die Krebsfrau handwerklich sehr geschickt ist, versteht sie es wie keine andere, ihn auch mit der Hand zu befriedigen. Sie selbst heizt es an, die Lust des Mannes während des Liebesakts zu beobachten. Seine Lust steigert ihre eigene und kann sie zum Höhepunkt führen. Sein Orgasmus kann sie regelrecht in Ekstase versetzen.

Am schönsten ist für sie das Liebesspiel, wenn es draußen schon dämmert oder wenn es dunkel ist. Alles ist erlaubt, was Spaß macht. Jetzt kann sie die verbotenen Früchte erst so richtig genießen. Erregt vom Körpergeruch ihres Partners (insofern er angenehm ist, denn ihre Nase ist sehr empfindlich), streichelt sie ihn lange, geht mit ihren sensiblen Händen den Körperkonturen nach und besonders gern den Formen eines strammen Männerpos. Sie selbst hat es gern, wenn ihr ganzer Körper gestreichelt wird. Ihr Po und ihre Füße sind äußerst sensibel, allein eine ganz leichte kurze Berührung dieser erogenen Zonen versetzt sie in höchste Lust.

Am liebsten liegt sie unter ihm, um seine Männlichkeit zu spüren. Je nachdem, wie es ihr Partner mag, umschlingt sie ihn auch mit ihren Beinen. Ihr Liebhaber oder Ehemann darf sie auch gern hin und wieder von hinten lieben. Sie geht auf in ihrer Rolle als hingebungsvolle Frau. Es entspricht auch ein bißchen dem Gefühl der Demut, das ihr Lust bereitet. Wenn sie den Zustand der Ekstase erreicht hat, stößt sie kleine Schreie der Lust aus, sie weint beim Orgasmus. Es macht sie glücklich, wenn sie anschließend im Arm ihres befriedigten Partners einschlafen kann.

Für die Krebsfrau gehört Sex immer zusammen mit Gefühl und Ästhetik. Alles Grobe und Primitive stößt sie ab – in der Realität. Sie hat Angst vor Brutalität und Schmerzen, aber in ihrer Phantasie beschäftigt sie sich damit. Es gibt ihr schon den gewissen lustvollen Kitzel. Sie wäre auch einer kleinen tantrischen Liebesorgie nicht abgeneigt, am besten mit zwei Männern, die sie von Kopf bis Fuß verwöhnen. Die Krebsfrau ist sich immer bewußt, daß dies Phantasie ist und auch bleiben wird. Sie will und kann sie nicht verwirklichen. Und schließlich findet sie Lust und Befriedigung idealerweise mit dem Partner, den sie liebt.

Krebsmann

Persönlichkeit und Eigenschaften

Romantiker mit Geist und Herz

Vom Krebs sagt man, er gehe zwei Schritte vor und einen zurück. Und wenn man genau beobachtet, wie er sich fortbewegt, könnte man ohne weiteres Schlüsse auf jenes männliche Wesen ziehen, das im Zeichen des Krebses geboren wurde. Auch der Krebsmann kommt irgendwann zum Ziel, aber es geht eben alles ein bißchen langsamer. Vom Tagesbeginn an bis zum Tagesende könnte man seinen Mechanismus auch mit einem Auto vergleichen, das erstmal langsam im ersten Gang anfahren muß, um dann nach zwei weiteren Gängen zu beschleunigen. Der Krebsmann haßt Streß und Hektik, allem was er tut, scheint eine ewige Kette von Gedanken vorangegangen zu sein.

Am liebsten schläft er bis Mittag, und es behagt ihm gar nicht, das bequeme Bett verlassen zu müssen, um dem harten Tag ins Gesicht zu sehen. An eventuelle Termine darf er jetzt noch nicht denken. Bloß keinen Streß! Er wird erstmal für lange Zeit im Bad verschwinden, denn allein die heiße Dusche dauert eine halbe Stunde. Das Wasser auf der Haut wird ihn langsam mit den Dingen, die das harte Leben von ihm fordert, vertraut machen, und nach einem abschließenden kalten Strahl ist er endlich wach. Jetzt kann er sich im wahrsten Sinne des Wortes ins Gesicht sehen, sich rasieren, ohne sich zu schneiden, um anschließend das Frühstück zuzubereiten. Das ist für den Krebsmann die wichtigste Mahlzeit am Tag, denn wenn er aus dem Haus gehen muß, ohne etwas im Magen zu haben, ist der Tag für ihn gelaufen, er wird seinen Mitmenschen die schlechteste Laune der Welt zeigen. Sein Frühstück sollte vor allem zwei Dinge erfüllen: einmal die Nährstoffe und Vitamine enthalten, die er für die nächsten Stunden braucht, zum anderen leicht zu konsumieren sein. Er bevorzugt also Haferflocken mit Milch oder Müsli (aber mit wenigen Nüssen, denn die Kaubewegung strengt ihn an). Allerdings ißt er auch leidenschaftlich gern frische Brötchen mit selbstgemachter Marmelade.

Zeitweise neigt der Krebs zur Unordentlichkeit. Seine schmutzige Wäsche verteilt er auf dem Fußboden, seine saubere Wäsche liegt zusammengeknuddelt im Schrank, das Geschirr wird so lange nicht gespült, bis im Küchenschrank kein Löffel und keine Tasse mehr zu finden sind. Doch wenn er aus dem Haus geht, muß er das Gefühl haben, eine geordnete Welt hinter sich zu lassen – um weitergehen zu können: Sein Bett ist gemacht, der Anrufbeantworter eingestellt, die Pflanzen gegossen, der Papierkorb ausgeleert.

Rein äußerlich ist der Krebsmann nicht unbedingt eine auffällige Erscheinung; daß er eigentlich recht attraktiv ist und Charme hat, entdeckt man erst auf den zweiten Blick. Was die Wahl seiner Kleidung angeht, ist er mehr oder weniger auf den Geschmack seiner Partnerin angewiesen, hier läßt er sich gern etwas sagen und vertraut ihr ganz und gar. Zum Einkaufen wird er sie immer mitnehmen und sie oft fragen, was er anziehen soll, vor allem, wenn ein Ausgehabend ansteht. Wichtig ist nur, daß die Garderobe ihn nicht in seiner Bewegungsfreiheit einengt, der Stoff aus Naturfasern besteht und angenehm auf der Haut liegt.

Für seine Mitmenschen ist der Krebsmann manchmal schlecht zu durchschauen. Er ist Idealist, neugierig und begeisterungsfähig und kann seinen Umkreis damit anstecken. Gleichzeitig ist er ein sentimentaler Träumer, tiefromantisch, mit der Neigung über Dinge zu grübeln, die für andere wirklich nicht nachvollziehbar sind. Insofern ist er starken Stimmungsschwankungen unterworfen, und selbst die, die ihn schon lange kennen, werden immer wieder überrascht sein, daß dieser nette Mensch, mit dem man doch gerade noch so angenehm geplaudert hat, plötzlich jähzornig aufflammt oder einen eiskalten Zynismus an den Tag legt. Immerhin entschuldigt er sich anschließend dafür, schließlich sind ihm seine Freunde sehr wichtig.

Beruflich bringt der Krebsmann gute Leistungen, vorausgesetzt er hat endlich die Tätigkeit gefunden, die seinem Interesse entspricht, was schwierig ist, denn er hat viele Interessen. Da er von Natur aus neugierig, sehr intelligent und lernfähig ist, kann er sich so intensiv mit einem Thema auseinandersetzen, daß er sich innerhalb kürzester Zeit auf diesem Gebiet als Fachmann erweist. Ob er damit für die Zukunft etwas anfängt, steht auf einem anderen Blatt. Aufgrund seiner Interessenvielfalt und Wechselhaftigkeit, dieses Gefühls, sich bloß nicht festlegen zu müssen, ist es auch schwierig, ihn für bestimmte Berufssparten einzuordnen. Er könnte Bäcker oder Botschafter, Gärtner oder freier Journalist sein. Der Krebsmann besitzt die Gabe, sehr schnell eine Fremdsprache zu lernen, und sei sie noch so exotisch, aber leider setzt er dieses Talent viel zuwenig ein. Berufe, die viel Streß und Termindruck mit sich bringen, meidet er lieber. Hier siegt wieder mal die schwache und bequeme Seite. Termine kann er nämlich schlecht einhalten, denn die Fähigkeit zu planen und zu koordinieren geht ihm ab. Es kommen ihm eben immer so viele Dinge dazwischen, die ihn daran hindern, irgendwo pünktlich zu erscheinen. Man müßte ihn fast loben, sollte er sich mal nur eine Stunde verspäten. Gelegenheiten, um Geld zu verdienen, findet der Krebsmann übrigens immer. Er geht auch vorsichtig damit um, spart nach der konventionellen Methode und läßt sich auf kein Risiko ein.

Nach einem achtstündigen Arbeitstag ist der Krebsmann meistens ziemlich erledigt. Er möchte jetzt nicht unbedingt noch irgendwohin müssen, zum Beispiel auf eine Party, ins Kino oder Theater, er ist höchstens noch zum Essen in einem Restaurant zu bewegen. Doch am liebsten macht er sich allein oder mit seiner Partnerin einen gemütlichen Abend. Der Sinn steht ihm eher nach einem Glas Wein, etwas zum Knabbern, Kerzenlicht und angenehmen Gesprächen oder nach einem guten Buch. Am freien Wochenende hält er sich gern in der Natur auf, labt sich am Duft der Blumen oder hält seiner Begleiterin einen Kurzvortrag zur Entwicklung des deutschen Baumbestandes in den letzten zehn Jahren. Seine bevorzugte Jahreszeit ist der Sommer, dann faulenzt er am liebsten stundenlang in der Sonne.

Seine eigentliche Leidenschaft sind geistreiche Gespräche. Stundenlang kann er sich über ein und dasselbe Thema unterhalten – manchmal zum Leidwesen der Zuhörenden. Vielleicht könnte man sagen, er hört sich gerne reden, er ist fasziniert von seiner eigenen Ausdrucksweise und kann darüber alles vergessen, selbst die Anwesenheit einer attraktiven Frau. Er besitzt aber auch, das muß man ihm zugestehen, die Fähigkeit zuzuhören. Mit großem Einfühlungsvermögen setzt er sich mit den Problemen anderer Menschen auseinander. Dann findet sein scharfer analytischer Verstand auch Lösungen.

Obwohl der Krebsmann für weibliche Reize sehr empfänglich ist, wird eine Frau sein Interesse erst erregen, wenn er das Gefühl hat, mit einer intelligenten Person konfrontiert zu sein. Es sind Sekunden, in denen der Krebsmann eine Entscheidung trifft, es ist ein Moment des Glücks, in dem er spürt, daß die Frau, die ihn anzieht, auch Hirn besitzt. Und von diesem Moment an wird er seinen ganzen Charme einsetzen, sie mit (selbstverständlich angebrachten) Komplimenten überhäufen, um sich mit ihr zum Abendessen zu verabreden. Er mag es, sie durch seine Komplimente zu verwirren. Er wird die ganze Vielfalt seiner Sprachkunst vor ihr ausbreiten und ihre Verlegenheit genießen. Hier gebärdet er sich ganz wie ein Charmeur der alten Schule. Überhaupt: Er glaubt zwar an die Emanzipation und findet es gut, daß Frauen heutzutage stark und selbständig sind, aber seine eigene Natur sieht in ihnen doch eher das »schwache Geschlecht«, das er gerne beschützen möchte.

Um die Frau seiner Träume zu betören, ist ihm ein ausgiebiges Abendessen am liebsten. Hier kann er seinen kulinarischen Gelüsten nachgehen und das Spiel der Verführung spielen. Dieses Spiel geht bei ihm rein über den Kopf, er schwelgt in dieser prickelnden Atmosphäre, während er mit seiner hübschen Begleiterin vor allem die mentalen Appetithappen austauscht. Der Krebsmann ist übrigens nicht der Draufgänger, dessen Hintergedanken sich hauptsächlich damit beschäftigen, wie er sie ins Bett kriegt. Er zögert diesen Moment lieber noch hinaus, um die Spannung zu genießen. Manchmal ist es eben schöner, zwei Schritte vor und einen zurückzugehen . . .

Der Meister des Verführungsspiels

Der Krebsmann ist im Grunde genommen ein sehr sinnlicher Mensch und offen für erotische Signale, nicht nur wenn er auf Partnersuche ist. Einer blonden, schlanken und langbeinigen Amazone wird er auf der Straße wie elektrisiert nachschauen. Doch es sind nicht nur die äußerlichen Reize, die sein Interesse wecken. Sie muß zwar das gewisse Etwas haben, jene Sinnlichkeit, die körperliche Freuden in jeder Hinsicht verspricht, volle Lippen, weiches fließendes Haar, einen schön geformten Busen, aber die Intelligenz sollte ihr ebenfalls im Gesicht stehen. Eine Partnerin nur fürs Bett sucht der Krebsmann nicht unbedingt, das kurze Abenteuer ist für ihn jedenfalls zweitrangig.

Da er Freude am Spiel hat, kann die Verführungszeremonie Stunden dauern. Darin darf man ihn auch nicht unterbrechen. Die Partnerin sollte klug genug sein, ihn unterschwellig immer wieder zu ermutigen, dann erweist er sich als wunderbarer Liebhaber und wird sie Schritt für Schritt in die Geheimnisse seiner Liebeskunst einführen. Erstmal wird sich der Krebsmann lange und zärtlich mit einzelnen Körperstellen seiner Partnerin beschäftigen, mit ihrem Haar spielen, mit seinen Fingern die Konturen ihres Mundes nachzeichnen, ihre Wange streicheln und ihre Hände bewundern. Was er besonders mag, sind Eskimoküsse, bei denen man zärtlich die Nasen aneinanderreibt, oder auch lange Zungenküsse. In dieser Kunst ist der Krebsmann ein Meister.

Seine absolute Lieblingsstellung ist es, unter seiner Partnerin zu liegen. So kann er sich einerseits am besten entspannen und den Sex in vollen Zügen genießen, andererseits ihre Hüften festhalten, um seine Bewegungen zu steuern. Allerdings empfindet er diese Stellung auch optisch als sehr erotisch, denn er liebt den Blick von unten auf ihre Körperkonturen und ihren Busen. Überhaupt erregt ihn der Anblick von Brüsten. Er legt gern sein Geschlecht zwischen sie, möglichst so nah an ihrem Mund, daß es ihre Zungenspitze noch erreicht. Er liebt sie auch gern von hinten, nicht unbedingt um sie mit kräftigen Stößen zu traktieren, während sie vor ihm kniet, eher liegt er auf ihr, genießt die Rundung ihres Pos unter ihm und bewegt sich langsam in ihr.

Eine sensible Zone des Krebsmannes ist der Rücken, er wird entzückt sein, wenn man ihm mit den Händen über den ganzen Rücken streicht, von unten bis hoch zum Nacken. Auch die Innenseiten seiner Schenkel sind äußerst empfindlich.

Sollte der Krebsmann Single oder die Partnerin nicht in Reichweite sein, gehört die Selbstbefriedigung zu den festen Bestandteilen seines Lebens. Es muß zwar nicht unbedingt sein, aber gemütlich auf dem Bett liegend, einen Porno neben sich, legt er hin und wieder ganz gern selbst Hand an sich. Die Vorlage muß allerdings seinen ästhetischen Ansprüchen gerecht werden, das heißt, gute Bildqualität, attraktive Modelle, und kein plumper oder extremer Sex darf es sein. In seinem Voyeurismus erregt ihn besonders das Liebesspiel zwischen mehreren Partnern, ein Mann und zwei Frauen oder zwei Männer und zwei Frauen.

Er stellt sich immer wieder vor, an einer solchen Orgie teilzunehmen, am liebsten wäre ihm, allein mit zwei Frauen zu sein, die sich auch untereinander anziehen. In dieser Konstellation geht es nicht um harten Sex, eher würde er sich von beiden Frauen mit Zärtlichkeiten verwöhnen lassen. Wenn er sich in einer Kirche sieht, nackt und gefesselt an einem Kreuz, während vor ihm zehn Nonnen Schlange stehen, selbstverständlich nackt unter ihren Gewändern, wünscht er sich nichts sehnlicher, als daß diese Frauen mit ihm machen, was sie wollen (nur Schmerzen dürfen sie ihm nicht bereiten). Oder er sieht sich als einziger Mann in einem Kreis nackter Frauen, von denen es jeweils eine mit ihm treibt, während die anderen zusehen.

In seiner Phantasie übernimmt der Krebsmann meistens den passiven Part, es ist das Gefühl von absoluter Wehrlosigkeit, das ihn in Erregung versetzt. In der Realität ist er allerdings durchaus aktiv und wird seine Partnerin mit Hand und Zunge verwöhnen.

Wer paßt zu wem, wie und warum

Krebs – Widder

Beim Widder geht es normalerweise schnell zur Sache, möglicherweise so schnell, daß der Krebs gar nicht erst zum Nachdenken kommt und, ehe er sich versieht, schon mittendrin ist im Abenteuer. Dem empfindlichen Krebs muß der Widder, der mit Tempo und ohne Rücksicht auf Verluste seinen Zielen entgegenprescht, eigentlich wie ein ganzer Sturmtrupp vorkommen. Aber wie es oft so ist, Gegensätze ziehen sich an, und hier besteht, obwohl vieles dagegen spricht, eine starke sexuelle Anziehung, die diese beiden Zeichen in Abständen immer wieder zusammenführen wird. Die Krebsfrau ist von der sicheren weltgewandten Ausstrahlung des Widdermannes begeistert, und die geheimnisvolle Widderfrau fasziniert den Krebsmann. Hat sich der Krebs erstmal auf den Widder eingelassen, wird dieser ihn nicht mehr so schnell loslassen. Der Widder hat ein einnehmendes Wesen und kann den Krebs ohne Schwierigkeiten dazu bringen, ihm zu folgen. Er wird ihn abwechselnd erschrecken und wieder ermutigen, ihn anziehen und zurückstoßen. Mit diesem Partner wird die Anpassungsfähigkeit des Krebses auf eine harte Probe gestellt, aber der Krebs sollte die Gelegenheit durchaus nutzen – möglicherweise steht ein so intensives Erlebnis nicht so schnell wieder an.

Eine Partnerschaft wird nicht allzuviel Erfolg versprechen, denn mit dem Widder-Egoismus kommt der Krebs auf Dauer nicht zurecht. Er braucht nun mal Bestätigung und viel Einfühlungsvermögen, soviel kann der Widder einfach nicht aufbringen. Die scharfe Zunge des Widders verletzt ihn, was zu unerbittlichen Streitereien führt. Daß der Widder auch gern auf fremden Pfaden wandelt, gefällt dem Krebs gar nicht, ständig wird dieser Partner ihm Grund zur Eifersucht geben. Mit Sicherheit ist ein Krebs-Widder-Verhältnis interessant, vor allem weil beide Partner anfangs den gemeinsamen Sex genießen, aber in einer längeren Partnerschaft gibt es zu viele Unstimmigkeiten, worunter vor allem der Krebs zu leiden hat.

Krebs – Stier

Wenn dem Krebsmann eine so weibliche und anziehende Person wie die Stierfrau vor Augen kommt, dürfte das in erster Linie die sinnliche Seite in ihm ansprechen. Sie ist zwar nicht gerade die Frau, mit der er seine geliebten Wortkämpfe ausfechten kann, aber dafür hat sie unheimlich viel Charme. Die Krebsfrau, die großen Wert auf Ästhetik und Stil legt, hat mit dem Stiermann einen echten Gentleman vor sich. Die Anziehung geht also über das Auge, ihre verschiedenartige Natur kann es sicher nicht sein. Der Krebs hat möglicherweise etwas an Empfindsamkeit zuviel, der Stier an Impulsivität. Was sie letztendlich zusammenführt, ist weniger die Vernunft, sondern ihre Leidenschaftlichkeit. Die Affäre mit einem Stier wird mit Sicherheit schön und aufregend, aber so bleibt es nicht unbedingt.

Vielleicht ist der Stier nicht ganz so phantasiereich, aber das macht er mit seiner Gutmütigkeit wieder wett. Krebse sollten diese Eigenschaft mehr zu schätzen wissen, denn Menschen, die so großzügig echte Gefühle verschenken, begegnet man nicht so häufig. Aber wie der Krebs unterliegt auch der Stier seinen Stimmungen. Stiere bemühen sich zwar, ihren Partner zu verstehen, aber ihre Ungeduld hindert sie manchmal, näher auf ihn einzugehen – und Krebse brauchen nun mal sehr viel Aufmerksamkeit.

Eine Krebsfrau mag in einer längeren Beziehung noch am ehesten von dieser Kombination profitieren. Ein Stiermann verwöhnt und überrascht seine Partnerin gern (z. B. Frühstück ans Bett bringen, kleine Geschenke, Blumen), so etwas gefällt der Krebsfrau. Diese Krebs-Stier-Kombination hat im großen und ganzen gute Chancen, sowohl für ein Verhältnis als auch für eine Ehe. Aber der Krebs muß ein bißchen vorsichtig sein; wenn er selbst das Gefühl hat, mit seinem Stierpartner ist alles harmonisch, bemüht er sich nicht mehr so richtig. Er darf nicht vergessen, daß auch der Stier viel Zuwendung braucht.

Krebs – Zwillinge

Sicher ist es nicht der Krebs, der auf einen Zwilling zugehen wird, denn schon sein Instinkt müßte ihm sagen, daß ihm dieser unruhige Geist das Leben schwermachen wird. Obwohl er ja ganz interessant wirkt, dieser Zwilling. Am besten ganz schnell in die tiefste Felsspalte verkriechen und bewegungslos verharren, wie er es immer tut, wenn Gefahr im Verzug ist. Aber ausgerechnet hier funktioniert der natürliche Selbstschutz nicht. Da ist doch jemand tatsächlich so redegewandt wie er selbst, und schon – obwohl der Krebs ganz verunsichert ist – hat er sich auf ein Gespräch mit dem Zwilling eingelassen. Letztendlich wird er noch seinem Charme erliegen. Das ist nicht weiter tragisch, solange sich der Krebs nur auf eine kurze Affäre einläßt. Die kann ihn sogar bereichern, denn der Zwilling ist ein vielseitiger Mensch, phantasievoll und klug.

Es ist die andere Seite des Zwillings, dessen Flatterhaftigkeit, die dem Krebs zu schaffen macht. Der Zwillingmensch sucht ständig nach Zerstreuung, was den Krebs, der einen zuverlässigen Partner sucht, verunsichert. Doch die ziel- und zügellose Energie des Zwillings ist stark genug, um den »Scheren« des Krebses immer wieder mühelos zu entweichen.

Sex mit dem Zwilling gefällt dem Krebs, vor allem in seiner experimentierfreudigen Phase. Und Zwillinge können ja so herrlich phantasievoll sein! Später kann es passieren, daß es dem Krebs zu anstrengend wird.

Die Charakterunterschiede zwischen Krebs und Zwilling sind letztendlich zu groß, als daß es zu einer dauerhaften Partnerschaft kommen kann. Wahrscheinlich ist es der Krebs, der sich eher zurückzieht und schmollt, während sein Zwillingpartner auf der Suche nach neuen Abenteuern ist. Das kann für den Krebs sehr frustrierend sein. Insofern ist die Krebs-Zwilling-Verbindung oft nicht mehr als eine Affäre mit vielen Hochs und Tiefs und vielen Emotionen. Sollten die zwei Ungleichen tatsächlich und trotz aller widrigen astrologischen Umstände doch den Bund der Ehe eingehen, käme das einem Wunder gleich. Aber Wunder gibt es bekanntlich. Möglicherweise liegt die Chance auf eine Dauerbeziehung in der Sensibilität, die beide Partner gemeinsam haben. Sie müßten diese nur öfter zum Einsatz bringen und mit den Schwächen des anderen nicht so hart ins Gericht gehen.

Krebs – Krebs

Was passiert wohl, wenn sich zwei so übersensible »Krustentiere« über den Weg laufen? Entweder es funkt, und beide fühlen sich vor allem körperlich voneinander angezogen, oder aber sie streiten sich recht schnell und gehen sich aus dem Weg. Emotional können sie wunderbar aufeinander eingehen. Da sie ihr Pendant ganz genau kennen, wird es besonders im Sex harmonisch zugehen. Beim Verführungsspiel weiß jeder, was er zu tun hat, da gibt es keine Mißverständnisse. Dem Krebsmann wird es ein Vergnügen sein, eine aparte und warmherzige Krebsfrau zu verführen, und dieses Vergnügen dürfte ganz auf ihrer Seite liegen. Schließlich geht dieser Mann sehr sanft, sensibel und intelligent vor, so wie es die Krebsfrau mag. Sie selbst versteht es bestens, ihren Partner zu verwöhnen, und da Krebsmänner überaus sinnlich sind und auch am liebsten in relaxter Position von Kopf bis Fuß verwöhnt werden, kommt in den erotischen Stunden keiner zu kurz. Die Harmonie wird dann gestört, wenn einer der Partner vor lauter Übereifer plötzlich die Führung übernimmt und der ganze Akt möglicherweise etwas verkrampft wird. Wichtig wäre auch, daß sich keiner, wie es der Krebs sooft macht, in sein Schneckenhaus zurückzieht. Das gemeinsame Gespräch ist viel wichtiger. Die dem Krebs eigene Übersensibilität wird in der Krebs-Krebs-Partnerschaft zu vielen Gefühlsproblemen führen. Vorwürfe und Streitigkeiten lassen sich in dieser Partnerschaft nicht so schnell aus dem Weg räumen. Krebse sind eben nachtragend. Eine Krebs-Krebs-Ehe erfordert also nicht nur sehr viel Mitgefühl und Verständnis, sondern auch den entspannteren Umgang mit dem anderen Krebs.

Krebs – Löwe

Vom Löwen ist der Krebs gleich fasziniert. Seine starke und sichere Ausstrahlung gefällt ihm, insgeheim spürt er, daß ihm dieser Partner das geben kann, was er selbst nicht hat, zum Beispiel Beständigkeit. Der Löwe stabilisiert die Stimmungen des Krebses, gibt ihm Ruhe und Geborgenheit. Außerdem ist er ein sehr großzügiger Mensch, nicht nur in materiellen Dingen. Er gibt dem Krebs auch die nötige Freiheit in einer Partnerschaft. Das sollte er zu schätzen wissen und mit diesem Geschenk nicht leichtfertig umgehen. Der Löwe läßt seinen Krebspartner ein paar Schritte gehen, gleichzeitig prüft er, ob er dieses Vertrauens auch würdig ist. Gerade Krebsmänner, die das Flirten nicht lassen können und auch während einer festen Beziehung immer noch Kontakt zu verflossenen Freundinnen halten, müssen auf der Hut sein. Hat etwas den Unmut des Löwenpartners geweckt, hat dieser eine sichere Methode, um den Krebs an seiner empfindlichsten Stelle zu treffen. Er zeigt seinem Partner die kalte Schulter und wendet sich von ihm ab. Löwen können da unerbittlich sein. Ein kleiner Streit mit diesem harmoniebedürftigen Partner genügt, und schon hat der Krebs die nächsten drei Tage nichts mehr zu lachen – und auch keinen Sex. Dabei ist Sex mit dem Löwepartner doch überaus interessant und zufriedenstellend. Krebsmänner haben in der zärtlichen Löwin eine einfühlsame Geliebte. Die Krebsfrau genießt die Ausdauer und starke Ausstrahlung des Löwen. Löwen brauchen viel Lob und Anerkennung, aber das wird dem Krebs nicht schwerfallen. In jedem Fall muß er sich dem Löwepartner gegenüber nachgiebig verhalten, auf keinen Fall darf er versuchen, in der Beziehung zu dominieren. Der Löwe braucht Überblick und Kontrolle über die Situation und über seinen Partner, in erster Linie ist das Ausdruck seines Strebens nach Dominanz. Wenn der Krebs das akzeptieren kann, wird diese Verbindung nicht nur ein sehr leidenschaftliches Verhältnis werden, sondern auch eine gute Ehe.

Krebs – Jungfrau

Der Krebs muß schon die Initiative ergreifen, um eine Jungfrau näher kennenzulernen. Das geht natürlich nur, wenn er ein bißchen von seiner Scheu ablegt, denn Jungfrauen sind noch weitaus zurückhaltender. Insofern ist es äußert schwierig, ihre Gefühlswelt zu erforschen. Vielleicht ist gerade der einfühlsame Krebs der Richtige für solche Unternehmungen? Meistens nehmen sich Krebse aber gar nicht erst die Zeit dazu. Der Jungfraumann erscheint einer Krebsfrau kühl, würde sie die nötige Geduld aufbringen, könnte sie ihn jedoch auftauen. Der Krebsmann hat es da mit der Jungfrau-Frau schon einfacher. Ihr Charme reizt ihn zu Komplimenten, die sie dahinschmelzen lassen, sie ist also viel leichter zu verführen. Er wird sogar überrascht sein, wozu sie in ihrer Liebesraserei fähig ist.

Was die praktische Veranlagung angeht, hat die Jungfrau dem Krebs einiges voraus. In einer Partnerschaft könnte die Jungfrau vielleicht das Chaos im Krebsalltag ein bißchen unter Kontrolle bringen. Außerdem besitzen beide Partner viel Einfühlungsvermögen. Im Laufe einer längeren Beziehung kann sich ein warmes und herzliches Gefühl entwickeln. Der Partnerschaftsalltag dürfte wenig Probleme mit sich bringen, schon allein weil beide nicht gerade zu großen Auseinandersetzungen neigen und Streit lieber aus dem Weg gehen. Aber vielleicht wäre es sogar besser, wenn es ab und zu mal richtig krachen würde, um das Alltagsleben lebendiger zu gestalten. So besteht die Gefahr, daß es langweilig wird, vor allem im Schlafzimmer. Eine Jungfrau kann durchaus einige Zeit auf Sex verzichten, wenn die Partnerschaft mal nicht so harmonisch ist. Für einen Krebs bedeutet das natürlich eine harte Strafe. Einmal könnte er das noch hinnehmen, doch wenn es zur Gewohnheit wird, wird er sich endgültig zurückziehen.

Krebs – Waage

Von großer Anziehung kann hier nicht gerade die Rede sein. Der Waagemensch kann nicht einfach locker auf andere Menschen zugehen, was es dem Krebs erschwert, mit ihm in Kontakt zu kommen. Der Waagemensch wirkt ziemlich distanziert, zum Flirten ermutigt er keineswegs. Aber da der Krebs nun mal neugierig ist und gern unbekannte Gefilde auskundschaftet, besteht zumindest die Möglichkeit, daß die beiden doch noch in Kontakt treten. Die Waage ist ängstlich, unsicher und sehr zurückhaltend, vor allem wenn sich eine Beziehung anbahnt, denn eine Enttäuschung zu erleben wäre für sie das schlimmste. Der Krebs kann sie mit viel Einfühlungsvermögen und Geduld dazu bringen, sich ein bißchen mehr zu öffnen. Der Krebs kann durchaus davon ausgehen, daß er auf eine Waage sympathisch und anziehend wirkt.

Um so überraschender wird für ihn die Beziehung mit einer Waage sein. Hier darf der Krebs nicht von seinen Erwartungen ausgehen, denn die Waage verhält sich grundsätzlich anders, als er sie kennengelernt hat. Die Waage ist zwar harmoniebedürftig und verständnisvoll, aber sie neigt manchmal dazu, mit allen Mitteln ihr Glück festzuhalten. Sie ist überaus eifersüchtig und kann – da der Krebs dem Flirten ja nicht abgeneigt ist – ihm den Alltag ziemlich mürbe machen. Die Krebs-Waage-Partnerschaft, die die Freiheit des Krebses einschränkt, ist jedenfalls mit einem gewissen Risiko verbunden. Ihre Chance liegt darin, daß beide Zeichen nach Harmonie und Ausgleich streben und sich im Laufe der Zeit durchaus arrangieren können.

Krebs – Skorpion

Der Skorpion tritt in das Leben eines Krebses wie Blitz und Donner und wird den Krebs gleich außer Gefecht setzen. Hier begegnet der Krebs endlich einer Person mit Stärke und Verstand. Von ihr darf er sich gern verführen lassen, abgesehen davon, daß ein Skorpion nichts lieber tun würde. Er lockt den Krebs behutsam, aber bestimmt ins Schlafzimmer. Sex zwischen Krebs und Skorpion ist sensibel und leidenschaftlich zugleich. Es wird dem Krebs so lange Spaß machen, wie der Skorpion mit ihm nicht experimentieren möchte. Meistens gehen Skorpione zwar auf ihren Partner ein, doch der eine oder andere zeigt einen Hang zu Extremen, die mit Sicherheit nicht nach dem Geschmack des Krebses sind. In diesem Fall versucht er seinen Partner – vor allem im Bett – zu beherrschen und macht ihn zum reinen Lustobjekt. Der Krebs fühlt sich schnell ausgenutzt.

Eigentlich hat der Skorpion die Eigenschaften, die der Krebs bei einem Partner sucht, wie Sensibilität und Intelligenz. Außerdem teilt er mit ihm den Wunsch nach einer festen und harmonischen Partnerschaft. Aber Vorsicht: Der Skorpion ist sehr eifersüchtig! Er flirtet zwar selbst gern, seinen Partner bewacht er aber mit Argusaugen. Besonders die flirtbereiten männlichen Krebse müssen hier ein bißchen kürzertreten.

Einziger – aber schwerwiegender – Störfaktor der trauten Zweisamkeit mit dem Skorpion ist der Überschwang der Gefühle. Wenn es zum Streit kommt, dann fliegen wirklich die Fetzen. Mehr Toleranz und Verständnis müßten beide Partner üben. Es lohnt sich, denn diese Kombination ist für den Krebs mehr als interessant.

Krebs – Schütze

Selten werden sich die Wege von Schütze und Krebs kreuzen, schon allein weil sie im wahrsten Sinn des Wortes unterschiedliche Ziele haben. Das ist auch besser so, denn dieses Feuerzeichen ist wirklich zu heiß für den Krebs. Der Schütze ist ein unruhiger Stromer und wird dem Krebs schon ein bißchen suspekt sein. Aber eine kleine Affäre könnte er ja durchaus wagen? Der Schütze bringt sicher aufregende Erfahrung mit, sie könnten den Krebspartner um ein gutes Stück bereichern. Was ihm allerdings nicht gefällt, ist purer Sex ohne Gefühl. Schützen können Sex und Gefühl absolut trennen. Das stellt den sensiblen, zärtlichkeitsbedürftigen Krebs nicht zufrieden.

In einer Partnerschaft kann der Krebs von der Eigenschaft des Schützen profitieren, die Dinge klar zu sehen. Mit ihm gibt es keine oberflächlichen Diskussionen oder Mißverständnisse, geistig hat er dem Krebs viel zu bieten. Er ist ein Realist, der seine Ideen auch umsetzt – im Gegensatz zum Krebs, der ja doch manchmal zur Träumerei neigt. Dem Krebs fehlt es wahrscheinlich an Romantik, wenn er mit dem Schützen zusammen ist. Dabei ist dieser romantischen Stunden gar nicht abgeneigt (vor allem Schützefrauen), er sagt es nur nie. Vielleicht sollte es der Krebs einfach mal probieren. Der Alltag in dieser Beziehung wird aber im großen und ganzen kein Vergnügen. Schützen können sehr kühl und hart sein, bei Streitereien nehmen sie überhaupt keine Rücksicht auf die Empfindlichkeit eines Krebses. Womit ein Krebs bei seinem Schützepartner außerdem rechnen muß: mit Seitensprüngen. Deshalb sollte er versuchen, ihm das Gefühl zu geben, daß er genügend Freiheit hat. Ein Schütze läßt sich einfach nicht gern einfangen.

Krebs – Steinbock

Kühl, nüchtern und zurückweisend, so erscheint der Steinbock dem Krebs. An dieses Wesen traut man sich besser gar nicht erst ran. Aber wie immer kann der Krebs es nicht lassen, seine Neugier verlangt danach, hinter die Fassaden zu blicken. Umgekehrt ist von seiten des Steinbocks durchaus Sympathie für den Krebs vorhanden, nur zeigt er es nicht. Durch ein interessantes Gespräch kann der Krebs dem Steinbock näherkommen, denn dem ist jede Oberflächlichkeit zuwider, seine Ansprüche sind hoch, und in geistiger Hinsicht wird der Krebs dem gerecht. Allerdings braucht er sehr viel Geduld, um den Steinbock aus der Reserve zu locken und ihn dazu zu bringen, sich ihm zu öffnen.

In der Partnerschaft bringt ein Steinbock durchaus Mitgefühl und Verständnis mit, aber alles zu seiner Zeit, zum Beispiel, wenn es dem Steinbock gerade paßt. Sein Beruf und seine Interessen gehen grundsätzlich vor, daran müßte sich der Krebs erstmal gewöhnen. Außerdem neigt der Steinbock dazu, ungeduldig zu werden, und macht dem Krebs, der es eben manchmal gern langsam angehen läßt, den Alltag nicht leicht. Streit mit einem Steinbock – der dürfte in einer längeren Beziehung öfter vorkommen – ist allerdings äußerst unangenehm. Sex zwischen Krebs und Steinbock ist eher heikel, ihre Vorstellungen gehen doch ziemlich auseinander. Ein Steinbock kann dem Potential an Zärtlichkeiten, wie es der Krebs braucht, sicher nicht nachkommen. Sein Liebesspiel wirkt manchmal ein bißchen herb-kühl, so wie der ganze Mensch. In der erotischen Beziehung haben Krebsmänner mit Steinbockfrauen noch am ehesten glückliche Momente. Eine Krebsfrau wird wahrscheinlich einem männlichen Steinbock gleich nach dem ersten Mal den Laufpaß geben. Das sollte einen Krebs aber nicht dazu veranlassen, den Steinbock zu meiden. Eine tiefe, lange Freundschaft ist mit ihm durchaus denkbar. Oder warum nicht eine Affäre?

Krebs – Wassermann

Ist der Krebs gerade mit einem Wassermann verabredet, sollte er seine Vorfreude zügeln, denn wahrscheinlich wird er wieder mal versetzt. Der Wassermann ist unruhig und flatterhaft, er vergißt hin und wieder seine Termine, oder ihm ist etwas »Wichtigeres« dazwischengekommen. Dabei interessiert ihn der Wassermann brennend. Dieser Mensch hat eine erotische Anziehung, Geist und Witz. Doch er kann ihn nicht festhalten. Zu groß ist dessen Abenteuerlust, das stimmt den Krebs etwas traurig. Eine Partnerschaft verspricht also keine Sicherheit. Nicht nur, daß der Wassermann, schon allein um sich seine Unabhängigkeit zu beweisen, eine Affäre nach der anderen haben wird, er sucht ständig Veränderung, ist überall und nirgendwo zu Hause, doch der Krebs braucht einen festen Ruhepol.

Allerdings ist der Wassermann der ideale Sexparnter für den Krebs. Wassermänner können äußerst verführerisch und sinnlich sein und haben mit dem Krebs die Freude am langen Vorspiel gemeinsam. Der Wassermann versteht es wie ein Profi, die Lust des Krebses zu steigern. Das Schlafzimmer ist also der bessere Ort für die Krebs-Wassermann-Konstellation als das Wohnzimmer. An die erotische Affäre mit einem Wassermann wird sich der Krebs immer erinnern, eine Ehe hat nicht die besten Aussichten.

Krebs – Fische

Der Fischegeborene ist dem Krebs von Anfang an sympathisch. Mit ihm hat er überhaupt keine Schwierigkeiten, in Kontakt zu treten. Das braucht einen nicht zu wundern, denn Krebs und Fisch sind sich im Charakter recht ähnich. Sie haben fast die gleichen Bedürfnisse und Interessen, insofern ist der Umgang mit diesem Menschen sehr unkompliziert. Es ist der erste Moment des Kennenlernens, in dem sie sich füreinander entscheiden. Sie wissen auch gleich, ob sie länger zusammenbleiben werden oder nicht. Der Krebs übernimmt in dieser Partnerschaft die Führungsrolle, was der Fisch ohne weiteres akzeptiert. Es kann sein, daß der Alltag weder abwechslungsreich noch inspirierend ist, denn die Partner bieten sich gegenseitig nicht sehr viel Anregung. Probleme gibt es kaum, schon allein weil beide nicht die Angewohnheit haben, ständig darüber zu reden.

Dafür kann Sex mit einem Fischegeborenen für den Krebs sehr aufregend sein. Der Fischemensch wird es dem Krebs danken, daß dieser so sensibel mit ihm umgeht, und ihn mit liebevollen Zärtlichkeiten verwöhnen. Doch hin und wieder neigt der Fisch zu exzentrischen Sexpraktiken, was den Krebs sehr verwirrt. Der Fisch besteht zwar nicht darauf, daß sein Partner alles mitmacht, aber er läßt den Krebs dann schnell seine Unzufriedenheit spüren. Die Aussichten auf eine harmonische Krebs-Fische-Beziehung sind also eher durchwachsen, es liegt am Krebs, wie er sie lenkt oder ob sie ihn zufriedenstellt.

Löwefrau

Persönlichkeit und Eigenschaften

Die Unberechenbare

Wenn eine Löwefrau auf der Bildfläche erscheint, kommt das einem großen Auftritt gleich. Ihr Make-up sitzt tadellos, ihre Frisur ist perfekt geföhnt und gestylt (nicht einmal der nahmhafteste Friseur vor Ort könnte es besser machen), ihre Robe ist ein teures Designerstück, das bei jeder anderen unmöglich aussähe, ihr aber wie angegossen paßt. Sie ist der Star der Vorstellung, das weiß sie, und sie schwelgt in diesem Gefühl, denn wenn sie etwas glücklich macht, dann ist es das – im Mittelpunkt der Aufmerksamkeit zu stehen, umgeben von ihren Bewunderern. Aber sie ist nun mal das schillerndste weibliche Wesen, das muß man zugeben. Wie ein Ornament ziert sie die Gesellschaft.

Soweit zu diesem Typus Löwefrau. Es gibt einen anderen, der dazu so konträr ist wie der Tag zur Nacht, der Mond zur Sonne. Diese Löwin ist das reinste Naturkind. Wild und unbändig umrahmt die Löwenmähne ihr ungeschminktes Gesicht, ihre Kleidung ist bequem, praktisch und besteht aus haltbaren Naturfasern. Für eine Party zieht sie sich nicht unbedingt um, und so mancher hat den Eindruck, daß diese Frau für eine Survival-Tour in den Bergen ausgerüstet ist. Aber unsicher macht sie das gar nicht, die Löwefrau ist da ganz locker und unverkrampft. Schließlich ist sie sich ihrer Vorzüge wohl bewußt. Meistens ist sie schlank, sportlich durchtrainiert, ihr Gang stolz und aufrecht – eben königlich. Sie bewegt sich so anmutig wie ihr animalisches Pendant im afrikanischen Dschungel. An freien Wochenenden zieht sie es vor, sich in der Natur aufzuhalten, anstatt sich die Nächte um die Ohren zu schlagen und den nächsten Tag verkatert im Bett zu verbringen. Viel lieber geht sie zum Wandern, mit ihrem Hund spazieren, zum Volleyball oder ins Fitness-Studio oder verbringt die Abende gemütlich im Freundeskreis. Sie ist immer zu Scherzen aufgelegt, auf ihre Freunde und Bekannten wirkt sie unkompliziert und kumpelhaft. Sie hat Sinn für Humor, kann plötzlich lauthals lachen, ihre Pointen sind unübertrefflich. In dieser Hinsicht unterscheidet sie sich nicht von ihrer ungleichen Löweschwester. Die Löwefrau zeigt sich von ihrer sanftmütigen Seite und läßt ihre Mitmenschen glauben, daß sie für alle die liebe Sonne am Himmel sei. Doch im Hintergrund lauert die Gefahr, und die sollte man nicht unterschätzen.

Die Löwin ist ein widerspruchsvolles Geschöpf, ungestüm und zärtlich, verführerisch, unberechenbar. Wenn sie einen Mann sucht, steckt sie schnell ihr Revier ab, in dem sie auf Beutezug geht. In diesem Moment haben ihre weiblichen Mitstreiterinnen wenig Chancen, denn Löwefrauen sind die beliebtesten Jägerinnen. Die Löwefrau fällt auf, und sie versteht es bestens, einen Mann anzulocken. Um ihrem unersättlichen Bedürfnis nach Bewunderung nachzukommen, flirtet sie hemmungslos mit jedem Mann in ihrer Nähe. Sie schenkt ihm das liebreizendste Lächeln, aber es kann eine Täuschung sein, denn es bedeutet nicht unbedingt, daß er sie in irgendeiner Weise beeindruckt hat. Sie verführt einen Mann, obwohl ihre Gefühle für ihn oberflächlich sind, selten gehen sie in die Tiefe. Sie spielt mit einem Mann wie die Katze mit der Maus. Sie kann ihn fix und fertig machen. Ist er am Ende seiner Kräfte, verschlingt sie ihn – oder läßt ihn laufen, denn eigentlich hat sie ja genug Bewunderung genossen. Darauf kommt es ihr vor allem an. Sie will verehrt und begehrt werden. Gewissermaßen bietet sie Sex zum Verkauf an, dessen Bezahlung in ihrer Befriedigung besteht – zu wissen, wie hoch sie im Kurs steht.

So oberflächlich die Gefühlswelt der Löwefrau zuweilen ist, spielen ihr echte Gefühle doch immer wieder einen Streich. In einen Menschen, den sie mag, investiert sie sehr viel, andererseits erwartet sie auch viel. Entspricht er nicht ihren Erwartungen, sucht sie allerdings nicht die Schuld bei sich selbst. Sie erleidet regelrecht einen seelischen Schlag, so kommt es ihr zumindest vor, und zeigt sich schlecht gelaunt. Eigentlich weiß sie selbst nicht genau, ob es nun wirklich so schlimm ist. Sie dramatisiert gern die Situation, auch wenn sie im Grunde genommen ganz harmlos ist. Was sie immer wieder vergißt: Die meisten »Tragödien«, die ihr zustoßen, hat sie selber verursacht. Sie ist sehr idealistisch, vor allem, wenn es um die Liebe geht, und um so mehr enttäuscht, wenn sie entdeckt, daß sie in Wahrheit den »Falschen« liebt und den »Richtigen« durch ihr unkluges Verhalten bereits abgeschreckt hat. Aber ihr Stolz läßt es nicht zu, Fehler einzugestehen. Sie besitzt eine große Begabung, sich selbst unglücklich zu machen, deshalb unternimmt sie nichts, um Probleme aus der Welt zu schaffen, und gibt sich lieber klagend den Gegebenheiten hin.

Dafür widmet sie sich gern und ausgiebig den angenehmen Dingen des Lebens. Zu ihren Lieblingsbeschäftigungen gehört es zum Beispiel, hin und wieder ihre nähere Umgebung zu verschönern, ihr einen Hauch von Luxus zu verleihen, damit sie sich wieder wohler fühlt. Ihrer Wohnung verpaßt sie einen neuen Anstrich, der Bezug der Wohnzimmercouch wird gewechselt (vom romantischen Blümchenmuster in eine kräftige, schräge Farbe) oder sie geht auf kostspielige Shopping-Tour. Ohne mit der Wimper zu zucken, gibt sie viel Geld für Luxusartikel aus. Kleider, Pelze, Parfüm, Schmuck, alles, wonach ihr der Sinn steht, kauft sie ohne große Überlegungen. Nicht daß sie meint, so etwas unbedingt besitzen zu müssen, denn die Löwefrau ist nicht die geborene Materialistin, vielmehr verlangt die sinnliche Seite in ihr nach diesen Dingen.

Ansonsten ist sie einfallsreich und schöpferisch, nicht nur in ihrem Beruf, sondern vor allem, wenn es darum geht, den Alltag mit dem gewissen Etwas zu krönen. Eine kleine, wohlüberlegte Aufmerksamkeit, eine spontane Idee, die sie verwirklicht, auch das gehört zur Löwefrau. Dem Fest, das bei ihr stattfindet, gehen immer extravagante Einladungen voraus, kaum jemand kann da widerstehen, abgesehen davon, daß sie für ihre Feste bekannt ist. Die Löwefrau ist eine großzügige Gastgeberin und scheut weder Kosten noch Mühen, um ihre Gäste zu unterhalten. Allerdings möchte sie das Spektakel nach ihren Vorstellungen inszenieren, sie mag es gar nicht, von unangemeldeten Besuchern überrascht zu werden.

Insofern die Behauptung noch zutrifft, Männer seien stark und mutig, muß man sagen, daß es die Löwefrau mit jedem Mann aufnehmen kann, was ihren Mut für gewagte Unternehmungen angeht. Nicht nur, daß sie sehr abenteuerlustig ist, auch ihr oft zäher und ausdauernder Körper macht ihre waghalsigen Unternehmen mit.

Ihr Verstand kann in dem Moment, in dem sie ihn einsetzen will, Höchstleistungen erbringen. Beruflich sucht sie sich nicht gerade den leichtesten und bequemsten Job aus, sie braucht die Herausforderung, die Möglichkeit, Schwierigkeiten zu bewältigen und zu kämpfen. Journalistin, Fotografin, Schmuckdesignerin oder Kundenberaterin in einem großen Versicherungsunternehmen könnte sie sein. In ihrem Beruf sollte Eintönigkeit jedenfalls so gut wie ausgeschlossen sein. Ihren Kolleginnen und Kollegen macht sie es nicht leicht. Als Löwin hat sie ihre Position inne, und die muß von ihrem Umfeld gefälligst akzeptiert werden. Sie hat die Begabung, Menschen zu führen und anzuleiten, sie umhegt ihre Mitarbeiter manchmal wie eine Mutter, doch muß sie sich ihrer Solidarität und ihres bedingungslosen Einverständnisses gewiß sein. Sollte es jemanden in ihrem Arbeitsumfeld geben, der ihr nicht wohlgesonnen ist, weiß sie sofort die Mittel einzusetzen, um das schwarze Schaf aus der Herde zu entfernen. Sie organisiert den Widerstand, indem sie andere Kollegen auf ihre Seite zieht, um stärker zu sein. Aber im großen und ganzen ist sie eine verständnisvolle Kollegin, die sich um ihre Mitmenschen kümmert. Und an einem harmonischen Arbeitsplatz ist es mit einer Löwekollegin nicht nur interessant, sondern auch sehr lustig.

Aktiv und energetisch ist die Löwefrau im Berufsleben, in ihrer Freizeit liebt sie es aber, so richtig zu faulenzen. Sie schläft gern lang, dehnt ihr Frühstück bis zum Nachmittag aus und verwöhnt sich selbst. Wenn sie keine Verpflichtungen und Zeit für sich selbst hat, gerät sie ins Träumen. Meistens träumt sie von anderen und schöneren Orten. Der weiße Sandstrand, den sie zuvor in einer Illustrierten gesehen hat, die Urlaubswerbung auf einem Plakat erwecken ihre Sehnsucht nach der Ferne. Die Ferne lockt sie immer, auf Entdeckungstour zu gehen oder einfach die Seele baumeln zu lassen. Für sie gibt es nichts Aufregenderes als die Vorbereitungen auf eine Reise. Bei der Planung des Urlaubsprogrammes sind die beiden verschiedenen Löwefrauen so konträr wie in ihrer äußeren Erscheinung. Während die eine zum Freeclimbing in die Berge fährt, zieht die andere den Luxus einer Vier-Sterne-Hotelanlage in der Karibik vor. Daß sie zusammen mit ihrem Partner die Ferien verbringt, ist möglich, aber hin und wieder braucht sie auch mal Ferien *von* ihrem Partner. Mit einer Freundin oder allein macht es ihr genausoviel Spaß – abgesehen davon, daß sie in dieser Formation eher auf einen neuen Anbeter trifft.

Liebesgeheimnisse und Phantasien

Schmusestunden nach Katzenart

Zunächst mal darf ein Mann von der Löwefrau nicht erwarten, daß sie ihm auf halbem Weg entgegenkommt. Schließlich muß er sich glücklich schätzen, sie besitzen zu dürfen, auch wenn es nur für eine Nacht ist. Sie gibt sich lasziv und verführerisch, aber ein Wink mit dem Finger muß genügen, um ihr Lustobjekt in ihre Richtung zu leiten beziehungsweise – er hat das eigentlich als Befehl zu verstehen.

Was eine Löwin anmacht, ist der Geruch eines Mannes, ideal wäre eine Mischung aus leichtem Schweiß und After-Shave. Sie hat eine sehr sensible Nase, und man könnte meinen, sie sucht sich ihren Partner nach dem Geruch aus. Abgesehen davon, sollte sein Körper ihrem ästhetischen Empfinden entsprechen. Ein muskulöser Männerkörper (aber bitte keine ballongroßen Bizeps!), glatte weiche Haut und vor allem ein knackiger Po, so daß ihre Hände den Formen nachspüren können, erwecken die Lust in ihr. Ansonsten weiß ihr Begleiter eigentlich nie so genau, wonach ihr der Sinn steht, sie ist unberechenbar. Sie kann schnurrendes Kätzchen sein oder zum Raubtier werden. Besonders »gefährlich« ist es, sich in der glühenden Sonne, am Strand oder im Wald neben einer Löwin aufzuhalten. Natur und Sonne, dazu der Duft, der von ihrem Begleiter ausgeht, das ist für sie eine explosive Mixtur. Es erregt sie so, daß sie gnadenlos über ihn herfällt und ihn vernascht. Auch der Spaziergang über einen Friedhof in der Abenddämmerung könnte unter Umständen dazu führen, daß sie ihren Partner auffordert, sie sofort und auf der Stelle auf der harten Bank zu verführen. Der Gefahrenmoment, die Vorstellung, es könnte jemand vorbeikommen, gibt ihr den letzten lustvollen Kitzel.

Aber die Löwefrau treibt es nicht nur gern im Schoße der Natur oder an irgendwelchen außergewöhnlichen Orten. Wenn ein Mann ihr etwas bedeutet, versteht sie es, in ihren eigenen vier Wänden eine Atmosphäre von Glanz und Schönheit zu schaffen. Hier vollzieht sie die reinste Verführungszeremonie, von der sexy Unterwäsche bis zum Silberleuchter neben dem Diwan, ein kleiner Tanz auf samtigen Pfoten, alles gehört dazu. Langsam und wollüstig entschleiert sie sich, die sprachlose Bewunderung ihres Partners genießend (das Licht sollte möglichst so hell sein, daß er sie gut sehen kann). Wenn sie meint, ihn genug stimuliert zu haben, beendet sie ihr Programm, denn jetzt will sie verwöhnt werden. Ein langes Vorspiel ist für die Löwefrau besonders wichtig. Sie wird butterweich, wenn er behutsam ihr Gesicht, ihre Ohren oder ihren Hals leckt, die Hände dabei langsam über die Innenseiten ihrer Schenkel gleiten läßt. Sie muß das Gefühl haben, daß ihr ganzer Körper von Zärtlichkeiten vereinnahmt wird. Wer genügend Einfühlungsvermögen besitzt, kann sie zum Orgasmus bringen, indem er lange genug ihren Rücken streichelt oder ihren Nacken krault. Die Löwefrau lechzt nach Zärtlichkeit, ihre Schmuseeinheit holt sie sich, sooft sie kann.

Allerdings ist die Löwefrau nicht nur Schmusekatze. Sie mag es durchaus, wenn er beim Liebesakt ein bißchen Härte und Stärke zeigt. Er darf sie ruhig von hinten lieben, etwas intensiver zustoßen. Plumpheit oder Grobheit lehnt sie aber strikt ab. Sie will sich fallenlassen können und hingeben, verliert dabei aber ihr Ziel, zum Orgasmus zu kommen, nicht aus den Augen.

Der Orgasmus ist wichtig für sie, deshalb signalisiert sie ihrem Partner auch, wie sie es haben möchte. Um ihre Lust in die richtigen Bahnen zu lenken, ist sie auch gern oben. Manchmal bestimmt sie das Tempo, aber am wichtigsten ist die Harmonie mit ihm. Auf ihrem Partner sitzend, läßt sie ihn die halbe Strecke auf der Leiter zum Himmel zurücklegen, dann kommt sie ihm entgegen, paßt sich seinen Bewegungen rhythmisch an. Sie schaukelt sich gewissermaßen mit ihm ein, wobei sie sich gern nach vorn beugt, damit er ihre Brüste erhaschen und an ihren Brustwarzen saugen kann.

Die Löwefrau neigt nicht zu Experimenten oder extremem Sex. Sie will in erster Linie mit Zärtlichkeiten stimuliert werden, braucht einen sensiblen, einfühlsamen Bettgenossen, der sich Zeit nimmt, ihre erogenen Zonen zu erforschen, dem sie vertrauen kann, um sich fallenzulassen. Und ein Mann, der es versteht, ihre Leidenschaft zu wecken, kommt in den Genuß, mit einer gezähmten Löwin das Bett zu teilen.

Löwemann

Persönlichkeit und Eigenschaften

Der königliche Verführer

Um einen Löwemann zu beschreiben, wie er wirklich ist, muß man ihn mindestens 50 Jahre kennen. Es besteht nämlich ein Riesenunterschied zwischen dem jungen und dem älteren Löwen. Wann genau die große Veränderung eintritt und aus dem extravaganten Wildfang ein gesetzter, erfahrener Mann wird, ist von Mensch zu Mensch verschieden. Aber beginnen wir mit dem jungen Löwen. Er ist der Star der Manege und bedarf besonderer Aufmerksamkeit.

Wenn er einen Raum betritt, gehört die Aufmerksamkeit aller weiblichen Anwesenden ihm. Er ist eine imposante Erscheinung, zieht die Blicke magnetisch an, und es sind diesmal die Männer, die vor Neid erblassen. Ob er nun von großer oder kleiner Statur ist, egal, er wirkt einfach überlegen, stark und selbstsicher. Der König der Tiere ist angekommen, das haben alle sofort begriffen. Man macht ihm Platz, damit er nun schalten und walten kann wie es ihm beliebt, seine Mitmenschen akzeptieren automatisch, daß er der gesellschaftliche Mittelpunkt ist. Seine Kleidung ist ausgefallen (niemand weiß, wo man so etwas kaufen kann – oder trägt er etwa die Rüschenbluse seiner Großmutter?), sein Haar eine Pracht, seine Gestik und Mimik beeindruckend.

Er schwelgt im Luxus, weniger um damit zu prahlen, sondern weil er Luxus mit Qualität verbindet. Das Verhalten eines jungen Löwen ist ausgesprochen extrovertiert. Er ist tatsächlich das, was man unter dem leider aus der Mode gekommenen Begriff »Salonlöwe« versteht. Er versammelt Menschen um sich, die ihm zuhören und zu ihm aufblicken. Er redet viel, und sein Wortschatz ist reichhaltig genug, um seine Umgebung immer wieder mit seinen Exkursen und seinem scharfen Verstand zu beeindrucken. Dabei besitzt er viel Humor, in erster Linie schwarzen, lacht gern und genießt es, sich zu amüsieren. Manchmal läßt er seinen Sarkasmus aufblitzen, der für seine Umgebung nicht immer angenehm ist. Seine Freunde wissen damit umzugehen, aber gegen seine Feinde benutzt er diese verbalen Klingen, um sie schnell außer Gefecht zu setzen. Wer den Löwemann nicht mag und ihn nicht zum Freund hat, behauptet hin und wieder, er sei ein Großmaul und Bluffer. Aber das ist er nicht, solche Behauptungen entspringen dem puren Neid seiner männlichen Artgenossen, für die er immer eine Konkurrenz ist. Da aber in jeder Übertreibung ein Körnchen Wahrheit steckt, muß man schon sagen, daß Löwen gern lang über ein Projekt, eine Reise, ein Vorhaben sprechen, darin schwelgen, um es, nachdem ihr Gegenüber schon längst begeistert zugestimmt hat, wieder stillschweigend sausen zu lassen. Ist es vielleicht die berühmte Faulheit, die man Löwemännchen nachsagt und die ihre eigene Begeisterung immer wieder besiegt?

Was für einen Löwen zählt, ist Ehrlichkeit. Unehrlichkeit oder Feigheit gehen gegen seine Ehre. Diese Eigenschaft ist tief in ihm verwurzelt, er verliert sie nie. Sie kommt aber erst richtig zum Tragen, wenn er an Jahren und Erfahrungen gewonnen hat, seine Extravaganz abgelegt hat. Dann sind ihm Äußerlichkeiten egal, was zählt, sind die inneren Werte. Wenn er jung ist, spielt er mit dem Geld, den Frauen – und dem Leben. Er liebt die Gefahr und ist stolz, wenn er eine gefährliche Situation erfolgreich bewältigt hat. Später läßt er solche Eskapaden und wird zum klugen Weggefährten, von dessen Erfahrungen man lernen kann.

Seine Freunde können sich hundertprozentig auf ihn verlassen. Wenn jemand in Not ist, nimmt er sogar Risiken und Gefahren auf sich. In solchen Momenten konzentriert er all seine Kraft, sein Verstand arbeitet kühl und sachlich, um Lösungen zu finden. Der Löwemann ist großzügig, er zieht für jemanden, den er verteidigen will, in den Kampf. Bei vielen ist er aufgrund dieser hohen Eigenschaften beliebt. Probleme bereitet einigen vielleicht seine Selbstsicherheit, die schnell zur Selbstherrlichkeit wird. Ein Löwe braucht Menschen, die sich von seiner alles überwuchernden Selbstsicherheit nicht vor den Kopf stoßen lassen, die seine hohe Meinung von sich selbst teilen – und die letztendlich seine Führungsrolle akzeptieren. Denn ein Löwemann ist Führer in allen Lebenslagen. Diejenigen, die auf Dauer mit seinem Ego nicht zurechtkommen, haben zwar nichts gegen ihn, sie mögen ihn – aber aus sicherer Entfernung. Es ist nun mal nicht jedermanns Sache, im Schatten einer »Persönlichkeit« zu stehen. Jemand, der einfühlsam genug ist, spürt allerdings, daß hinter der perfekten Fassade des Löwen ein sehr sensibler und verwundbarer Mensch steckt.

Man kann nichts verkehrt machen, wenn man einem Löwemann schmeichelt. Aber bitte nicht plump, sondern mit Intelligenz und Niveau! Komischerweise kann ein redegewandter Mensch sogar seine Entscheidungen beeinflussen. Man braucht sich bloß das Abenteuer von »Daniel in der Löwengrube« ins Gedächtnis zu rufen. Wer auch nur einen kleinen Teil von Daniels Überzeugungskraft besitzt, bringt den gefährlichen Löwen davon ab, ihn zu verschlingen, und dazu, ihm aus der Hand zu fressen. Zurück in unsere Zeit: Eine hübsche Löwenbändigerin schafft es sogar, daß er sie heiratet, selbst wenn er zuvor nicht im entferntesten mit diesem Gedanken gespielt hat.

In seinem Beruf hat der Löwemann allerdings wirklich alle Zügel in der Hand. Oft hat er sämtliche Möglichkeiten der Berufswelt ausgeschöpft. Um schlechte Zeiten zu überstehen, ist er sich nicht zu schade, vorübergehend auf einer Baustelle zu jobben, Zeitungen auszutragen oder sich sein Urlaubsgeld bei der Müllabfuhr zu verdienen. Ansonsten ist der Löwe ein Macher, der Chef oder der Leiter eines Projektes. Er ist Künstler, Barkeeper, Journalist, im Showgeschäft tätig – oder (ganz im Ernst!) Wahrsager. Obwohl er sehr schöpferisch sein kann, neigt er zuweilen zur Nachlässigkeit. Sollte er einen Fehler gemacht haben, darf keiner seiner Kollegen ihm das unterstellen. Letztendlich tarnt er seinen Fauxpas mit Hilfe dekorativer Mittelchen, das muß genügen. Außerdem versteht er es bestens, anderen seine eigenen Fehler unterzujubeln, womit er seine

Kollegen oft zur Verzweiflung bringt. Um deren Gemütsverfassung kümmert er sich in diesem Moment nicht. Der Löwemann arbeitet hastig und impulsiv, für »Kleinkram« und Genauigkeit fehlt ihm einfach die Geduld. Das können andere erledigen. Ja, es mangelt ihm bei seiner Arbeit zuweilen an Tiefe und Bedeutung, aber dafür hat er das Talent zu blenden.

Wenn etwas nicht nach seinem Kopf geht oder etwas schiefgelaufen ist, erlebt man den Löwemann von seiner unangenehmsten Seite. Zornig und mürrisch ist er. Jetzt darf man ihm unter gar keinen Umständen widersprechen oder ihn provozieren, lieber sollte man das Weite suchen, bis sich sein Temperament abgekühlt hat. Selbst wenn er ein Problem hat, muß man sehr vorsichtig sein. Ratschläge nimmt er nur selten an, höchstens von einem guten Freund, von seiner Partnerin grundsätzlich nicht. Allerdings ist er auch niemand, der mit seinen Problemen hausieren geht, man muß sie schon entdecken, denn für ihn ist es eine Schande, Kummer und Schwäche zu zeigen. Ein Löwe ist immer stark, nichts kann ihn dazu bringen aufzugeben. Man wird ihn selten deprimiert oder traurig erleben, denn er zieht sich zurück, konzentriert sich im stillen Kämmerlein auf sich selbst, so lange, bis es ihm besser geht. Er weiß, daß die Welt schon nicht untergehen wird. In tiefe schwarze Löcher fällt der Löwe nicht, er zieht sich immer wieder an den eigenen Haaren aus der Misere. Was einen richtigen Löwemann immer auf Trab hält, ist die Frauenwelt. Liebesgeschichten sind sein Lebenselixier, ständig verliebt und entliebt er sich. Es macht ihn glücklich, ein weibliches Wesen um sich zu haben, das bewundernd zu ihm aufschaut. Dafür hat er ihr auch einiges zu bieten. Er führt sie aus, zeigt ihr die Welt, macht ihr Komplimente und spendet kostspielige Geschenke. Schon aus reiner Dankbarkeit sollte sie mit ihm die Nacht verbringen. Aber, das muß man zu seiner Verteidigung sagen: Er ist kein Casanova. Er kämpft auch nicht um eine Frau. Sollte sie sich nicht gleich für ihn entscheiden oder auch zwischen ihm und einem anderen hin- und hergerissen sein, zieht er sich sofort zurück. Er muß sicher sein, daß sie ihn will – und zwar mit allen Konsequenzen. Zuvor sollte sie ihm aber ein Zeichen gegeben haben, vergleichbar mit den Signalen, die eine Frau in früherer Zeit setzte, wenn sie das Taschentuch oder den Handschuh fallenließ. Erst wenn der Löwemann diesen Wink mit dem Finger, eine heimliche Aufforderung bekommt, wirbt er um sie. Zu der Dame seines Herzens, die er liebt und begehrt, steht er auch. Seitensprünge macht er gewöhnlich nicht, und das erwartet er auch von seiner Partnerin. Unter Löwemännern findet man übrigens selten Junggesellen. Nicht nur aus Eitelkeit lehnt er es ab, daß ein gestandenes Mannsbild wie er solo durch die Welt läuft, es ist auch ein bißchen Bequemlichkeit dabei. Was man hat, das hat man. Der Löwemann ist, abgesehen davon, ein Gefühlsmensch. Er liebt seine Frau tief und aufrichtig. Deshalb ist jede Beziehung für ihn ein Heldendrama in fünf Akten. Wer der Held ist, braucht wohl nicht erwähnt zu werden.

Liebesgeheimnisse und Phantasien

Liebesakt mit Ritualen

Frauen und Sex sind für einen Löwemann genauso wichtig wie Wasser und Nahrung. Oder muß er vielleicht jemandem beweisen, wie toll er ist? Auf jeden Fall ist er eine starke sexuelle Persönlichkeit. Vorab ein Ratschlag für alle Frauen, die daran Interesse haben: Einen Löwen darf man nie an der Nase herumführen. Er mag keine Tändeleien. Wer nicht gewillt ist, ihm bis ans Ende zu folgen, der lasse sich erst gar nicht auf ihn ein. »Bis ans Ende folgen« ist durchaus wörtlich gemeint.

Eine Frau muß sich ihm bedingungslos hingeben können. Der Löwemann ist kein Macho, aber er hat eine Einstellung zum Sex, die heutzutage die meisten auf die Barrikaden treibt. Eine Frau, speziell »seine«, ist vor allem dazu da, ihn zu befriedigen. Dafür sorgt er auch für sie. Für den Löwemann ist das ein Ritual seit Menschengedenken, seine Natur läßt ihn so empfinden. Weil er selbst immer bereit ist, hat auch sie bereit zu sein; wenn er will, muß sie auch wollen. Sobald er sein Verlangen signalisiert hat, sollte sie sich schon mal seelisch auf den Liebesakt vorbereiten. Daß sie ablehnt, darf einmal passieren, aber kein zweites Mal, es wäre eine Niederlage für ihn.

Es reizt ihn, wenn eine Frau etwas zurückhaltend und geheimnisvoll ist und sich ihm während der erotischen Stunden öffnet. Der Löwemann hat großen Appetit auf Liebemachen. Er inszeniert den Liebesakt und führt seine Partnerin. Beim Vorspiel verwöhnt er sie mit Zärtlichkeiten und genießt ihre lustvolle Hingabe. Er beobachtet sie, denn ihre Erregung steigert seine Lust. Er küßt gern lange und intensiv, saugt an ihren Brüsten und felletiert sie. Natürlich liebt er es besonders, verwöhnt zu werden. Sehr empfindlich ist er an den Schenkelinnenseiten oder im Pobereich. Ganz zartes Kitzeln oder Streicheln an diesen Stellen bringt ihn aus der Fassung. Was ihn erregt, ist das Gefühl, »bedient« zu werden. Faul und entspannt genießt er die Situation, doch zuvor hat er signalisiert, was sie zu tun hat. Er sieht ihr beim Cunnilingus zu oder wie sich ihr Körper langsam auf ihm bewegt. Denn er hat schon eine voyeuristische Ader, der Löwemann.

Ist ihm danach zumute, aktiv zu sein, darf seine Liebste nicht zimperlich sein. Seinen herrischen Anforderungen muß sie sich anpassen. Er liebt sie von hinten, krallt seine Hände in ihre Hüften (sicher kommt es mancher Frau so vor, als seien es die Pranken eines Löwen) und stößt kräftig und intensiv zu. Ist er oben, hat er es gern, wenn ihre Beine auf seinen Schultern liegen. Er will mit ihr alles machen können, ihren Körper völlig besitzen. Manchmal bedarf es schon eines gewissen akrobatischen Talents von ihrer Seite, um seinen Anforderungen zu genügen – und guter Kondition. Der Löwemann ist ausdauernd, allerdings nicht aus egoistischen Gründen. Es ist ihm ein Bedürfnis, seine Partnerin zu befriedigen. Er fühlt sich gut (und stark), wenn er sie zum Orgasmus gebracht hat.

Was für den Löwen überaus wichtig ist, ist die Harmonie mit seiner Geliebten, das Gefühl des gegenseitigen Gebens und Nehmens. Eine Frau, die ihren Löwen als das akzeptiert, was er ist, wird in ihm nicht den Egoisten oder Sklaventreiber sehen, sondern mit ihm schöne und aufregende Nächte erleben – wer weiß, vielleicht sogar noch nach zwanzig Jahren Ehe.

Wer paßt zu wem, wie und warum

Löwe – Widder

Man muß zwar nicht alles darauf reduzieren, aber in diesem Fall ist nun mal die Erotik die stärkste Anziehungskraft zwischen Löwe und Widder. Die Begegnung mit einem Widder ist die reinste Herausforderung zum Duell der Lust; beide wittern sofort den animalischen Trieb auf der Gegenseite. Natürlich ist es der Widder, der den Weg ins Schlafzimmer weist, und was hier passiert, ist nicht unbedingt das, was der Löwe gewohnt ist. Löwen sollten wissen, wenn sie sich auf dieses Abenteuer einlassen, daß sie diesem Partner die Führung überlassen müssen. Hier gibt es keinen romantischen Liebesakt, sondern Sex pur. Das soll nicht heißen, daß der Löwe zu kurz kommt, denn was der Widder an Egoismus an den Tag legt, macht er mit seiner Phantasie und seiner Leidenschaft wieder wett.

Das erotische Feuer beginnt zwar mit einer grandiosen Explosion, aber die Flamme brennt selten länger, als eine Affäre dauert. Sobald die ersten wilden Nächte vorbei sind, sehnt sich der Löwe wieder nach seinen alten Gewohnheiten. Löwemänner finden in dieser Art von Sex keine Befriedigung. Daß ihre Partnerin nur ihren Orgasmus im Kopf hat, können sie nicht akzeptieren. Löwefrauen vermissen Zärtlichkeit und Komplimente, denn damit geizt der Widdermann.

In einer Löwe-Widder-Beziehung steht der Machtkampf im Vordergrund. Der Widderpartner ist stark, er wird sich weder vom Löwen beeinflussen noch sich von ihm etwas vorschreiben lassen. Der Widder macht ihm das Leben nicht leicht, abgesehen davon hält er nicht viel von partnerschaftlicher Treue. Sobald sich die Gelegenheit zu einem kleinen amourösen Abenteuer ergibt, nimmt er es wahr. Selbst versucht er aber, den Freiheitsdrang des Löwen – der sich allerdings nicht auf wechselnde Partner bezieht – einzuschränken. Insgesamt kann der Widder dem Löwen nicht die nötige Harmonie geben, die er braucht. Diese Konstellation hat also nicht unbedingt die besten Aussichten auf Beständigkeit, es sei denn, der Löwe trifft auf einen ganz aus der Art geschlagenen Widder.

Löwe – Stier

Der Stier ist dem Löwen gar nicht unsympathisch, aber er nähert sich ihm mit großer Vorsicht, denn sein Instinkt verrät ihm, daß sich hinter der freundlichen, warmen Ausstrahlung eine Impulsivität verbirgt, die ihm äußerst suspekt und gefährlich erscheinen muß. Was den Löwen aber anzieht, ist die Sinnlichkeit des Stiers, seine ungekünstelte, natürliche Art.

Das Sex- und Erotikleben wird in der Kombination Löwemann-Stierfrau eher funktionieren als Löwefrau-Stiermann. Die Inszenierungsfreude vor dem Liebesspiel, die der Stierfrau im allgemeinen anhaftet, wird zwar nicht unbedingt nach dem Geschmack des Löwemannes sein, aber sie ist eine gefügige, anpassungsfähige Partnerin, die nichts dagegen hat, von einem Löwen geführt zu werden. Mit einem sinnlich-animalischen Stiermann kommt eine Löwin zwar bestens zurecht, allerdings muß sie ihm beibringen, wie und wo auf ihrem Körper man Streicheleinheiten am besten verteilt.

Die Löwe-Stier-Ehe ist mit einigen Schwierigkeiten verbunden. Der Stier ist einerseits ein verständnisvoller und mitfühlender Partner, andererseits schränkt er den Löwen sehr stark in seiner Bewegungsfreiheit ein. Er verfolgt ihn mit seiner Eifersucht, seine spontanen Wutausbrüche strapazieren die Nerven des Löwen, der eigentlich Ruhe und Ausgleich im Partnerschaftsalltag braucht. Insgesamt ist diese Beziehung mit vielen Hochs und Tiefs verbunden, aber die Möglichkeit, daß nach den heftigen Auseinandersetzungen Harmonie ins gemeinsame Haus einkehrt, ist auf jeden Fall gegeben, abgesehen davon, daß die Spannung gehalten wird.

Löwe – Zwillinge

Was die Faszination betrifft, die vom Zwilling ausgeht, erliegt ihr der Löwe genauso wie jeder andere auch. Er kommt gar nicht erst dazu abzuwägen, ob das alles seine Richtigkeit hat, denn dazu läßt der Zwilling ihm keine Zeit. In Null Komma nichts ist der Löwe vom Charme des Zwillings betört und läßt sich um den Finger wickeln. Das ist sonst gar nicht seine Art, schließlich ist er es gewohnt, seinen Weg zu gehen, aber der Zwilling versteht schon, wo man eine Katze kraulen muß, damit sie schnurrt und zahm wird.

Der Zwilling bietet dem Löwen ein abwechslungsreiches Erotik-Programm, außerdem überrascht er ihn mit ungewöhnlichen Einfällen, macht ihm Komplimente und verwöhnt ihn mit Zärtlichkeiten – zumindest am Anfang und solange der Löwe interessant für ihn ist. Zum Spielball der Launen des Zwillings läßt sich der Löwe aber nicht machen. Er muß nicht ständig neue Spielchen ausprobieren und braucht auch beim Sex Stabilität und Harmonie.

In der Beziehung neigt der Zwilling dazu, den Löwepartner nach seiner Façon umkrempeln zu wollen, mit der Großzügigkeit des Löwen geht er sehr verschwenderisch um. Vom Jackett bis zur Wohnzimmercouch möchten die Zwillinggeborenen anderen ihren Geschmack aufdrängen – der, wiederum je nach Stimmung, wechseln kann. Ein verliebter Löwe macht das möglicherweise eine Zeitlang mit, aber dann wird es ihm zu bunt. Zähe Auseinandersetzungen und Diskussionen sind an der Tagesordnung, damit wird sich der Löwe in der Partnerschaft mit dem Zwilling herumplagen müssen. Das führt dazu, daß auch das Sexleben zu kurz kommt, was den harmoniebedürftigen Löwemenschen sehr unzufrieden macht. Der Zwilling läßt dem Löwen nicht die Freiheit, über sich selbst zu entscheiden und seinen Weg in gewohnter Weise zu gehen. Insofern ist es auch nicht leicht, sich aus den Fängen dieses wortgewandten, schillernden Zwillingwesens zu befreien. Es wird dem Löwen nichts anderes übrigbleiben, als seine Krallen zu zeigen und zum Sprung anzusetzen. Eine leidenschaftliche Zwillingaffäre bietet dem Löwen Abwechslung und neue Erfahrungen, doch auf längere Sicht macht ihn diese Beziehung nicht glücklich.

Löwe – Krebs

Hier bleibt es nicht beim Flirt, denn dazu ist der Krebs zu interessant und anziehend für den Löwegeborenen. Krebse besitzen viel Einfühlungsvermögen und wissen schon, wie sie das Interesse eines Löwen aufrechterhalten. Im Schlafzimmer dürfte es bei dieser Konstellation an Harmonie nicht fehlen, schon allein weil Krebsgeborene keine dominanten Wesen und gerade beim Sex sehr harmoniebedürftig sind. Eine Krebspartnerin akzeptiert die Führungsrolle des Löwemannes und ist eine hingebungsvolle Geliebte, die ihren Löwen gern verwöhnt und ihre Aufgabe vor allem darin sieht, ihn zu befriedigen. Der Krebsmann gibt einer Löwefrau viel Zärtlichkeit, er versteht es, ihrer Löwenseele zu schmeicheln.

Es sind die Launen des Krebses, die dem Löwen in dieser Partnerschaft zu schaffen machen und die immer wieder Streit provozieren. Dazu kommt, daß es der Löwe hier mit einem Gegenüber von scharfem Verstand zu tun hat. Der Löwe mag sich noch so als gefährliches Raubtier gebärden, der Krebs läßt sich da nicht so schnell beeindrucken, denn er weiß seine Waffen schlau einzusetzen. Er kann ihn jedenfalls ganz schön zwicken und ihn verletzen, das sollte er bedenken. Aber dafür wiegen die harmonischen Stunden in der Partnerschaft alles wieder auf.

Löwe – Löwe

Sympathisch sind sie sich zwar bei der ersten Begegnung, dennoch stehen sie sich etwas skeptisch gegenüber, vielleicht sogar ein bißchen kampflustig?

Einige Löweweibchen teilen vielleicht die Extravaganzen mit ihrem Artgenossen, was sie anfangs zusammenführt, aber auch schnell wieder auseinandertreibt, weil sie sich gegenseitig übertreffen wollen. Sie stört sein exzentrischer Lebenswandel, der nur von ihrer eigenen Person ablenkt. Was ihn stört, ist ihr Stolz und ihre Selbstsicherheit. So kann man einem Mann wie ihm einfach nicht gegenübertreten! Die Löwe-Löwe-Beziehung ist sicher nicht gerade ideal, aber in erotischer Hinsicht stehen die Karten besser, als man annehmen möchte. Beide geben sich viel Zärtlichkeit und sind einfühlsame Partner. Möglicherweise geht die eine oder andere Löwefrau für den Geschmack des Löwemannes etwas zu forsch vor. Sie weiß genau, was sie will, und zeigt es ihrem Partner klar und deutlich. Im Beziehungsalltag streben beide Löwen nach Freiheit und Unabhängigkeit, aber meistens nicht in die gleiche Richtung. So kann keiner den anderen kontrollieren, was für Löwen generell wichtig ist, um den Überblick zu haben. Es soll nicht heißen, daß diese Ehe unmöglich ist, aber bei Auseinandersetzungen muß einer einfach nachgeben, das muß auch das Löwenpaar lernen.

Löwe – Jungfrau

Grundsätzlich ist die Anziehung nicht gerade heftig. Da muß schon eine größere Festivität im stilvollen Ambiente und vielleicht auch ein bißchen Alkohol im Spiel sein, damit sie sich entdecken. Beide brauchen eine etwas gelockerte Stimmung, um das Abenteuer zu wagen. Die erste Nacht wird dann allerdings heftig.

Eine Jungfrau-Frau harmoniert nicht unbedingt mit einem Löwen, um so besser funktioniert aber eine Partnerschaft zwischen Löwin und Jungfraumann. Beide haben viele gemeinsame Vorlieben, vor allem was Kunst und Kultur angeht. Die beiden sind ständig auf Achse, von einer Ausstellung zur nächsten, bei Auktionen, Vorlesungen oder auf Bildungsreise. Da eine Löwefrau häufig künstlerisch tätig ist, findet sie im Jungfraumann den idealen Partner, was geistigen Austausch und gemeinsame Vorlieben angeht. Hinzu kommt (man möchte es kaum glauben): Sie mag es, wenn er ein bißchen an ihr herumnörgelt, ihre Arbeit kritisiert. Was andere Partnerinnen an ihm stört, ist für die Löwefrau eine Herausforderung. Gemeckere macht ihr gar nichts, sie hat ein dickes Fell, außerdem weiß sie, daß er sie bewundert und sie in dieser Beziehung die Oberhand hat.

Eine weibliche Jungfrau ist für einen Löwen nicht gerade die ideale Partnerin. Die erste Sympathie ist meistens schnell verflogen, denn sie ist nicht die »Geisha«, die sich der Löwemann hin und wieder wünscht. Nie kann er sich seiner Partnerin wirklich sicher sein, sie läßt sich nicht hinter die Fassade schauen. Mal ist sie klettenhaft anhänglich und unersättlich nach Liebesbezeugungen (das engt ihn ein), mal ist sie kühl und zurückhaltend (das verunsichert ihn) oder jammert ihm die Ohren voll. Ein Löwemann wird das Gefühl nicht los, daß diese Dame ihm das Blut aussaugt, um ihn dann kraftlos zurückzulassen. Aber so schlimm muß es ja nicht kommen. Ein Löwe, der seine Jungfrau liebt, wird sich schon zu helfen wissen.

Löwe – Waage

Man könnte meinen, eine lang anhaltende Löwe-Waage-Beziehung müßte allein auf karmische Zusammenhänge zurückzuführen sein, denn im Grunde genommen verspricht diese Konstellation alles andere als eine glückliche Partnerschaft. Hier werden nämlich die Rollen vertauscht. Die Waage gibt zwar dem Löwen das Gefühl, die Oberhand zu haben, doch unterschwellig versucht sie ihn zu beherrschen und profitiert vor allem von der Großzügigkeit des Löwen. Die zwei Gesichter der Waage verwirren ihn, denn es ist schlecht abzuschätzen, wann man zuviel in eine der Waagschalen geworfen hat. Abgesehen davon ist der Waagemensch vielen Stimmungsschwankungen unterworfen. Aber es gibt auch Gemeinsamkeiten, zum Beispiel den Drang nach Gesellschaft und Unterhaltung. In einer fröhlichen und möglichst großen Runde fühlen sich beide wohl.

Einer Löwefrau könnte es durchaus gelingen, sich in einer Partnerschaft mit einem Waagemann zu arrangieren, ohne ihre dominante Rolle zu verlieren. Waagemänner lassen sich gern verwöhnen, aber man kann sie auch schnell zufriedenstellen, denn ihre Ansprüche sind nicht übertrieben groß. Die Löwin weiß genau, womit sie ihn bei Laune hält und wie man mit diesem Partner auf lange Sicht gut auskommen kann.

Beim Sex wird es aber in jedem Fall kompliziert. Das Ehebett von Löwe und Waage ist nicht gerade die Grundlage für ekstatische Stunden oder gemeinsame Höhepunkte. Auch wenn die vertauschten Rollen bei Tag nicht so schwer ins Gewicht fallen, in der Nacht kommen Löwen damit nicht mehr zurecht, denn ein befriedigendes Sexualleben ist für sie schließlich Voraussetzung, um dem nächsten Morgen wieder gestärkt und ausgeglichen entgegenzusehen. Die Waage sucht zwar Ausgleich und Harmonie, doch auf einer anderen Ebene als der Löwe. In der Partnerschaft wird es leider oft darauf hinauslaufen, daß einer der Partner sich außerhalb der ehelichen Gemeinschaft Befriedigung sucht.

Löwe – Skorpion

Der Skorpion ist für einen Löwen die reinste Zufallsbekanntschaft. Meistens ist es eine komische Situation, in der ihn ein Skorpion über den Weg läuft beziehungsweise er über ihn stolpert. Es ist eine Situation, in der sich der Skorpion in Not und Panik befindet – in gewissem Sinne unterlegen ist –, und der Löwe den Armen stolz und mutig aus seiner mißlichen Lage befreit. In diesem Moment funkt es, und meistens wird eine heftige Affäre daraus. Der Skorpion ist für den Löwen eine interessante Erscheinung, nicht nur weil er den Beschützerinstinkt in ihm weckt. Er besitzt Phantasie und Einfühlungsvermögen und paßt sich dem Löwepartner an. Insofern verläuft das Zusammensein harmonisch und abwechslungsreich. Am gemeinsamen Sex haben beide viel Spaß, es sei denn, der Skorpion neigt zur Bisexualität oder etwas außergewönlichen Formen des Liebesspiels, doch in diesem Falle würde der Löwe sowieso nicht weitergehen.

Komischerweise verläuft die so verheißungsvoll begonnene Beziehung irgendwann im Sande. Meistens ist es der Löwe, der plötzlich ausbricht. Vielleicht liegt es daran, daß Skorpione in der Beziehung dazu neigen, ihren Partner ein bißchen gängeln zu wollen. Denn nach einer gewissen Zeit zeigt er sich nicht mehr schwach und hilfsbedürftig, sondern als jemand, der auch mächtig und stark sein kann. Dem Löwen wird es zu eng, denn sein Skorpion versucht ständig, ihn zu erforschen und zu ergründen, er scheint ihm auch noch das letzte Reservoir an Persönlichkeit nehmen zu wollen. Löwen bekommen plötzlich das Gefühl, verraten und verkauft zu werden, wenn sie sich noch weiter öffnen. Sie haben Angst vor dem Stachel, den sie in den Momenten der Unstimmigkeit kennengelernt haben. Im Streit sind Skorpione hart und unnachgiebig, sie können einen Löwen zutiefst verletzen. Der Löwe leidet unter dem Egoismus und der Eifersucht seines Partners. Doch er darf auch nicht vergessen, daß Skorpionmenschen sehr empfindlich und sensibel sind und es mit Löwen ja auch nicht immer leicht ist.

Löwe – Schütze

Hier trifft Feuer auf Feuer, aber mit einer Energie, die wahrscheinlich einem Urknall gleichkommt. Löwen spüren das, weshalb die Affäre mit einem Schützen meistens kurz ist, dafür um so intensiver. Der Schützegeborene ist ein freiheitsliebender Mensch, den der Löwe auch während einer kurzen Beziehung nicht festhalten kann. Er läßt sich grundsätzlich nichts vorschreiben und geht immer wieder allein auf Streifzüge. Eigentlich schade, denn es funkt und knistert zwischen den beiden gewaltig, Sex kann so aufregend wie harmonisch sein. So dominant sich der Schütze auch im allgemeinen gebärden mag, im Bett paßt er sich durchaus seinem Löwepartner an. Hier wird er ein hingebungsvoller Partner mit viel Erfahrung und Phantasie.

In einer Partnerschaft akzeptiert der Schütze die Freiheitsliebe des Löwen, denn er weiß, wie wichtig Freiheit für ihn selbst ist. Allerdings erwartet er vom Löwen die gleiche Toleranz, was ein bißchen viel verlangt sein dürfte. Das scheint der Knackpunkt der Probleme dieser Konstellation zu sein. Großzügigkeit schön und gut, aber vielleicht sollten sich hier beide am Riemen reißen. Eines sollte der Löwe wissen: In Wirklichkeit hat der Schütze (der reifere) sein Abenteuerleben satt und sehnt sich nach einem festen Partner. Es hängt vom Löwen ab, ob er es mit diesem Menschen tatsächlich wagen will. Eine Beziehung ist mit vielen Risiken verbunden, der Löwe muß viel in

Kauf nehmen (was ja eigentlich gegen seinen Stolz geht), doch dann könnte es funktionieren. Übrigens: Was der Schütze außerdem mit ihm teilt, ist die Großzügigkeit. Wie er neigt er dazu, das Geld mit vollen Händen auszugeben. Also bitte keine Besuche im Spielcasino!

Löwe – Steinbock

Entweder gehen sie aneinander vorbei oder – sollte das Schicksal zuschlagen – ist es Liebe auf den dritten Blick. Daß sich in jungen Jahren ihre Wege kreuzen und sie ein Stück gemeinsam gehen, ist unwahrscheinlich, denn hier erweist sich der Steinbock als besonders bockig und verschlossen. Gepaart mit der provokanten und zuweilen aggressiven Art des Löwen, dürften hier die Fetzen fliegen. Der junge Löwe geht mit seiner Extrovertiertheit genau in die entgegengesetzte Richtung des introvertierten Steinbocks. Für die Kombination Löwin und Steinbockmann besteht hier eher eine Chance, da der Steinbockmann in der ersten Lebenshälfte noch verspielt und ein bißchen albern ist (auch wenn er schon da nicht viel mehr als seine Karriere vor Augen hat), später wird er kühler und zurückhaltender und kann einer liebe- und bewunderungsbedürftigen Löwin wenig Befriedigung bieten.

Der Steinbock fordert den Löwen immer wieder heraus, sich mit ihm auseinanderzusetzen. Eine Partnerschaft mit ihm ist für Löwen sicher kein Zuckerschlecken, schon allein weil es aufgrund konträrer Meinungen immer wieder Diskussionen geben wird und beide ihre Kräfte messen müssen. Andererseits kann sich der Löwe auf diesen Partner verlassen. Ein liebender Steinbock ist nicht nur treu und hingebungsvoll, sondern auch ein Gefährte für lange und steinige Wege. Unter dem Einfluß des richtigen Aszendenten ist ein Steinbock nicht so kühl, wie man behauptet. Die Steinbockfrau lockert in ihrer zweiten Lebenshälfte ihre verbissenen Ansichten und sieht das Leben nicht mehr so tragisch, sie akzeptiert sogar den Wunsch des Löwepartners, zu führen. Die Löwefrau findet im Steinbock sicher nicht den zärtlichen, verständnisvollen Gefährten, doch zumindest ist sie finanziell abgesichert. In erotischer Hinsicht versteht sich der Löwe mit einem Steinbock entweder gar nicht, oder er gelangt mit ihm gemeinsam in den siebten Liebeshimmel. Wenn der Löwe ihn dazu bringt, ihm zu folgen, verspricht diese Konstellation eine harmonische Partnerschaft.

Löwe – Wassermann

Das könnte eine sehr romantische Beziehung werden. Der Wassermann betört und verführt den Löwen, denn er besitzt Charme und Esprit, Witz und Intelligenz, das beeindruckt einen Löwen. Doch ohne daß er es merkt, beeinflußt er den Löwen. Da er ein brillanter Redner ist, bringt er den Löwen leicht dazu, mal andere Dinge auszuprobieren. Der Wassermann ist darüber hinaus spirituell veranlagt; oft sind auch Löwen diesem Gebiet nicht abgeneigt. Es kann durchaus sein, daß es dem Löwen plötzlich gefällt, auf Müsli umzusteigen und Meditationsmusik zu hören. Eine gewisse Zeit wird er die esoterischen Ausflüge mitmachen, sich von der Aufgeschlossenheit und Abenteuerlust des Wassermanns inspirieren lassen, aber auf Dauer nicht. Dann wird es ihm zuviel.

Wassermänner sind unruhig, sie brauchen keinen festen Punkt, auf den sie immer wieder zurückkommen. Sie bieten einem Löwen nicht den Ruhepol, nach dem er sich sehnt, abgesehen davon, daß er es genießt, manchmal richtig faul zu sein. Sein Wassermannpartner muß ihm in solchen Momenten wie das reinste Nervenbündel vorkommen.

Wenn es ums Geldausgeben geht, übertrifft der Wassermann den Löwen um ein vielfaches. Oft neigt er dazu, über seine Verhältnisse zu leben. Ökonomisch ist diese Partnerschaft ein Desaster und mit vielen Risiken verbunden, auch in anderer Hinsicht. Der Wassermann braucht zwar einen festen Partner, aber so richtig festlegen kann er sich nicht, das verhindert sein Freiheits- und Abenteuerdrang. Immer wieder fischt er in anderen Gewässern. Doch vielleicht ist sein zärtlicher Wassermann trotzdem so interessant für den Löwen, daß er dies in Kauf nehmen kann.

Löwe – Fische

Der Fischegeborene ist nicht unbedingt der optimale Partner für eine Ehe, aber erotisch dafür um so interessanter. Wie kein anderer besitzt er die Fähigkeit, sich anzupassen. Gefühlvoll und zärtlich oder lasziv und experimentierfreudig – ganz wie es dem Löwen beliebt. Eine Fischefrau zeigt ihre Begierde offen und schränkt sich in nichts ein, das genießt der Löwemann. Ein Fischemann wiederum geht sehr einfühlsam mit der Löwedame um. Schwierigkeiten, zum Orgasmus zu kommen, hat sie mit ihm bestimmt nicht.

Was den Löwen im Laufe der Zeit ein bißchen stört, ist aber gerade jene totale Hingabe. Anfangs bedeutet es die absolute Harmonie, später engt sie ihn ein. Er braucht jemanden an seiner Seite, der ihm auch hin und wieder Paroli bietet, mit dem er sich – konstruktiv natürlich – auseinandersetzen kann. Immer ist es der Löwe, der den Anfang macht, seinen Partner auffordern muß und ihm zeigt, wo es langgeht. Es passiert selten, daß der Fisch den Löwen verführt oder ihm ganz spontan Zärtlichkeiten schenkt, meistens befindet er sich in Warteposition. Eine Beziehung mit dem Fisch kann zeitweise für den Löwen ganz angenehm sein, weil dieser ihm keinen Grund zur Aufregung gibt, längerfristig bietet sie zuwenig Reibungspunkte. Auf der geistigen Ebene läuft leider zuwenig.

Jungfrau-Frau

Persönlichkeit und Eigenschaften

Mit Kultur und Manieren

Wenn einem selbst im abgewracktesten Restaurant eine Dame in erster Linie dadurch auffällt, mit welcher Eleganz sie das Besteck hält und das Weinglas hochhebt, könnte es sich um eine Jungfrau handeln. Jungfrau-Frauen glänzen, egal wo, durch ihr gutes Benehmen. Sie haben eine vornehme Art und ein tadellos gepflegtes Aussehen. Schon allein deshalb wird nur eine bestimmte Kategorie Männer um ihre Gunst werben, aber sie wahrt sowieso die Distanz und gibt unterschwellig zu verstehen, mit wem sie ins Gespräch kommen möchte und mit wem nicht. Bei Unterhaltungen ist sie meistens zurückhaltend, ernst und würdig. Ihre gute Kinderstube beziehungsweise das ihr von Natur aus gegebene Benehmen, schreibt ihr vor, bescheiden und zurückhaltend zu sein. Man prahlt nun mal nicht mit seinem Wissen oder brüstet sich mit seinen Leistungen. Dafür überrascht sie ihren Bekanntenkreis immer wieder mit beifälligen Bemerkungen über das, was sie gelernt, studiert, gelesen hat, wo sie schon überall war oder daß sie adliger Abstammung ist. Sie sagt so etwas in einem Nebensatz, aber um mehr zu erfahren, muß man sie schon richtig ausquetschen.

Meistens ist die Jungfrau-Frau bestens über die neuesten politischen und kulturellen Ereignisse informiert. Kein Wunder. Nicht nur, daß sie jeden Morgen ihre Zeitung liest, man findet sie grundsätzlich auf jeder wichtigen Veranstaltung, auf Vorlesungen, Sommerfesten oder Festivals. Vielleicht hat das mit ihrem Wunsch zu tun, sich selbst zu verbessern, sich weiterzubilden, immer nach neuen Anregungen zu suchen. Am liebsten beschäftigt sie sich mit Malerei, Musik oder Literatur, den schönen Künsten eben. Da ihre Interessen sehr weit gestreut sind, läßt sie nichts aus, oft tanzt sie auf vielen Festen gleichzeitig, nichts scheint ihr zuviel oder zu anstrengend zu sein; um acht ins Theater und anschießend zur Eröffnung des Filmfestes, und überall trifft sie jemanden, den sie kennt. Fast jeder beklagt sich, daß man sich so lange nicht gesehen habe, sie solle doch unbedingt bald mal wieder vorbeikommen.

Sooft die Unruhe sie auch forttreibt, so gern ist sie eigentlich zu Hause. Dort herrscht entweder das totale Chaos, oder es sieht tip top aus, gerade so, als wäre sie wochenlang nicht da gewesen. Ihr Heim ist ihr Reich, hier lädt sie gern Leute zu sich ein, wobei nachlässig angezogene Leute oder solche mit schlechten Tischmanieren selbstverständlich nur einmal Gast in ihrem Hause sind. Sie bereitet nichts Großartiges vor, ein paar kleine Häppchen, ein bißchen Wein, das muß reichen. Einen größeren Arbeitsaufwand macht sie sich nicht gern. Aber ihre Freunde wissen das, außerdem kommen sie nicht deshalb. Sie schätzen an ihrer Jungfrau-Freundin etwas ganz anderes: ihre Großzügigkeit und Güte, wenn es um Probleme geht. Sie teilt das, was sie hat. Sie verleiht ihre Bücher, ihre Kleidung, sie hört jemandem geduldig zu, auch wenn er sie vorher wochenlang geärgert hat. Wenn sie selber Probleme hat, spricht sie zwar mit ihren engsten Vertrauten darüber, doch nicht um sich Ratschläge zu holen, sondern um es selbst besser kennenzulernen. Sie behandelt ihr Problem wie ein Hund seinen Fleischknochen. Akribisch nagt sie alles Störende drumherum ab, bis die blanke unverhüllte Form zutage tritt. Solange die Dinge für sie nicht klarliegen, ist sie launisch und entwickelt so eine Art Nörgeltum. Sie ist ständig unzufrieden, meckert an sich und an anderen herum, ist schnell beleidigt und hält sich für das geplagteste Wesen unter der Sonne. Damit kann sie so manchem direkt ein schlechtes Gewissen suggerieren. Plötzlich fühlt sich ihre Umwelt mitschuldig an ihrem Unglück. Die Jungfrau-Frau kann auch, wenn sie will, jemanden mit Worten angreifen und ihn sogar in die Knie zwingen. Nie möchte sie jemanden beleidigen – aber wenn sie es tut, dann absichtlich. Man sollte vor ihren spitzen Pfeilen in Deckung gehen.

Auf viele, die sie nicht genau kennen, wirkt die Jungfrau wie ein kühles Wesen, dessen Kopf grundsätzlich das Herz beherrscht. Doch man muß sie einfach als Frau von großer Selbstbeherrschung sehen, ihre Gemütsbewegungen zügelt sie, ihre geheimsten Sehnsüchte bleiben geheim. Zum Beispiel sehnt sie sich nach einem Mann, der endlich ihren Anforderungen entspricht. Sie hat eigentlich genügend Verehrer, allein schon weil ihr außer ihrer Klugheit und ihrem Charme etwas Zärtlich-Mädchenhaftes, eben Jungfräuliches anhaftet, was viele Männer mögen. Doch sie ist sehr wählerisch. Es gibt viele unverheiratete Jungfrau-Frauen, und das liegt in erster Linie daran, daß sie selten einen Mann finden, der ihren Maßstäben und ihrem Geschmack entspricht, oder aber sie sind bereits geschieden und haben es vorgezogen, allein zu bleiben. Die Jungfrau-Frau hat das Bild eines Traummannes vor sich, und wer nicht so aussieht, für den interessiert sie sich nicht. Sie verabscheut außerdem Männer, die auch nur im geringsten ungepflegt erscheinen, sich vulgär geben oder zu lange Monologe halten. Sie will jemanden an ihrer Seite, auf dessen Benehmen in der Öffentlichkeit sie stolz sein kann, der sie in Ausstellungen führt – oder zum Kollektionsverkauf – und der immer ein originelles Thema parat hat.

Sie neigt manchmal dazu, Menschen oberflächlich, rein nach ihrem Äußeren zu beurteilen. So geht sie oft an großen Persönlichkeiten – oder am Mann ihres Lebens – vorbei. Bis sie den »Richtigen« gefunden hat, läuft Sex für sie ganz nebenbei und ohne große Höhepunkte ab. Sie hegt keine Ambitionen, jemanden zu verführen, sondern nimmt die Liebesabenteuer, wie sie kommen. Glaubt sie, ihr Idealbild, dem sie im Grunde ihres Herzens immer treu geblieben ist, endlich gefunden zu haben, läßt sie sich plötzlich blauen Dunst vormachen. Seine Fehler und Schwächen sieht sie gar nicht, sie ist wie blind vor Liebe. In diesem Moment erst sind ihre Gefühle tief, verwirren sie, doch sie nimmt Leid und Tränen in Kauf und wird ihren Liebsten weiter vergöttern. Sie behandelt einen Mann gern, als wäre er jungfräuliches Land, das erforscht, kultiviert und überwacht werden muß. Sie tut alles für ihn und verwöhnt ihn, wobei sie ein schon fast übersinnliches Wahrnehmungsvermögen an den Tag legt. Sie weiß genau, was er will und wie sie ihn verwöhnt. Doch ihre Beziehungen sind oft problematisch, gerade so, als gehörte das zu ihrem Karma. Sie erwartet gegenseitiges Geben und Nehmen, doch wird sie immer wieder von ihrem Partner enttäuscht. Der Jungfrau-Frau geht zwar eine zerbrochene Liebesbeziehung sehr nah, aber es dauert nicht lange, bis sie sich ablenkt. Sich zu trösten versteht sie recht schnell.

Liebesgeheimnisse und Phantasien

Der verborgenen Lust auf der Spur

Sex ist ein biologisches Ereignis, in dem sich zwei Körper geschlechtlich vereinen, und dient letztendlich dem Zweck der Fortpflanzung. Manchmal läßt es sich einfach nicht vermeiden. Sex ist einer der Höhepunkte in einer harmonischen Partnerschaft, ein Genuß, den man mit dem teilt, den man liebt. Er läßt die Augen strahlen und den Körper wie nach einem Bad im Jungbrunnen erscheinen. Für die Jungfrau-Frau treffen beide Varianten zu. Sie hat eine gesunde und natürliche Einstellung zum Sex und versteht einfach nicht, warum damit soviel Aufhebens gemacht wird. Wenn sich zwei Körper in ihrer natürlichen Funktion vereinen, dann blitzt und donnert es doch nicht! Männer, die versuchen, bei ihr wie ein Überschallflugzeug im Bett zu landen, hat sie sowieso satt. Lust hin oder her, er sollte doch genügend Selbstdisziplin besitzen, um seine »gemeinen Triebe« zurückhalten zu können.

Sie mag nicht überrumpelt zu werden. Und sollte es sich bei ihr mal ergeben, daß sie mit einem ihr fast fremden Mann noch am gleichen Abend ins Bett geht, muß man darüber nicht groß reden. Was sich da abgespielt hat, war wirklich nichts anderes als die geschlechtliche Vereinigung zweier Körper. Außerdem hat sie ihm sowieso schon die Tür gewiesen, vielleicht sieht sie ihn nie wieder. Vielleicht ist es auch ihre Schüchternheit, die sie zusammen mit einem »Fremden« ablegen kann. Hier kann sie Sexualität ausleben, obwohl sie so tut, als ob ihr das gar nicht wichtig ist.

Ansonsten wartet die Jungrau-Frau erstmal ab, wie sich eine

Beziehung entwickelt, dann kann man auch an Sex denken (irgendwann läßt es sich einfach nicht mehr vermeiden). Sie wird ihm erzählen, daß auch das Seelische in der Beziehung zwischen Mann und Frau wichtig ist und daß jeder, der nur die rein körperlichen Aspekte sieht, die wahre Bedeutung des Liebemachens nicht versteht. In der heutigen Zeit mag man darüber lächeln. Oder nicht? Wenn man mal in sich geht, muß man doch zugeben, daß etwas Wahres dran ist.

Wenn es ein Mann schafft, die Jungfrau-Frau richtig zu entflammen, genießt sie es, mit einem Mann zu schlafen. In ihrem Schlafzimmer, in dem sie übrigens am liebsten Liebe macht, duftet es nach Blumen. Sie ist warm und weiblich, sie gibt sich hin, so lieblich und bescheiden wie eine echte Jungfrau. Für den Partner ist sie wie Balsam. Nicht daß sie zu allem zu haben ist, aber einen Mann enttäuscht sie nicht.

Ein bißchen Zeremonie möchte sie schon. Dazu sind die eigenen vier Wände am optimalsten. Hier hat sie die Kontrolle, kann sich und ihre Umgebung stimmungsvoll präsentieren. Sie mag es, vor dem Akt eine heiße Dusche oder ein Bad zu zweit zu nehmen. Dazu noch ein Gläschen trockenen Weins, dann ist die Sache perfekt. So bringt man sie auf Hochtouren. Die Jungfrau-Frau läßt sich Zeit für Vorspiele und Vorbereitungen. Nicht nur, daß sie eine schöne Stimmung zaubert, sie trifft auch Vorsorge für alle Eventualitäten.

Sie erlaubt ihrem Geliebten, mit ihr zu tun und zu machen, was er will. Aber auf keinen Fall etwas, das ins Animalische geht oder pervers ist! Sie zieht strenge Grenzen, und die kann keiner durchbrechen. Aber ihrem Partner wird sie nicht das Gefühl geben, daß er auf irgend etwas verzichten muß. Sie kann aus einem Kuß ein erotisches Erlebnis machen, das dem eines Liebesaktes gleichkommt. Einer Jungfrau-Frau ist es wichtig, ihren Liebhaber zufrieden und glücklich zu sehen. Sie möchte etwas Besonderes für ihn sein, so daß er sie nie wieder vergißt. Am besten, man sagt ihr, was man will, oder zeigt es ihr, denn sie forscht seinen geheimsten Wünschen der Lust nicht unbedingt nach. Es mag daran liegen, daß sie manchmal etwas gehemmt ist. Deshalb braucht sie auch ein langes Vorspiel, in dem sie zärtlich gestreichelt wird, in dem er ihre Brüste leckt und seine Zunge an ihrem Ohr entlangwandern läßt. Macht er keine Anstalten, nimmt sie die »Normalstellung« ein und harrt der Dinge, die da noch kommen mögen. Ihre Lust stillt sie am liebsten in der Missionarsstellung oder auch in der 69er Stellung, in der ihre Beine über dem Gesicht ihres Partners liegen, während er sie mit der Zunge befriedigt. Sie selbst reizt ihn mit den Fingern und befriedigt ihn oral, was sie übrigens gern tut. Oder sie liegt auf der Seite, während er sie von hinten liebt.

Tief in ihrem Innern und wenn man lange genug sucht, findet man eine masochistische Ader. Nach einem Streit mit ihrem Partner »bestraft« sie ihn mit Entzug, genauso erwartet sie Strafe. Er sollte sie von hinten lieben und sich heftig in ihr bewegen. So genießt sie Schmerz und Lust zugleich.

Was man Jungfrau-Frauen gar nicht zutrauen möchte, was aber immer wieder vorkommt: Liebe zu dritt. Beim Liebesspiel zwischen zwei Frauen und einem Mann oder zwischen ihr und zwei Männern ist sie ungehemmt und locker. Da sie Sex oft als Pflichtübung betrachtet, ist diese Konstellation für sie wie eine Befreiung aus der »Pflicht«. Hier gibt sie sich ganz anders. Am besten, die Partner kennen sich und man spricht dieses tête-à-tête vorher ab, sie mag nicht überrascht werden. Harmonie und Zärtlichkeit muß schon dabei sein, für wilde Orgien und Experimente ist sie nicht zu haben, obwohl sie sich selbst recht frei und wild gebärden kann, wenn das tief verborgene Temperament mit ihr durchgeht.

Jungfraumann

Persönlichkeit und Eigenschaften

Ein Perfektionist mit kleinen Fehlern

Wenn man von jemandem behaupten kann, er sähe immer aus »wie aus dem Ei gepellt«, dann ist es der Jungfraumann. Nicht nur, daß er stets in feinstes Tuch gehüllt ist, er ist gepflegt vom Kopf bis zu den Zehenspitzen. Sein Haar sitzt perfekt, wenn er einen Bart trägt, ist er gestutzt, seine Fingernägel sind manikürt, von der Perfektion seiner Kleidung ganz zu schweigen. Wenn ein Jungfraumann um halb neun im (meistens eigenen) Büro sein muß, wird er spätestens um halb sechs aufstehen. Im Extremfall verbringt er länger im Badezimmer als jede Frau. Er rasiert sich akribisch und zupft jedes störende Härchen auf den Wangen aus. Er frühstückt ausgiebig im Morgenrock, denn ohne Frühstück geht man nicht aus dem Haus. Das haben ihm seine Eltern schon eingeimpft, das wird er auch beibehalten. An seiner Garderobe werden sich nicht der winzigste Fleck, ein loser Knopf oder ähnliche Schlampigkeiten finden lassen. Aber über seine Hemden muß man noch ein paar Sätze mehr verlieren: Selbstverständlich hängen sie morgens, wenn er sie anziehen will, faltenfrei im Schrank. Meistens bügelt er sie selbst, denn so pedantisch wie er kann selbst die perfekteste Hausfrau nicht sein. Seine Kleidung ist Ton in Ton aufeinander abgestimmt. Es gibt kaum einen eleganteren Mann im Umkreis von hundert Kilometern.

Der Jungfraumann ist allerdings kein eingebildeter Modegeck. Gute Kleidung und gepflegtes Aussehen sind für ihn selbstverständlich. Außerdem hat er meistens einen Beruf, in dem er repräsentieren muß. Zu seinem Tagesablauf gehören wichtige Geschäftsverhandlungen, Banktermine. Er muß Vorbild für seine Angestellten sein. In seinem Beruf ist der Jungfraumann sehr erfolgreich. Er ist ein logischer Denker mit scharfem Intellekt; ehrgeizig verfolgt er die Ziele, die seinem persönlichen Vorwärtskommen förderlich sind. Er ist aber niemand, der Intrigen spinnt oder sonstige krumme Touren fährt, um in eine bestimmte Position zu gelangen. Neben seinem enormen Fachwissen sind es sein Fleiß und seine Ausdauer, die ihn dahin bringen, wo er hin möchte. Die kleinen Tricks, die ihm hin und wieder einfallen, mit denen er seinen Verhandlungspartnern ein bißchen heißen Wind um die Nase bläst, wollen wir nicht weiter ausführen. Auf jeden Fall muß der Jungfraumann viel Geld verdienen. Er ist der geborene Materialist. Gewisse Statussymbole wie ein teures Auto, eine Vorzeigewohnung, zwei Wochen Skiurlaub in Lech und zwei Wochen Sommerurlaub in einem Grandhotel müssen einfach drin sein. Aber Geld verschwenden würde er nie! Das ist für ihn eine Sünde. Das erste, was er von anderen wissen will, ist, wieviel Geld sie haben und wie sie damit umgehen. Er hat jedenfalls seine Schäflein im trockenen. In Geldangelegenheiten läßt er sich auf keine Abenteuer ein. Um Geld zu sparen, informiert er sich gründlichst (und vertelefoniert dabei ein Vermögen . . .), er will auf keinen Fall einen Fehler machen. Was ihm zugute kommt, ist sein natürliches Mißtrauen. Er hat einen Instinkt, der ihn vor kuriosen Geschäften warnt. Aber er würde sich auch nie allein auf sein Gefühl verlassen. Fakten sind ihm lieber, und die »recherchiert« er. Der Entschluß, zu dem er kommt, oder das Urteil, das er fällt, beruhen auf Fakten.

Nicht nur in Geldangelegenheiten beweist er ein feines Gespür. Auch in der Auswahl seiner Freunde und Partner unterscheidet er aufs genaueste. Vielleicht ist er manchmal ein bißchen überkritisch, gerade Menschen gegenüber, die ihm eigentlich gar nichts Böses wollen. Aber er erwartet immer, daß andere oder zumindest seine engsten Vertrauten nach seinen eigenen Maßstäben leben müssen. Ihre Fehler durchleuchtet und analysiert er, seine eigenen leider viel zu selten. Es fällt ihm auch schwer, einen Menschen mal richtig zu loben, ihm zu schmeicheln und Komplimente zu machen (bei einer Frau ist das natürlich etwas anderes). Allerdings ist er der geeignete

Gesprächspartner, wenn komplizierte Probleme auftauchen. Er ist ein guter und geduldiger Zuhörer. Meistens hat er Lösungen parat oder beschäftigt sich tagelang damit, Lösungen zu finden.

Frauen sind für den Jungfraumann etwas ganz Kurioses. Solche Wesen muß man erstmal gründlich prüfen, so lange, bis er glaubt, eine Frau habe alle Voraussetzungen erfüllt und einen Mann wie ihn verdient. Wie wenige anscheinend diese harten Prüfungen bestehen, zeigt die Tatsache, daß Jungfraumänner oft lange Singles sind, in einer Beziehungskrise stecken oder aufgrund einer Trennung nie wieder heiraten wollen. Die Gewissenhaftigkeit, die sie im Berufsleben an den Tag legen, läßt es im Privatleben leider allzuoft an Wärme und Romantik fehlen, worunter vor allem die Familie leidet. Sein Verantwortungs- und Pflichtgefühl bezieht sich ausschließlich auf die materielle Absicherung seiner Liebsten.

Aber der Jungfraumann hat natürlich nicht nur diese etwas strenge und gewissenhafte Seite in sich. In Gesellschaft kann er außerordentlich locker und humorvoll sein. Er lacht gern und wirkt auf seine Umgebung charmant und sympathisch. Obwohl er sicher nicht zu den aufregendsten Männern des Tierkreises gehört und man bei ihm auch nicht gerade von erotischer Anziehungskraft sprechen kann, versteht er es aber immer wieder, eine Frau für sich zu interessieren. Außerdem kennt er andere Tricks, von denen er weiß, daß Frauen immer wieder darauf hereinfallen. Er sorgt dafür, daß eine Frau sich behaglich und geborgen bei ihm fühlt. Er verhält sich wie der perfekte Gentleman, serviert ihr Champagner, schenkt ihr kleine (und sogar teure) Aufmerksamkeiten. Nie wird er versuchen, eine Frau noch am gleichen Abend, an dem er sie kennengelernt hat, ins Bett zu kriegen. Das ist unter seiner Würde und gehört sich einfach nicht. So wirkt er manchmal wie ein Ritter aus der guten alten Zeit. Heute wissen das Frauen wieder zu schätzen. Der Jungfraumann hat, was den meisten seiner männlichen Geschlechtsgenossen verlorengegangen ist: Anstand, gute Umgangsformen, Zurückhaltung und einen gewissen Beschützerinstinkt. Da kann man direkt ins Träumen geraten.

Der Gentleman unter den Liebhabern

Er ist weder Draufgänger noch Jäger, und eine Frau, die glaubt, seine Zurückhaltung als Desinteresse deuten zu müssen, hat sich gewaltig getäuscht. Er gibt ihr schon zu verstehen, daß er sie begehrt, aber es sind eher versteckte Komplimente, der Blick seiner Augen, kleine Gesten, die leichte Berührung mit den Fingern, die doch eigentlich viel erotischer sind als sexprotziges Gehabe. Die Welt des Films macht uns vor, daß es Frauen mögen, wenn ein Mann impulsiv ist und möglichst sofort zur Sache kommt. Aber im Grunde genommen sehnen sich die meisten Frauen nach einem Gentleman, wie es der Jungfraumann ist. Mit ihm kann sie noch Momente der Spannung erleben, in denen es prickelt und sich die Lust langsam, aber kontinuierlich steigert. Der Jungfraumann wird niemals plumpe Annäherungsversuche machen oder eine Frau überrumpeln.

Man sollte nicht unbedingt sagen, daß Sex für ihn zweitrangig ist, aber auch nicht gerade das wichtigste Ereignis zwischen Mann und Frau. Er genießt Sex, wenn er Zeit und – natürlich – Lust dazu hat. Seine Lust zeigt er nicht offensichtlich, er verführt eine Frau, ohne daß sie es merkt. Man könnte sagen, er versetzt sie in eine erotische Atmosphäre, in der *sie* ihn verführen muß. Er geht mit ihr aus, in eine gemütliche Bar, ein Hotel, Orte, bei denen sie ein Gefühl absoluten Wohlbefindens überkommt. Hier kann sie beruhigt die Initiative ergreifen.

Der Jungfraumann hat ein feines Gespür für Frauen. Sehr sensibel und einfühlsam geht er vor, vor allem, wenn er mit ihr endlich auf den weichen Laken eines großen Bettes gelandet ist. Das ist sein bevorzugter Ort, um den körperlichen Vorzügen seiner Partnerin zu huldigen. Nicht nur er, sie soll es auch bequem haben. Er läßt sich gern von ihr führen und kann sich auch ohne weiteres auf ihre Bedürfnisse einstellen. Obwohl er die 66er Stellung bevorzugt, genießt er seine Lust auch in anderen Positionen. Er liebt seine Partnerin auch gern von hinten. So hat er über alles den Überblick und erfreut sich an dieser lustvollen Szenerie.

Man erregt einen Jungfraumann, indem man ihn lange in der Bauchgegend streichelt. Seine Partnerin sollte ganz vorsichtig und wie nebenbei sein Hemd aufknöpfen und seine Brust streicheln, dann immer tiefer gehen, den Bauch massieren. Sehr empfindlich ist er noch ein Stück tiefer. Er liebt es, wenn sich ihre Hände lange und zärtlich seiner »Männlichkeit« widmen.

Wer paßt zu wem, wie und warum

Jungfrau – Widder

Vorsicht Jungfrauen! Der Widder kommt ohne Vorwarnung und mit viel Power. Sie sollte sich gleich damit abfinden, überrumpelt zu werden, denn er läßt ihr erst gar keine Zeit, sich gegen seine Spontaneität und seinen Charme aufzulehnen. Außerdem fühlt sie sich zum Widder hingezogen.

Der Widder bringt die Jungfrau schnell dazu, sich zu öffnen und ihrer Lust freien Lauf zu lassen. Sie landen schnell im Bett und schaukeln sich hoch, treiben sich von Höhepunkt zu Höhepunkt. Beim Widder kennt eine Jungfrau weder Scham noch Hemmungen, bei ihm fühlt sie sich sicher und kommt ganz aus sich heraus. Mit dem Widder hat die Jungfrau die ganz unverkrampfte Einstellung zum Sex gemeinsam. Mit diesem Partner funktioniert es, denn auch der Sex des Widders ist zielgerichtet und unkompliziert. Die Jungfrau möchte einen Sex, der über den Kopf geht und ihr Lust bringt, der Widder sucht Befriedigung. In der ersten Zeit des Kennenlernens kann die Jungfrau mit einem Widder körperliche Harmonie erleben, vorausgesetzt, der Sex wird richtig dosiert. Sie paßt sich ihrem Partner an, er belohnt sie mit einem erotischen Feuerwerk. Auf Dauer vermißt eine Jungfrau aber ein bißchen mehr Phantasie und Zärtlichkeit, der Sex des Widders läuft immer nach dem gleichen Schema ab, das wird irgendwann langweilig.

Sollte es in dieser Beziehung nicht mehr so laufen, wie es laufen soll, gibt es weder Szenen noch Diskussionen. Im Grunde genommen wissen sie, daß sie zusammenpassen, doch sie verlassen sich in gegenseitigem Einverständnis. Oft trennen sie sich vorübergehend, weil sie zu hohe Anforderungen an ihren Partner stellen. Aber irgendwann kommen sie doch wieder zusammen. Der Widder macht sich plötzlich pflegeleicht. So fällt es der geschmeichelten Jungfrau gar nicht schwer, ihn wie einen Schlafwandler zu sich zu locken.

Jungfrau – Stier

Immer wieder wird eine Jungfrau, egal ob Mann oder Frau, einem Stier begegnen – im Beruf, auf Reisen oder beim Dämmerschoppen. Die Jungfrau spürt gleich, daß sie sich zu diesem Stiermenschen hingezogen fühlt, und wie es aussieht, beruht die Sympathie auf Gegenseitigkeit. Es funkt also ganz schnell, die Annäherungszeit dauert dafür um so länger. Eigentlich juckt es die Jungfrau schon in den Fingern, dieses sinnliche Gegenüber einmal mit den Händen berühren zu dürfen, doch sie hält sich zurück, was ein Stier übrigens zu schätzen weiß. Die gemeinsame Annäherung läuft mehr oder weniger verbal ab. Der Stier ist aber nicht nur ein lebhafter Gesprächspartner, er bringt den manchmal etwas ernsten Jungfraugeborenen auch zum Lachen.

Nachdem sie sich endlich ihre Liebe gestanden haben, bleiben sie im Normalfall auch zusammen. Was eine Jungfrau an einem Stier fasziniert, außer, daß sie in ihm den idealen Partner für die erotischen Stunden gefunden hat, sind seine Verläßlichkeit, seine Bodenständigkeit und Wärme, Eigenschaften, mit denen sie selbst nicht gerade beglückt ist. Sie selbst neigt hin und wieder dazu abzuheben oder ein Stück davonzufliegen, ein Stier wird sie immer wieder auf den Boden der Tatsachen zurückholen. Die Jungfrau macht es sich leider viel zu selten bewußt, daß sie kaum wieder einen Partner findet, der ihr soviel geben kann. Da sie zum Nörgeln und Kritisieren neigt, verärgert sie ihren Stierpartner und macht ihm das Leben schwer. Er ist zwar geduldig und läßt sich eine Weile viel gefallen, aber wenn ihm der Kragen platzt, wird die Jungfrau ihr blaues Wunder erleben. Im Partnerschaftsalltag kommt es oft zu Reibereien. Meistens ist es die Jungfrau, die sich von ihrem Stier trennt, seltener ist es umgekehrt, aber immer wieder kehrt sie zurück.

Die Jungfrau-Stier-Konstellation ist eine der häufigsten, eine karmische Bindung führt diese beiden Partner immer wieder zusammen. Manchmal scheinen die Schwierigkeiten unüberwindbar zu sein, doch sie machen sich gegenseitig Zugeständnisse, finden Kompromisse, denn was in dieser Beziehung vor allem da ist, ist Toleranz für den Partner.

Jungfrau – Zwillinge

Von diesem schillernden Menschen muß die Jungfrau natürlich fasziniert sein, schon allein, weil er das genaue Gegenteil von ihr ist. Wie ein Wirbelwind reißt er seine Umgebung mit. Die Jungfrau weiß, daß dieses Wesen zwei Gesichter hat: um so interessanter – und um so gefährlicher. Für die Jungfrau ist der Zwilling eine Herausforderung. Sie kann ihn nicht richtig greifen, dessen ist sie sich bewußt, doch glaubt sie, daß es ihr dennoch gelingt, ihn zu halten. Mal ganz ehrlich: Jungfrauen wissen sicher, daß sie da ein bißchen arrogant sind, oder? Außerdem merken sie schnell, daß die Schwierigkeiten groß und nicht zu lösen sind. Schließlich trifft hier »Ordnung« auf »Chaos«. Gegensätze ziehen sich zwar an, das ist richtig, aber die Jungfrau muß es sich trotz aller Anziehung aus dem Kopf schlagen, den Zwillinggeborenen bändigen zu können. Er wird immer wieder ausbrechen, schon allein, weil sie ihm nicht genügend Freiraum läßt. Während einer Beziehung mit dem Zwilling wird die Jungfrau, die ohnehin mißtrauisch ist, immer das Gefühl haben, von ihrem Partner betrogen zu werden. In den meisten Fällen trifft das auch zu, eine Vertrauensbasis kann hier gar nicht erst aufgebaut werden. Wenn über Probleme gesprochen werden soll, neigen leider beide Partner dazu, nicht richtig zuzuhören, so können sie sie meistens auch nicht aus der Welt schaffen. Ein Zwilling nimmt grundsätzlich wenig Rücksicht auf die Gefühle seines Partners, wenn er mit etwas beschäftigt ist, das seinem Interesse mehr entspricht. Gegen die Vorwürfe der Jungfrau verhält er sich ziemlich gleichgültig. Das kann sie natürlich gar nicht vertragen. Sie leidet darunter, daß sie von einem Zwilling nicht das bekommt, was sie verlangt, eine Beziehung würde sie also nicht glücklich machen. Um diese aufrechtzuerhalten, müßten beide Partner schon sehr große Kompromisse eingehen. Vielleicht sollten sie es lieber mit Freundschaft versuchen, denn sie haben einige gemeinsame Interessen. Sie sollten zusammen Ausstellungen und Theater besuchen und hinterher – als gute Rhetoriker – darüber fachsimpeln. Mit der Liebe kann man es ja später noch versuchen.

Jungfrau – Krebs

Die Anziehung geht nicht immer über das Auge. In diesem Fall heißt das, daß diese beiden Ästheten vom Äußeren des anderen zwar angetan sind, aber das war's eigentlich auch schon. Der Krebs ist ein introvertierter Mensch und einer Jungfrau eher suspekt, sie kann gar nichts aus ihm herauslocken. Unberechenbar scheint er obendrein zu sein, denn mal gibt er sich sprudelnd-lebhaft und redselig, dann wirkt er wieder in sich gekehrt und mißmutig. Die Jungfrau weiß nicht, wie und wo sie den Krebs anfassen soll, zum einen, um nicht gezwickt zu werden, zum anderen, um sich dieses »Tier« mal genauer anzusehen. Aber er bleibt unheimlich und undurchschaubar, wo die Jungfrau doch Klarheit braucht. Gleichzeitig fühlt sie sich selbst wie mit Röntgenstrahlen durchbohrt, denn der Krebs scheint sie bis auf den tiefsten Grund zu durchschauen. Dieses Gefühl ist der Jungfrau äußerst unangenehm, sie gibt ungern ihr tiefstes Inneres preis. Ein kleines Geheimnis sollte man schon für sich bewahren können.

Meistens kommt mit einem Krebs keine Harmonie auf, weshalb es auch höchst unwahrscheinlich ist, daß die zwei im Bett landen. Am ehesten ließe sich noch eine Jungfrau-Frau mit einem Krebsmann vorstellen, da selbst sie sich schlecht dessen Verführungskünsten entziehen kann.

Da aber, wie man so schön sagt, nichts unmöglich ist, wird man sicher irgendwo auch Jungfrau-Krebs-Beziehungen finden, die ganz gut funktionieren.

Jungfrau – Löwe

Diese Kombination wird man häufig finden, vor allem einen Jungfraumann mit einer Löwendame. Die imposante Löwin fasziniert einen Jungfraumann, bei ihr wird er sogar ungewöhnlich freigebig. Von ihrer Lebendigkeit und ihrem Einfallsreichtum läßt er sich gern mitreißen. Meistens übt sie einen kreativen Beruf aus, was ihm als kunst- und kulturinteressierten Menschen sehr entgegenkommt. Sie hat es übrigens ganz gern, wenn er sie kritisiert. Sie tut zwar immer so, als würde es sie nicht kümmern, doch im Grunde nimmt sie seine Kritik an. Eine Partnerschaft wird recht harmonisch verlaufen, aber was ein Jungfraumann auf keinen Fall vergessen sollte, sind die körperlichen Streicheleinheiten. Löwefrauen brauchen viel Zärtlichkeit.

Umgekehrt sieht diese Konstellation nicht so glücklich aus, obwohl die Begegnung der Jungfrau-Frau mit einem Löwemann gerade in erotischer Hinsicht und zu Anfang viel verspricht. Sie kann sich seinem Führungswunsch anpassen – zumindest läßt sie ihn in dem Glauben – und beherrscht die Kunst, einen Löwemann zu verführen. Sie kann also problemlos bei ihm landen. Wie die Jungfrau-Frau aber von sich selber weiß, analysiert und kontrolliert sie gern ihren Partner, hier sollte sie aber vorsichtiger sein. So etwas mögen Löwen überhaupt nicht. Diese freiheitsliebenden Tiere brauchen ihre Unabhängigkeit, auch wenn sie in einer Beziehung treue Partner sind. Aber: Bitte nicht zu nahe treten oder zuviel kritisieren! Insofern sich die Jungfrau-Frau also etwas zurückhält, könnte es funktionieren, sonst sucht der Löwe das Weite.

Was eine Jungfrau-Löwe-Beziehung erschwert, ist eine gewisse Oberflächlichkeit in Dingen, die ihnen unangenehm erscheinen. Darin sind beide gleich. Das kann hin und wieder zu chaotischen Situationen führen, in denen sich beide die Schuld in die Schuhe schieben und es zu heftigen Debatten kommt. Die Jungfrau muß sich auch, wenn sie eine Partnerschaft mit einem Löwen eingeht, daran gewöhnen, daß dieser Partner immer wissen will, was los ist. Mit dem üblichen Versteckspiel kommt sie da nicht weiter. Sie muß ihm seine Gefühle preisgeben, eine Entscheidung treffen und sie dem Löwen verständlich machen, sonst wird er mißtrauisch.

Jungfrau – Jungfrau

Diese Kombination ist wie die Ewigkeit – sie hat weder Anfang noch Ende. Die Wahrscheinlichkeit, daß sich Jungfrau-Frau und Jungfraumann begegnen und sich näherkommen, ist sehr gering. Und sollte sich, aufgrund welcher Umstände auch immer, doch eine Art Beziehung entwickeln, kann das nur ein Ausrutscher sein (auch so kann man – zugegebenermaßen – glücklich werden).

Gerade Jungfrauen brauchen Gegensätze und Reibungspunkte, damit ein Mensch sie überhaupt interessiert. Doch hier sind sich Mann und Frau viel zu ähnlich. Erotisch haben sie natürlich viele Gemeinsamkeiten, aber sie laufen parallel, da zündet leider überhaupt nichts. Um eine liebevolle Partnerschaft zu führen, sind beide obendrein viel zu berechnend. Es geht um Geld, Job, materielle Dinge, aber Liebe und Zärtlichkeit bleiben auf der Strecke. Sie können sich einfach gegenseitig nicht die Nahrung geben, die sie brauchen, um ein glückliches Dasein zu zweit zu führen. Es entsteht eine gewisse Leere, denn das höchste, was jeder dem anderen bieten kann, ist die Kompromißbereitschaft.

Was in der Jungfrau-Jungfrau-Konstellation eigentlich am besten funktioniert, ist Freundschaft. So aussichtslos eine Liebesbeziehung ist, so aussichtsreich ist die freundschaftliche. Der rege Austausch von Gedanken im gepflegten Ambiente, gemeinsame Opernbesuche – so etwas können die zwei gut unternehmen. Außerdem braucht man da nicht über die eigenen Gefühle zu reden.

Jungfrau – Waage

Vom Augenblick der ersten Begegnung an bis zum berühmten »ersten Mal« verläuft die Zeit wie ein dramatischer Krimi. Mit der ersten Faszination kommen gleichzeitig Panik und Zweifel, dieser Partner kann für die skeptische Jungfrau gefährlich werden. Bevor sie sich angenähert haben, gehen sie sich wieder aus dem Weg, um sich irgendwann durch Zufall wiederzutreffen. Aber dann prallen sie richtig zusammen, und zwar so, daß eine Trennung unmöglich zu sein scheint.

Körperlich zieht der Waagegeborene die Jungfrau an. Meistens ist es der attraktive schlanke Waagekörper, der es der Jungfrau angetan hat. Der Waagemensch entspricht ganz ihren Vorstellungen. Beim Sex geht die Waage sehr sanft mit ihr um. Sie paßt sich der Jungfrau an, genauso hat diese das Gefühl, sich dem Partner anpassen zu können. Was so interessant begonnen hat, findet leider oft ein recht fades Ende (der Climax war vielleicht einfach zu gut). Schnell geht in dieser Beziehung der Zündstoff verloren, die Lust auf den anderen. Die Jungfrau braucht die hemmungslose Liebe ihres Partners, aber die kann ihr der Waagepartner auf Dauer nicht bieten. Dabei hat er in ihr doch bereits die Illusion geweckt, aber Waagen halten nicht immer, was sie versprechen. Die Waage erweist sich auch als sehr oberflächlich und spielt mit den Gefühlen der Jungfrau. Sie kann es nicht vertragen, wie an der langen Leine geführt zu werden, aber so etwas macht der Waagegeborene gern (insbesondere die weibliche Seite), ohne daß er sich wirklich für sie entscheidet. Klar, daß das eine Jungfrau kränkt.

Die Jungfrau liebt zwar auch die materiellen Dinge, aber die Waage übertreibt es für ihre Begriffe. Ihr Hang zum Luxus bringt eine Jungfrau, die immer Kontrolle über ihre Finanzen hat, aus der Fassung. Über diesen Punkt gerät sie auch immer in Streit mit diesem Partner. Und komischerweise: Wenn die Waage mal sparen möchte, leistet sich die Jungfrau ihre »kleinen Freuden«. Das ist natürlich kein schwerwiegendes Problem, darüber wird nicht gleich die Beziehung kaputtgehen. Insgesamt sind die Aussichten, daß diese Konstellation funktioniert, gar nicht so schlecht. Vielleicht muß die Jungfrau dafür sorgen, für ihren Waagepartner so interessant wie möglich zu bleiben. Nur so kann sie ihn halten und der Beziehung den nötigen Impuls geben. Beide Partner haben genügend Phantasie, um eine harmonische wie interessante Partnerschaft zu führen, doch allzuoft fehlt ihnen der Anstoß, sie umzusetzen. In der Beziehung entstehen zu viele Reserven, die unnütz verpufft werden. Also: aufraffen und zur Tat schreiten!

Jungfrau – Skorpion

Ein Skorpion in der Nähe einer Jungfrau ist wie eine Ladung Dynamit. So wie ein Skorpion auftritt, so selbstsicher, elegant und gewandt, muß einer Jungfrau einfach vor Bewunderung der Mund offenbleiben. Sie fühlt sich wie abgehoben. Ein Skorpionmensch wirkt zwar etwas undurchsichtig auf die Jungfrau, aber das fordert ihren Forschergeist um so mehr heraus. Der Skorpion ist ein interessantes und gefährliches Tier, das muß man sich doch näher betrachten. Man kann durchaus behaupten, daß für die Jungfrau in diesem Fall das »wissenschaftliche« Interesse im Vordergrund steht, von Sympathie oder gar erotischer Anziehung kann erstmal gar nicht die Rede sein. Der Skorpion wird der Jungfrau zunächst eher gleichgültig gegenübertreten, aber das stört sie nicht.

Vielleicht nehmen sich Jungfrauen ein bißchen zuviel vor, wenn sie glauben, sie könnten in das Innere eines Skorpionmenschen vordringen. Denn dieser ist sehr verschlossen. Wenn er nicht will, geht einfach nichts. In der gemeinsamen Liebesnacht muß die Jungfrau auf Überraschungen gefaßt sein. Möglicherweise ist es nicht unbedingt nach ihrem Geschmack, mit der alles übergreifenden Erotik eines Skorpiongeborenen konfrontiert zu werden, oder aber sie erlebt das absolute Nirvana. Denn Sex des Skorpions ist von ganz besonderer Art, abgesehen davon, daß er die absolute Führungsrolle für sich beansprucht.

Im Laufe der Zeit muß die Jungfrau feststellen, daß sie nicht die Kraft hat, um einen Skorpion wirklich zu halten. Sie will den Skorpion bändigen, ihn für sich einnehmen, aber meistens gängelt sie ihn nur. Ein Skorpion läßt sich weder gängeln noch sich ändern, Gefühle läßt er sich nicht aufzwingen. Er läßt die Jungfrau auch im Zweifel darüber, ob er überhaupt bei ihr bleiben will. Jungfrauen machen den Fehler und zeigen ihre Berechnung, das beklemmt den Skorpion und hält ihn davon ab, mit ihr eine längere Beziehung einzugehen. Die Jungfrau weiß, daß sie schon viel zuviel investiert hat, aber im Grunde nicht weiterkommt und nicht das erreicht, was sie sich erträumt hat. Die Aussichten auf eine Partnerschaft bleiben schlecht. Vielleicht ist es für die Jungfrau auch besser, denn dieser Partner würde ihr einfach zuviel Kopfzerbrechen bereiten.

Jungfrau – Schütze

Hier kommt die Erde mit dem Feuer in Berührung; es wärmt und erhellt sie. Der Schützegeborene hat eine interessante Ausstrahlung, viel Elan und wird von einer gewissen Unnahbarkeit umgeben, die Jungfrauen ja immer anzieht. Der Schütze wirkt irgendwie wertvoll auf eine Jungfrau. Das betrifft nicht nur sein Äußeres, sondern auch seine inneren Werte, die sie vor allem später zu schätzen lernt. Der Schütze ist wie der Schmuck zum Körper der Jungfrau.

Mit einem Schützen führt die Jungfrau die interessantesten Gespräche und Diskussionen, sie entdecken gemeinsame Hobbys und unternehmen viel zusammen. Körperlich verstehen sie sich. Der tiefgehende und phantasievolle Sex des Schützen bringt eine Jungfrau in ekstatische Zustände. Bei ihm läßt sich die Jungfrau gern aus der Reserve locken.

Trotz dieser sehr günstigen Voraussetzungen haftet dieser Kombination etwas Schicksalhaftes an. Meistens bleibt die Jungfrau mit diesem Partner nicht lange zusammen. Eine Liebesbeziehung oder Ehe scheitert. Keiner von beiden spürt in sich die Verantwortung für den anderen. Es fehlt der letzte mutige Schritt zum »Ja«. Die Jungfrau erreicht einen Zeitpunkt, an dem sie regelrecht panisch wird, denn sie fürchtet, daß sie mit diesem Partner ihre Gefühle nicht mehr unter Kontrolle hat. Sie spürt die phlegmatische Seite des Schützen und ist sich der Schwierigkeiten in dieser Partnerschaft wohl bewußt. Doch in den meisten Fällen bleibt die Jungfrau mit dem Schützen befreundet. Er ist ihr Partner für vertrauliche Gespräche und gemütliche Abende. Mit ihm geht sie ihren Hobbys nach. Oftmals wird ihr zu Ohren kommen, welch schönes Paar sie mit dem Schützen abgibt, aber leider sind sie es nicht.

Jungfrau – Steinbock

Eigentlich macht der Steinbockgeborene einen recht sympathischen Eindruck auf die Jungfrau. Er ist (in den meisten Fällen) ein gebildeter Mensch, mit tadellosen Manieren und in guter beruflicher Position. Was will man mehr? Auch der Steinbock wird ihr offensichtlich sein Interesse bekunden, dennoch schafft es die Jungfrau nur schwer, näher an ihn heranzukommen, da er sich doch als ziemlich verschlossen erweist. Sie kann ihn einfach nicht aus der Reserve locken, und sie weiß auch nie so recht, was er eigentlich über sie denkt. Für Jungfrauen ist das wieder mal ein Fall, mit dem man sich auseinandersetzen kann. Ein Jungfraumann wird mit seinen bohrenden Fragen aus einer Steinbockfrau gar nichts herausholen. Er muß sich schon in Geduld üben, bis sie sich ihm öffnet. Umgekehrt muß sich eine Jungfrau-Frau klar darüber sein, daß sie einen Steinbockmann verführen muß. Er weiß zwar, was er will, doch meistens ist er zu schüchtern, um den ersten Schritt zu wagen.

Beide Zeichen brauchen also lange, bis sie aufeinander zugehen, denn auch der Steinbock ist gewöhnlich kein Mensch schneller Entscheidungen. Sollte sich also tatsächlich eine Beziehung anbahnen, könnte es unter Umständen länger dauern. Der Steinbock ist ein zuverlässiger Partner, aber jemand, der seinen Partner gern gängelt. Da brauchen Jungfrauen viel Kraft, um dem etwas entgegenzusetzen. Die Jungfrau-Frau muß aufpassen, daß sie sich von einem Steinbockmann nicht unterkriegen läßt, er kann sich nämlich zum Haustyrannen entwickeln, was immer wieder zu Streitereien führen wird. Umgekehrt neigt ein Jungfraumann dazu, die Steinbockfrau von ihren Gewohnheiten abzubringen. Das schafft er sogar eine Zeitlang, aber irgendwann hat sie es satt. Er darf ihr nicht das Gefühl geben, überwacht zu werden oder ihre Freiheit einzuschränken.

Eine Partnerschaft kann nur zustande kommen, wenn die Erotik stimmt. Vor allem am Anfang wäre das wichtig. Hier stehen die Chancen allerdings nicht zum besten. Steinbockmänner sind weder phantasievoll noch sehr zärtlich beim Sex, was einer anspruchsvollen Jungfrau-Frau auf Dauer zuwenig sein dürfte. Für die Steinbockfrau muß es hin und wieder richtig zur

Sache gehen, ein Jungfraumann könnte da – wenn es schlimm kommt – einen kleinen Schock bekommen.

Jungfrau – Wassermann

Zunächst sieht es zwar so aus, als könnten Jungfrau und Wassermann nie zusammenkommen, aber wenn die Wege des Schicksals die zwei doch zusammenführen, ist es eine Supermischung. Mit dem chaotischen Wassermann trifft die ordentliche Jungfrau auf ihr Pendant. Der Wassermann strahlt Energie und Vielseitigkeit aus und fasziniert den Jungfraugeborenen auch durch seine Mystik. Er hat es ihm so angetan, daß er sogar bereit dazu ist, mit »des Widerspenstigen Zähmung« zu beginnen. Eine Jungfrau weiß, daß der Wassermann ihr viel Power gibt, sie lockerer werden läßt und ihr ganz neue Dimensionen des Daseins zeigen kann. Wenn die Jungfrau dem Wassermann nicht das Gefühl gibt, daß sie ihn in seiner Freiheit einschränkt, und sich obendrein das Nörgeln abgewöhnt, schafft sie es sogar, den Wassermann immer wieder aus luftiger Höhe auf den Boden zu holen und ihm Grenzen zu zeigen. Wenn die Jungfrau nicht in Klageelegien ausbricht, kann sie ihn halten. So dauert die Partnerschaft ewig. Sex steht hier übrigens nicht im Vordergrund. Vielmehr lernen beide Partner vom anderen, ergänzen und bereichern sich.

Jungfrau – Fische

Der Fischegeborene wirkt auf die Jungfrau unheimlich, wie ein Wesen, das man nicht berühren kann. Sie weiß von vornherein, daß sie nicht die geringste Chance hat, ihn zu durchschauen. Dieser Mensch ist wie ein Tabu, ein verschlossener Tresor.

Es ist auch unwahrscheinlich, daß man sich wenigstens zum One-Night-Stand verabredet, denn so etwas mögen gewöhnlich beide nicht. Schade ist, daß offensichtlich keiner einen ersten Schritt der Annäherung macht. Die Jungfrau betrachtet einen Fischegeborenen wie ein Geheimnis in den Tiefen des Meeres, aber sie ist dabei mit Taucheranzug und Harpune bewaffnet. Eigentlich wartet sie darauf, daß er ein Zeichen von sich gibt, aber der Fisch bleibt stumm. Trotz dieser Kommunikationsschwierigkeiten werden sich aber auch hier Wege einer Zusammenkunft finden, wenn es die Sterne gut meinen. Die Jungfrau könnte aber ruhig ein bißchen nachhelfen.

Eine Jungfrau-Fische-Partnerschaft findet man zwar höchst selten, doch wenn sie zustande kommt, funktioniert sie bestens. Die Jungfrau hat in einem Fischegeborenen einen treuen und beständigen Partner, der sich ihr gegenüber sehr loyal verhalten wird. Ein Fisch bleibt »kleben«, darauf kann sie sich wirklich verlassen.

Waagefrau

Persönlichkeit und Eigenschaften

Ein vollkommener Auftritt

Ihr enganliegendes Kostüm oder der Body, unter dem sie keinen BH trägt, unterstreicht ihre weiblichen Formen, sie duftet nach blumigem Parfum, ihr Schmuck verleiht ihr das Aussehen einer Luxusdame. Charmant lächelt sie einen sprachlosen Mann an, ohne ihn zu sehen. Die Waagefrau, geboren unter dem Stern der Venus, weiß, wie sie wirkt: vornehm, selbstsicher, ein bißchen cool. Schließlich hat sie sich auch lange genug zurecht gemacht. Bevor die Waagefrau aus dem Haus geht, verbringt sie Stunden damit, ihr Äußeres so zu perfektionieren, wie es dann auch letztendlich aussieht. Manchmal macht sie sich über ihr Outfit schon einen Tag vorher Gedanken. Sie ist sich selbst gegenüber äußerst kritisch, was die Prozedur länger dauern läßt als bei anderen Frauen. Immer wieder hat sie etwas an sich zu verbessern, bis ihre Lippen so exakt gezogen sind wie bei einem Fotomodell auf dem Titelblatt und jedes Härchen da liegt, wo es hingehört.

Doch die Waagefrau ist nicht nur die absolute Perfektionistin was ihren Körper angeht. Ihre Wohnung ist stets ordentlich und sauber. Meistens hat sie ein elegantes Flair, obwohl manche Menschen behaupten würden, sie wirke ein bißchen altbakken. Aber über Geschmack läßt sich bekanntlich streiten. Jedenfalls weiß die Waagefrau: Ordnung ist das halbe Leben. Nach diesem Motto bringt sie sich durch den Alltag, hat den Überblick und findet Zeit und Ruhe, um alles Nötige durchzuorganisieren. Die Vollkommenheit, die sie selbst an den Tag legt, erwartet sie übrigens auch von anderen. Mängel und Fehler kann sie schlecht akzeptieren, erst recht nicht, wenn sie in irgendeiner Form Nachteile wittert. Leider neigt sie manchmal dazu, Menschen für ihre Zwecke zu benutzen. Jemand, der gerade ihr Interesse erregt und ihr in bestimmten Dingen behilflich sein kann, dem kommt sie freundschaftlich entgegen. Sie kann auch eine zehn Jahre dauernde Freundschaft von heute auf morgen beenden, nur weil dieser Mensch ihrer Ansicht nach nicht mehr interessant für sie ist. Andererseits versteht sie es, jemanden lange genug hinzuhalten, bis sie ihm erneut die Gunst erweist. So mancher wartet, bis er schwarz wird, aber einer Waagefrau kann man schlecht widerstehen.

Die Waagefrau ist ein Mensch mit feinem ästhetischen Empfinden. Alles, was dieses Empfinden beeinträchtigt oder ihr unattraktiv erscheint, lehnt sie ab, seien es Gegenstände oder Personen. Nie würde sie sich in einer ordinären Bierkneipe aufhalten und sich von nach Alkohol riechenden Männern anquatschen lassen. Apropos Männer: Hier hat sie besonders hohe, um nicht zu sagen höchste Ansprüche. Der Mann an ihrer Seite ist wie ein Schmuckstück, wie ein passendes Accessoire zu ihr. Er ist elegant gekleidet, hat ein interessantes Gesicht und wahrscheinlich einen durchtrainierten Körper. Männer mit dickem Bauch oder schlaffen Oberarmen haben bei der Waagefrau keine Chance, und sei der Charakter dieses Menschen noch so gut, seine Ansichten noch so erhaben. Im allgemeinen zieht sie Männer aus dem Künstlermilieu an. Das liegt nicht nur daran, daß sie das Schöne in all seinen Manifestationen liebt und sie sich schon deshalb für Musik, Kunst oder Design interessiert. Ihr Auftritt sollte eine überragende Wirkung haben, und dazu gehört auch ein attraktives Anhängsel. Schauspieler, Sänger, Schriftsteller, jene zartgliedrigen, hochsensiblen Wesen mit großer Ausstrahlung sind es, mit denen sie sich schmückt. Einer Waagefrau geht es runter wie Öl, wenn man ihr sagt: »Ach *Sie* sind mit diesem berühmten und attraktiven Mann liiert . . .«

Sie kann mit einem Partner lange zusammen sein, ohne ihn wirklich zu lieben. Manchmal sind ihre Gefühle sehr oberflächlich oder nur von kurzer Dauer. Einen Mann kann sie ewig lange hinhalten, bis sie die Entscheidung fällt, ob sie mit ihm den Rest ihres Lebens verbringt oder ihn verläßt. Denn im

Grunde genommen interessiert sich die Waagefrau nur bedingt für Männer, obwohl ihre Reize die Männer anziehen wie der Honig die Bienen. In erster Linie will sie aber bewundert werden. Ein Mann muß ihr Ego streicheln, sowohl durch sein Äußeres als auch durch seinen Umgang mit ihr. Sie möchte der allumschwärmte Mittelpunkt sein. So sind die Männer der Waagefrau ein bißchen wie exquisite Bilderrahmen, doch sie ist das Kunstwerk darin.

Sie erreicht immer das, wonach sie strebt. Sie versteht sich aufs beste in der Kunst der Verführung, im weiblichen Gaukelspiel, das Männern den Himmel auf Erden verspricht. Einerseits wirkt sie wie eine schöne, intelligente Frau, andererseits läßt sie das schwache Weibchen durchscheinen, das den berühmten Beschützerinstinkt im Mann erweckt. Sie läßt ihn schalten und walten und hat im Grunde doch alle Zügel in der Hand. Die Waagefrau kennt das Rollenspiel genau. Sie weiß, wie man ihn aus der Reserve lockt, ihn verwöhnt und verführt. Ihr ganzer Haushalt ist darauf eingestellt, ihm ein angenehmes Ambiente mit allen kulinarischen und sonstigen Genüssen zu bieten.

Das Gefühl, alles in der Hand zu haben, braucht die Waagefrau. Man darf sie nur nicht unter Druck setzen oder hetzen, sei es bei ihrer Schminkprozedur, einem Telefonat oder bei der Erledigung ihrer Aufgaben. Ein Satz wie »Wann bist du denn endlich fertig!« darf einer Waagefrau nicht zu Ohren kommen. Grundsätzlich sollte man auch nicht in scharfem Ton mit ihr reden, da wird sie störrisch. Je mehr Druck, desto giftiger wird sie. Das einzige Gegenmittel: Lob und Bewunderung und darüber hinaus tun, was sie sagt. Denn sie allein kennt das korrekte Timing und wie, wann, wo was gemacht werden muß.

Meistens wählt die Waagefrau Berufe, in denen sie einen verantwortungsvollen Posten hat und organisieren kann. Sie ist die Allroundsekretärin, die ordentlich und präzise alles erledigt, was in einem großen Unternehmen ansteht, von der Organisation einer Konferenz bis zu den Privatdates des Chefs. Da ihr Genauigkeit sehr wichtig ist, eignet sie sich auch hervorragend für wissenschaftliche Berufe, zum Beispiel als Medizinisch-Technische Assistentin. Ebenso könnte sie sich in einer Steuerkanzlei durch die chaotische Buchhaltung der Klienten schlagen. Und da ihr eine schöne Umgebung oder schöne Menschen ein Bedürfnis sind, ist sie auch eine gute Kosmetikberaterin oder Boutiqueverkäuferin, wo sie ihren Geschmack einbringen kann.

Wir wollen nicht den Eindruck aufkommen lassen, daß die Waagefrau ein verbohrter Mensch ist. Sie kann sehr gelassen und heiter sein. Ihre Freunde lieben sie allein schon wegen ihres Lachens. Es ist ansteckend, abgesehen davon, daß sie oft spontan zu Scherzen aufgelegt ist. Viele erkennen sie gar nicht wieder. Überhaupt kann die Waagefrau zeitweise eine unwiderstehliche Lebhaftigkeit entfalten, sie plappert, lacht lauthals und mag gar nicht mehr aufhören. Hin und wieder passiert es ihr, zum Beispiel während einer Theaterpause, daß sie nonstop redet oder albern wird und damit Leute brüskiert, die sie nicht kennen. Sie gerät etwas aus der sonst wohlgewahrten Form und hat manchmal nicht das Gespür dafür, wann sie aufhören muß. Wenn sie von einer Sache begeistert ist oder sie besonders gut gelaunt ist, kennt sie keine Grenzen mehr. Lustigerweise überschreitet sie genau die, die sie sonst anderen setzt. Bei einer solchen Gelegenheit sollte man die Waagefrau beim Schopfe packen. Hinter der Waagefrau-Fassade steht nämlich plötzlich eine ganz normale Frau aus Fleisch und Blut, vor allem natürlich eine begehrenswerte und liebenswürdige. Man muß sie nur ab und zu aus der Reserve locken.

Liebesgeheimnisse und Phantasien

Akt mit Spiegel

Ihr Liebespartner sollte nicht ohne Sinn für Effekte sein. Vielleicht fällt ihm das auch gar nicht schwer, denn schließlich bietet ihre weibliche Pracht Anregung genug. Die Waagefrau gibt ihm von Anfang an zu verstehen, daß sie keine Festung ist, die mit Gewalt genommen werden muß. Sie bevorzugt ein langes inszeniertes Vorspiel, wobei ein Mann ihre Schönheit beachten und begehren sollte. Er darf es ruhig ausdehnen, sie hat keine Eile. Streicheleinheiten bis zum Gehtnichtmehr, ein Liebesgedicht, heiße Wünsche in ihr Ohr geflüstert, es kann alles sein, aber bitte mit Stil. Verführung ist für die Waagefrau eine Kunst, wehe wer sie nicht versteht!

Die Waagefrau ist sich ihres Sexappeals wohl bewußt. Schließlich tritt sie als sinnliches Weib schlechthin auf. Nicht nur, daß sich unter ihrer durchsichtigen Bluse ihre nackten Brüste abzeichnen und sie die Hüften von links nach rechts schwingt, so daß man ausweichen muß, wenn sie an einem vorbeigeht, sie erweckt auch den Eindruck, als verschenke sie gern ihre Schönheit. So geizt sie nicht mit ihren Reizen. Es sollen sich auch andere daran erfreuen – in erster Linie muß man das auf ihren Exhibitionismus zurückführen. Dagegen ist nichts zu sagen, denn sie braucht sich am allerwenigsten einreden zu lassen, daß eine gesunde Eigenliebe schlecht sei. Die Waagefrau ist eine sinnliche Frau, und wenn sie Lust verspürt, macht sie das eben deutlich. Sie braucht nur die kleinste Bemerkung zu machen, er wird diese Herausforderung sofort begeistert annehmen.

Einen gewissen Sinn für Dramatik kann man der Waagefrau nicht absprechen. Lichteffekte (künstlich oder mit verschiedenen Kerzenleuchtern), Deckenspiele mittels eines großen Spiegels über dem Wasserbett, alles ist bei ihr möglich. Sicher ist das nicht jedermanns Sache, aber probieren kann man es ja mal. So mancher entdeckt dabei sicher eine ganz neue Art von erotischer Stimulation. Was eine Waagefrau besonders stimuliert, ist eine Körpermassage. Massierende Bewegungen an ihrer empfindlichsten Stelle bringen sie schnell zum Höhepunkt, denn sie hat eine ungewöhnliche Kontrolle über ihren Körper, vor allem über ihr Geschlecht. Sie konzentriert sich so auf ihr Lustzentrum, daß sie einen Orgasmus haben kann, sooft sie möchte. Aber sie ist keine Egoistin. Wer ihr soviel Gutes tut, den belohnt sie. Sie versteht nicht nur ihren eigenen Körper, sondern spürt auch – vor allem mit ihren Händen – den Bedürfnissen ihres Partners nach.

Ein Mann darf bei ihr keine animalischen Neigungen zeigen

oder grob mit ihr verfahren. Das haßt sie. Man sollte auch nicht unbedingt mit ihren Haaren spielen oder sie zerzausen. Das darf nur jemand tun, zu dem sie absolutes Vertrauen hat und bei dem sie das Gefühl hat, sich gehenlassen zu können. Das kommt allerdings selten vor. Das Wichtigste ist, daß er sie während des Liebesspiels bewundert. Oft gerät die Waagefrau an Fetischisten, die ihren Fuß, ihre Hände oder ihre Brüste anbeten. Wer sich darüber in stundenlangen Ovationen ergeht, gewinnt ihr Herz – und ihren Körper. Eine Waagefrau muß man mit Komplimenten bedecken, das kitzelt nicht nur ihr Ego, es stimuliert sie auch noch.

Und was macht man noch mit einer schönen Frau? Natürlich verwöhnen. Nach der ausgiebigen Massage sollte er ein duftendes Schaumbad einlassen, sich mit ihr und einem Glas Champagner ins heiße Naß begeben und ihr noch mal ins Ohr flüstern, daß sie die begehrenswerteste Frau weit und breit ist. Später, im weichen Bett (sie braucht es bequem), sollte er langsam ihren Körperkonturen nachgehen, von ihrem Busen bis zur Taille über die Hüften bis zum weichen Haar zwischen ihren Beinen. Es erregt sie auch sehr, wenn sein Geschlecht zwischen ihren Brüsten liegt und sie dessen Rundung, Wärme und Weichheit spürt.

Die Liebe mit einer Waagefrau ist ein zärtliches Spiel, in dem jeder den anderen verwöhnt, in dem man in scheinbar endloser Sinnlichkeit schwelgen kann. Wenn ein Mann ihr immer wieder zeigt, daß sie allein die absolute Frau ist, holt sie ihm den siebten Himmel ins Schlafzimmer.

Waagemann

Persönlichkeit und Eigenschaften

Der Unschlüssige

Er fällt nicht unbedingt auf, doch das charmante, jungenhafte Lächeln dieses Mannes ist einfach unwiderstehlich. Es kann sein, daß eine Frau intensiven Augenkontakt mit ihm hat (vielleicht stunden- oder tagelang, zum Beispiel in der Stammbar oder in der Hotellounge), er unternimmt einfach nichts. Ist es Schüchternheit, oder hat er kein Interesse? Mit diesem Zweifel müssen sich Frauen immer herumplagen, wenn sie einem Waagemann begegnen. Er ist alles andere als ein Anmacher, was ihn um so sympathischer macht. Sie muß ihn ansprechen. Aber dann wird sie überrascht sein, wie charmant, witzig und beredsam er plötzlich ist.

Er ist kein athletischer Typ, eher schlank, zäh, sportlich-leger. Er liebt es, in Gesellschaft zu sein, obwohl man ihn meistens allein antrifft. Er wirkt oft ein bißchen ernst oder traurig. Wenn man ihn darauf anspricht, wird er prompt das Gegenteil behaupten und sagen, er sei gut drauf. Zumindest versucht er, immer heiter zu sein, denn Heiterkeit bedeutet für ihn, in Harmonie mit sich und seiner Umgebung zu sein. Für den Waagemann ist Gleichgewicht und Harmonie enorm wichtig. Daß das Leben leider oft anders aussieht, macht ihn um so trauriger. Er selbst bemüht sich stets, Harmonie zu schaffen, besonders in Relation zu anderen Menschen. Fremden begegnet er taktvoll, bei Streitereien verhält er sich diplomatisch und spielt meistens die Rolle des Vermittlers. Er hat einen ausgeprägten Sinn für Gerechtigkeit und gibt jedem eine Chance, auch wenn seine Umgebung gegenteiliger Meinung ist. Wortgefechte sind nicht seine Stärke, deshalb befürwortet er Kompromisse und Versöhnung, bevor es überhaupt dazu kommt. Wenn es um Entscheidungen geht, die ihn eigentlich gar nicht persönlich betreffen, mischt sich der Waagemann zwar gern ein, doch ihm selbst fällt es schwer, sich zu entscheiden. Was ihm kompliziert oder schwierig erscheint, schiebt er gern auf, oder er entzieht sich in letzter Sekunde der Verantwortung, um sein Problem auf jemand anderen abzuwälzen. Obwohl er durchaus seinen eigenen Kopf durchsetzen möchte, will er es vermeiden, ein Urteil zu fällen oder persönlich in eine Sache verwickelt zu werden, von der er nicht weiß, wie sie ausgeht. Vielleicht verläßt er sich viel zuwenig auf seine natürlichen Fähigkeiten. Der Waagemann hat die Intuition, Menschen und Situationen zu durchschauen, man kann ihm so leicht nichts vormachen. Dennoch steckt in ihm eine tief verborgene Unsicherheit. Ständig wägt er das Für und Wider ab, er bleibt unschlüssig, bis er meint, jetzt sei alles vollkommen. Beim geringsten Zweifel geht er alles noch einmal durch, von vorn bis hinten. So verpaßt er oft den richtigen Augenblick – zum Beispiel, sich endlich für seine Traumfrau zu entscheiden.

Seine »Traumfrau« muß nicht dem Schönheitsideal der Allgemeinheit entsprechen, doch ihre Körperproportionen sollten schon stimmen, ob sie nun klein oder groß, schlank oder voller ist. Er mag Frauen, die gut angezogen sind und ihr Haar gepflegt, vielleicht etwas streng tragen. Gegen Make-up hat er nichts, aber dezent muß es sein, die Vorzüge ihres Gesichts betonen. Er mag keine Frauen, die »zurechtgemacht« aussehen.

Wenn er seinen Charme einsetzt, kann der Waagemann leicht eine Frau erobern. Er verliebt sich schnell und versteht es, sie für sich zu gewinnen, doch komischerweise, wenn sie endlich bereit ist, weiß er eigentlich gar nicht mehr, ob er sie haben will oder nicht. Man könnte ja eine schlechte Erfahrung machen! Enttäuscht oder verletzt zu werden ist für den Waagemann härter als für den Rest seiner Artgenossen. Aber seine Partnerin sollte die Hoffnung nicht aufgeben. Sie muß ihm bloß immer wieder versichern, wie sehr sie ihm zugetan ist, ihm ihre aufrichtigen Gefühle beweisen. Mit Schmeicheleien kann man den Waagemann für sich gewinnen. Was viele nicht wissen: Gerade wenn es ihm eine Frau angetan hat, wird er etwas hölzern und wortkarg. Man könnte meinen, der Waagemann habe wenig Sinn für Romantik. Steif machte er seine Komplimente, möglichst am Mittagstisch über dem dampfenden Schweinsbraten, anstatt ihr zärtliche Worte beim Mondscheinspaziergang ins Ohr zu flüstern. Aber das darf sie nicht so eng sehen. Und schließlich ist er in seiner Unbeholfenheit einfach rührend!

Nachdem der Eroberungsfeldzug geglückt ist, bekommt es eine Frau erstmal mit der Eifersucht des Waagemannes zu tun. Sie wird kaum noch eine ruhige Minute haben. Er betrachtet seine Freundin und Partnerin als Besitz. In der Öffentlichkeit steht er ständig in Körperkontakt mit ihr, um zu demonstrieren, daß sie zu ihm gehört. Sollte sie es wagen, mit einem anderen Mann zu flirten, darf sie zu Hause mit einer Szene rechnen. Er haßt es, wenn sie ihm Szenen macht oder lauter wird, nimmt sich aber selbst durchaus das Recht dazu. Es liegt daran, daß seine Waagschalen aus dem Gleichgewicht gebracht wurden. Eine Waage ist ohne »Gewicht« wie ein leichtes Windspiel. Es gerät sehr leicht außer Kontrolle. So verwirren sich seine Gefühle. Seine Geliebte muß beide Schalen füllen und dafür sorgen, daß sie das gleiche Gewicht haben.

Liebesgeheimnisse und Phantasien

Stille Wasser sind tief

Eine Frau sollte schon mal von vorherein wissen, daß *sie* die Initiative ergreifen muß, um in den Genuß körperlicher Freuden mit einem Waagemann zu kommen, aber sie darf ihn nicht überrumpeln, auch wenn seine kühle Erotik ihre Phantasie anheizt. Er geht selten mit einer Frau noch am selben Abend ins Bett, da kann sie ihm noch sosehr den Kopf verdreht haben. Selbst wenn er seine Geliebte wochenlang nicht gesehen hat, heißt das noch lange nicht, daß er ihr nach der Begrüßung gleich die Kleider vom Leibe reißt, im Gegenteil, vielleicht berührt er sie nicht einmal. Er bleibt immer ein wenig zurückhaltend, denn der Waagemann will geführt werden, besonders ins

Schlafzimmer. Man sollte gar nicht meinen, daß unter diesem Zeichen die meisten Gigolos geboren sind. Aber das nur nebenbei.

Um ihn zu erregen, sollte sie ihn streicheln oder seinen Kopf massieren. Dabei schaltet er endlich ab, vergißt seine Geschäfte und stellt sich ganz auf die körperlichen Annehmlichkeiten ein. Diese Stimulierung darf ruhig ein bißchen kräftiger sein, zarte Berührungen machen ihn nervös. Aber bitte langsam vorgehen! Für den Waagemann ist der Liebesakt kein hektisches Getümmel, sondern ein Erlebnis. Je leidenschaftlicher eine Frau ist, um so mehr sollte sie sich im Zaum halten. Es reicht, wenn sie den Anfang macht und ihm zeigt, wo es langgeht. Ein Tip: Sie sollte ihren Rock oder ihr Kleid nicht gleich ausziehen. Er mag es, wenn sie noch ein Teil ihrer Kleidung anbehält. Irgendwann erwacht schon die Hemmungslosigkeit in ihm. Man traut es ihm zwar nicht zu, aber der Waagemann hat eine lebhafte erotische Phantasie. Stille Wasser sind bekanntlich tief. Er kennt Frauen gut, intuitiv spürt er ihren geheimsten Wünschen nach. Beim langen Vorspiel findet er schnell und sicher ihre erogenen Zonen, während sie sich dabei entspannt und es genießt: Er weiß, was sie empfindet, wenn er seine Zunge kundig über ihren Körper wandern läßt. Überhaupt ist er ein Anhänger des oralen Sex.

Beim Liebesspiel geht der Waagemann sehr zärtlich und erfinderisch vor, Vulgäres lehnt er ab. Er erwartet aber, daß sie ihre Wünsche äußert und hier keine falsche Scham an den Tag legt. Wenn sie es verlangt, wird er auch zielbewußter und kraftvoller; oder wenn ihr sein Vorspiel zu lange dauert, darf sie ruhig, aber ganz subtil, die Führung übernehmen. Die empfindsamsten Körperteile des Waagemannes liegen im unteren Teil des Rückens. Es erregt ihn, wenn sie mit ihren Händen Wirbel für Wirbel abtastet und dann langsam zum Po übergeht. Auch spielerisches Tätscheln oder kleine Kniffe mag er, dabei darf es ruhig ein bißchen weh tun.

Nicht nur, daß seine Hinterbacken zu seinen erogenen Zonen gehören, er betrachtet auch gern die seiner Partnerin. Seine bevorzugten Stellungen sind die, bei denen er ihren Po im Visier hat. Was seine Erregung bis zum Äußersten steigert: wenn sie entspannt auf dem Bauch liegt, ihre Beine ausgebreitet und weit von sich gestreckt hat und er ihre Erregung sehen kann. Er rollt seine Partnerin auch gern ein und liebt sie von hinten, während sie ihre Knie bis vor die Brust gezogen hat. Es gibt ihm ein Gefühl, sie ganz zu besitzen, gleichzeitig nimmt er ihren Geruch wahr, ihren Schweiß, ist näher an ihrer Lust.

Über seine Phantasie spricht der Waagemann selten. Man kann lange mit ihm zusammen sein, doch wirklich kennen wird man ihn nie. Wer würde auf die Idee kommen, daß dieser Mensch, mit dem man seit Jahren das Leben teilt, insgeheim Frauen in Uniform begehrt oder von einem tätowierten Körper fasziniert ist. Meistens geht er sehr auf die Bedürfnisse seiner Geliebten ein und zeigt auch, daß es ihm Spaß macht. Doch da er ein introvertierter Mensch ist, kann man sich nie hundertprozentig sicher sein, und welches Geheimnis hinter der düsteren Stirn liegt, mag man nur schwer ergründen. Manchmal ist es die Sehnsucht nach einer strengen und schönen Frau. Sie ist die vollkommene Führerin, mit allen Wassern gewaschen. Einer strengen Herrin gleich, befiehlt sie ihm, was er zu tun hat. Sie selbst tut Dinge mit ihm, die ihn überraschen und ihm gefallen. Waagemänner wünschen sich auch oft Dreiecksbeziehungen, vor allem, wenn ihre Gefühle für die Partnerin nicht allzu tief gehen. Mit zwei Frauen das Lotterbett zu teilen ist ein Wunsch, den er schon seit dem zarten Kindesalter hegt. Sollte sich das nicht realisieren lassen, gibt er sich auch mit einem großen Spiegel zufrieden, in dem er sich und seine Geliebte beobachten kann. Es verschafft ihm die Illusion, als seien mehrere Personen beteiligt.

Wer paßt zu wem, wie und warum

Waage – Widder

Man kann zwar nicht behaupten, daß das die ideale Kombination wäre, aber der Widdergeborene hat so eine ungeheure Anziehungskraft, daß die Waage sich einfangen und verführen läßt. Die Waagefrau fühlt sich von einem starken, männlichen Widder magisch angezogen. Dabei sollte sie wissen, daß ihn ihr sinnliches Auftreten bis zum äußersten reizt. Widdermänner stehen auf so weibliche Frauen wie sie. Ob es für die Waagefrau ein Liebesabenteuer bleibt oder weiter geht, kann man nicht mit Sicherheit sagen. Wahrscheinlich ist, daß ihr dieser Mann doch ein bißchen zu grob und fordernd ist. Sie mag es zwar, daß er die Führung übernimmt, doch oft fühlt sie sich durch ihn diskriminiert. Im Bett möchte sie nicht bloß als Lustobjekt angesehen werden.

Den Waagemann fasziniert an einer Widderfrau ihre Direktheit, ihr Charme und die Art, wie sie redet. Im Bett überrumpelt sie ihn allerdings, was nicht unbedingt nach seinem Geschmack ist. Der Waagemann läßt sich zwar gern führen, aber nur bis zu einem gewissen Punkt, die Widderfrau ist viel zu beherrschend.

Was eine Waage am Widder letztendlich stört, ist sein Egoismus. Die Waage gibt zunächst nach, aber irgendwann fühlt auch sie, daß ihre Gutmütigkeit überstrapaziert wird. Je mehr die Waage nachgibt, desto mehr nimmt sich der Widder. In einer Beziehung muß es zwar keine großen Streitereien geben, aber es kommt Unzufriedenheit auf. Beide Partner scheinen ein Leben nebeneinander anstatt miteinander zu führen, nach dem Motto »Im eigenen Märchenschloß lebt sich's am besten«. Keiner bietet dem anderen mehr Anregung. So kann man zwar eine Beziehung auch aufrechterhalten, aber das große Glück findet eine Waage mit einem Widder sicher nicht. Die einzige

Möglichkeit, wo sie mit ihm harmoniert, ist in der beruflichen Zusammenarbeit, vorausgesetzt, es wurden vorher klare Regelungen vereinbart. In einer Partnerschaft kann man das leider nicht.

Waage – Stier

Herzlichen Glückwunsch! Wer diese Verbindung auseinanderbringt, dem ist nicht mehr zu helfen. Wenn der Waagemann zum ersten Mal einer Stierfrau begegnet, müßte er gleich wissen, daß es »die« ist und keine andere. In ihr findet er alle Attribute von Weiblichkeit, die er erwartet. Um diesen Schatz einzufangen, sollte er sie nicht zu lange hinhalten und sie mit kleinen Geschenken und Schokoladenherz-Komplimenten verwöhnen. Er wird es nicht bereuen. Die Stierfrau tut alles für ihren Waagemann. Sie gibt ihm die nötige Freiheit (obwohl er jetzt gern darauf verzichten kann) und die Sicherheit, einen festen Partner zu haben, einen ruhenden Pol sozusagen. Sie versteht es, ihn zu verwöhnen, hier kann er sich ganz als Mann fühlen – vor allem beim Sex. Mit der Stierfrau lernt der Waagemann, phantasievoller zu sein und mehr aus sich herauszugehen. In der Ehe wird immer ein gewisses Kribbeln erhalten bleiben.

Umgekehrt sieht es genausogut aus. Der Stiermann entspricht der Vorstellung einer Waagefrau von ihrem Traummann. Hier darf sie sich gehen lassen, ganz Frau sein. Beim Stiermann findet sie die Sicherheit, nach der sie immer gesucht hat: ein gemütliches Heim, keine finanziellen Sorgen und einen kraftvollen wie zärtlichen Liebhaber, der sie anbetet. Übrigens liebt er es, wenn sich eine Frau ein bißchen zurechtmacht und zeigt, was sie hat. Insofern kann sie davon ausgehen, daß die Anziehung auf Gegenseitigkeit beruht.

Mit dem Stier findet die Waage aber nicht nur körperliche Harmonie, sondern auch den Partner für gemeinsame Unternehmungen und gute Gespräche.

Waage – Zwillinge

Der Zwilling kommt der Waage mit Heiterkeit und Gelassenheit entgegen, Eigenschaften, die ihr oft fehlen. Schon allein deshalb ist sie von ihm fasziniert. Die Leichtigkeit seiner Gedanken läßt die Waage ihre Probleme vergessen und kühner werden, als sie eigentlich ist. Sie weiß, daß sie sich auf ein Abenteuer mit unbekanntem Ausgang einläßt, aber sie tut es. Vorausgesetzt, die sexuelle Anziehung ist da, sonst läuft gar nichts.

Dem Waagemann gefällt es, daß die Zwillingfrau ihre Phantasie auslebt. Das, was er sich sonst nicht getraut hat, kann er mit ihr praktizieren. Ein Zwillingmann verführt die weibliche Waagefrau nach allen Regeln der Liebeskunst. Mit ihm macht sie die Erfahrung einer ganz anderen Erotik. Gleichzeitig akzeptiert der Zwilling die Vorstellungen der Waage, er ist schließlich offen für alles und läßt sich auch gern führen.

Sollte sich aus der heißen Affäre mit dem Zwilling eine Art Partnerschaft entwickeln, verliert die Waage aber irgendwann die Orientierung. Da der Zwilling seine Meinung sooft wechselt, fühlt sich die Waage hin- und hergerissen, aus dem Gleichgewicht gebracht. Die Rollen in einer Beziehung müssen richtig verteilt werden, sonst gibt es das absolute Chaos. Der Zwilling ist allerdings der Unersättliche, nicht immer kommt die Waage mit seinen Wünschen mit.

Die Partnerschaft mit einem Zwilling wird der Waage eine aufregende Zeit bereiten, im positiven wie im negativen Sinne. Denn Grund zur Eifersucht wird er ihr ständig geben. Jedes Quentchen Freiheit, das sie ihm gibt, nutzt der Zwilling schamlos aus. In seiner Gier ist er unersättlich. Aber um einen Zwilling halten zu können, muß sie ihm diesen Freiraum lassen. Nur dann kann sie den aufregenden Zwilling halten. Dafür kommt in einer Waage-Zwilling-Partnerschaft auch keine Langeweile auf.

Waage – Krebs
Für einen Augenblick bleiben die Blicke der Waage möglicherweise an einem Krebs hängen. Doch nachdem die ersten Worte gewechselt worden sind, erlahmt das Interesse auch schnell wieder. Die Waage spürt, daß sie dem Krebs nichts vormachen kann. Es mag einfach keine lockere Unterhaltung aufkommen, denn die Interessen gehen doch zu weit auseinander. Die tiefgründigen Gedanken und die Lebenseinstellung des Krebses sind ihr einfach eine Spur zu hoch gegriffen. Es ist höchst selten, daß sie mit dem Krebs weiter als ein paar Sätze kommt. Die Waagefrau läßt sich zwar ganz gern von den Komplimenten eines Krebsmannes umschmeicheln, aber zu mehr kommt es meistens nicht. Die Krebsfrau flirtet zwar gern mit dem Waagemann, aber nicht, weil sie ihn so interessant findet, sondern weil sie einfach gern flirtet. Der Krebs verunsichert die Waage und nimmt es ihr gleichzeitig übel, daß er sich nicht schnell genug entscheiden kann. Eigentlich schade, denn der Krebs wäre für sie ein überaus zärtlicher und einfühlsamer Liebhaber, der ihr die geheimsten Wünsche entlocken könnte. Kaum ein Partner könnte der Waage soviel Zärtlichkeit geben, doch der Krebs wartet natürlich nicht ab, bis die Waage endlich weiß, was sie will.

Für die Waage ist ein Krebs zu kompliziert. Sie kann ihn nicht einschätzen. Ein Krebs tut immer das, was eine Waage überhaupt nicht von ihm erwartet hat, geschweige denn, daß er tut, was die Waage gern möchte. Die Waage traut sich nicht, sich dem Krebs richtig zu öffnen, umgekehrt ist es genauso. Man geizt mit seiner Zuneigung wie mit dem Geld. Wenn es eine Waage-Krebs-Beziehung gibt, läuft sie auf einer anderen Ebene ab. Beide sind sehr kommunikativ, und ohne die Verpflichtungen, die eine Beziehung mit sich bringt, können sie eine unbeschwerte Unterhaltung führen. Außerdem geben sie sich gegenseitig Ratschläge. Aber das wäre dann eigentlich schon alles.

Waage – Löwe

Wenn einem Waagemann eine Frau häufig begegnet, dann ist es die Löwefrau. Er mag ihren Stil, ihre Weiblichkeit und ihre Grazie. Bei ihr braucht er gar nicht so lange wie sonst, um sich für dieses Prachtexemplar von Frau zu entscheiden, denn sie hat genau das gewisse weibliche Etwas, das er bei jeder Frau sucht. Löwefrauen nehmen sich bekanntlich, was sie brauchen. Insofern braucht der Waagemann auch gar nicht lange zu überlegen. Ehe er sich versieht, ist er schon unter der Haube. Waage-Löwe-Ehen gibt es tatsächlich oft.

Eine Waagefrau hat es mit einem Löwemann aber nicht immer leicht. Es ist ihr nicht gegeben, einem Mann zu signalisieren, daß er ihr gefällt, aber der Löwe ist ein Pascha und möchte umhegt werden. Der Löwemann wirkt auf die Waagefrau zwar interessant, aber was sie ein bißchen stört, ist seine egozentrische Art. Er zwingt sie zu einer Entscheidung, von der sie weiß, daß sie sie vielleicht später bereuen könnte. Den Löwemann kann sie nicht für ihre Zwecke einsetzen. Vielleicht ist es auch besser, daß sie keine engere Beziehung mit ihm eingeht, denn um mit einem Löwen zusammenzuleben, braucht man ein dickes Fell.

Erotisch interessant ist es hauptsächlich für den Waagemann, den eine Löwefrau zu verführen und zu befriedigen versteht. Ihre Stärke und Sicherheit, auch im Bett, reizen ihn. Ein Löwemann kommt wahrscheinlich gar nicht erst in den Genuß, eine Waagefrau zu besitzen. Er ist eben kein Verführer, die Waagefrau will aber verführt werden. Außerdem hat er auch kein Verständnis für ihre kleinen Extrawünsche, und gerade die machen doch den Liebesakt so interessant und abenteuerlich.

Waage – Jungfrau

Das Interesse beruht auf Gegenseitigkeit. Die Waagefrau fühlt sich von einem zurückhaltenden, höflichen Jungfraumann geschmeichelt, der Waagemann himmelt die aparte Jungfrau-Frau an. Bis sie sich in körperlichen Gelüsten ergehen, braucht es eine Zeit, aber die Waage hat mit der Jungfrau so viele gemeinsame Interessen, daß sie erstmal das Kulturprogramm der Stadt absolvieren, bis sie zusammen im Bett landen.

Wenn sie aber dort landen, wird das Erotika vom feinsten. Bei ihrem Faible für Spiegel und dem gewissen Drumherum, ist die Jungfrau ein Sexpartner, so wie ihn die Waage erwartet. Hier ist die Konstellation sehr harmonisch.

Nachdem der Waagemann die Jungfrau-Frau näher kennengelernt hat, wird ihn sicher stören, daß sie ein bißchen zimperlich ist. Es gibt immer etwas, das ihr nicht paßt, was ihm wiederum sehr auf die Nerven geht. Die Waagefrau hat es da zwar besser, denn ihr Jungfraumann trägt sie auf Händen; was sie allerdings nicht ertragen kann ist, daß er manchmal diese gewisse Kälte an den Tag legt.

In bestimmten Dingen sind sich Waage und Jungfrau sehr ähnlich, das bringt sie nicht unbedingt zusammen, sondern sorgt für Mißstimmung in der Partnerschaft. Wenn der Waagegeborene mal ganz ehrlich zu sich selber ist, muß er schon zugeben, daß er mindestens genauso meckern und nörgeln kann wie sein Jungfraupartner. Oft scheint die Waage etwas den Faden zu verlieren, denn in der Partnerschaft übernimmt letztendlich keiner die Führung. Beide gehen anfangs sehr rücksichtsvoll miteinander um, aber es fehlt die Kraft der Entscheidung. Und es ist meistens so, daß die Gefühle füreinander abflauen. Die Ehe verläuft im Sande, und keiner findet sich mehr wieder.

Waage – Waage

Um eine harmonische Beziehung zu führen, braucht die Waage einen Partner, der ein ganz anderes Naturell als sie hat. In einem Waagepartner sieht sie ihr Spiegelbild, und das will sie eigentlich nicht sehen. Der erotische Funke springt oft nicht über. Wie auch? Das weiblich-sinnliche Auftreten der Waagefrau imponiert einem Waagemann nicht im geringsten. Er mag zwar eine weibliche Frau, aber diese wirkt ihm eine Spur zu extrem. Umgekehrt weiß eine Waagefrau nichts mit einem Waagemann anzufangen. Entweder er reagiert sofort auf sie oder gar nicht. Sie will Komplimente hören und nicht angeschwiegen werden.

Daß eine Waage-Waage-Ehe geschlossen wird, ist so unwahrscheinlich wie daß in den Alpen plötzlich ein Vulkan ausbricht oder der Mond im nächsten Jahr zum sonntäglichen Ausflugsziel erklärt wird. Die beiden Waagepartner stehen sich gegenüber wie zwei große Konkurrenzunternehmen. Wenn sie trotz aller erschwerenden Umstände gemeinsam im Bett landen sollten, ist es eher so, als würden Bruder und Schwester Liebe machen. Von großer Leidenschaft kann nicht gerade die Rede sein, es sei denn, sie teilen gleiche, gegebenenfalls in den Augen anderer etwas seltene Leidenschaften. Oder aber sie stimmen in ihren Vorstellungen von Selbstverwirklichung überein und finden im Partner jemanden, der sie in bestimmten Punkten kompensiert.

Waage – Skorpion

Der Skorpion ist einer Waage auf Anhieb sympathisch. Die Waagefrau erliegt dem Charme des attraktiven Skorpionmannes, der Waagemann ist ganz vom pompösen Auftritt der Skorpionfrau angetan. Insofern machen Sex und Erotik auch mindestens 70 % dieser Kombination aus. Die Waagefrau sieht im Skorpionmann einen Menschen, der sie sowohl sicher durch den Alltag als auch aufs angenehmste durch die Nacht führt. Gern gibt sie sich seinen herrischen Anforderungen hin, endlich hat sie jemanden, bei dem sie sich total als Frau fühlen kann. Umgekehrt gefällt dem Waagemann, mit welchem Elan die Skorpionfrau vorgeht. Es kann sein, daß sie manchmal etwas aufdringlich wirkt, aber eigentlich will sie nur sein Bestes.

Die Waage wird ihre große Chance verpassen, wenn sie sich wieder mal nicht entscheiden kann. Der Skorpion ist ein Mensch, der schnelle und klare Entscheidungen braucht, hier muß eine Waage gleich zugreifen. »Bedenkzeit« gibt es für den Skorpion nicht. Außerdem ist er jemand, der mit seinem frischgebackenen Partner die Gipfel der Leidenschaft erklimmen will. Wenn die Waage sich das entgehen läßt – selber schuld! Der Skorpion verhält sich ihr gegenüber sehr einfühlsam, auch wenn sie ihm die Führung überlassen muß.

In einer Partnerschaft hat die Waage das Gefühl, als hätte der Skorpion alles in der Hand, aber im positiven Sinne. Sie kann sich sicher fühlen, während sie selbst ausgleichend auf ihren Skorpion wirkt. Nur die Waage versteht es, den Skorpion in seiner Intensität ein wenig zu bremsen, während dieser ihr mit Turbogeschwindigkeit einheizt, wo sie etwas lahm ist. Insofern ist die Waage-Skorpion-Ehe eine erfolgreiche Verbindung.

Waage – Schütze

Eine Kombination, die zwar nicht selten, aber auch nicht unbedingt die beste ist, denn hier liegt Streit in der Luft. Vielleicht kommt es daher, daß beide Partner viel voneinander erwarten.

Sie finden sich leicht und laufen sich immer wieder über den Weg. Es müssen karmische Gründe sein. Für die Waage ist der Schütze eine Art Attraktion, so daß sie sich von ihm einfach angezogen fühlen muß. Er gibt ihr ein Gefühl von Stärke und Sicherheit. Er läßt sie seine Kraft spüren, weshalb sie hohe Erwartungen in ihn setzt. Die Waage bildet sich ein, der Schütze könnte sie prima ergänzen, ihr die Unsicherheit nehmen und ihr Kraft geben. Anfangs ist das auch so, doch lernen sie sich näher kennen, passiert genau das Gegenteil. Sobald ein Schütze merkt, daß die Waage nicht seine Erwartungen erfüllen kann, kreiert er eine Atmosphäre, in der sich die Waage alles andere als wohl fühlt. Sie sieht sich nicht mehr ernst genommen. Gleichzeitig spürt sie aber, daß der Schütze auch nicht unbedingt in die Tiefe geht, wenn es darauf ankommt. Von diesem Moment an sieht sie ihren Partner als Versager und zeigt ihm die kalte Schulter. So etwas mag ein Schütze gar nicht.

Eine Waage sollte auch wissen, daß der Schützepartner viel Sex und Körperkontakt braucht. Oft versucht er auch, Partnerschaftsprobleme damit in den Griff zu kriegen, und nimmt sich seinen Partner, wie es ihm beliebt. Die Waage verspürt nicht unbedingt den Drang, jeden Tag Liebe zu machen. Sobald sie ihm Ablehnung zeigt, ist der Schütze weg, davon kann sie ausgehen.

Waage – Steinbock

Die Faszination geht hier rein über das Auge und ist bei beiden Zeichen gleich stark. Da der Steinbock ein ähnliches ästhetisches Empfinden hat wie die Waage, nähern sie sich vorsichtig, aber stetig an. Die Vorsicht geht allerdings eher von der Waage aus, und vielleicht sagt ihr ihr Instinkt das Richtige. Auf sie wirkt der Steinbockgeborene etwas zu stark und herb. Sollte es tatsächlich auf Anhieb funken und zu einer gemeinsamen Liebesnacht kommen, wird sich ihre Befürchtung möglicherweise bestätigen. Bei der Steinbockfrau weiß der Waagemann grundsätzlich nicht, wo er ansetzen soll, wahrscheinlich wird sie ihm zeigen, wo es langgeht, aber ob ihm das gefällt, ist unwahrscheinlich. Dem Waagemann ist diese Frau letztendlich nicht anschmiegsam genug, das heißt, sie ist keine Frau, mit der er spielen kann, wie es ihm beliebt. Obendrein ist sie noch fähig, Sex und Liebe zu trennen, aber er hat da eine völlig andere Meinung.

Für die Waagefrau ist der Steinbockmann schlichtweg zu anders. Sein Sex ist einfach gestrickt, während sie mehr Wert auf Phantasie und vor allem Feingefühl legt. Er erweckt den Anschein, als würde er sich abreagieren, obwohl das nicht unbedingt stimmt. Aber er zeigt nun mal nicht seine echten Gefühle, was eine Waagefrau verunsichert.

Eine Partnerschaft mit dem Steinbock wird voraussichtlich nicht funktionieren. Ständig erwartet der Steinbock etwas von ihr, das sie nicht erfüllen kann und will. Der Steinbock kann ein dominantes Verhalten an den Tag legen und die Waage so einengen, daß sie sich völlig zurückgesetzt fühlt. Wo sie langsam reagiert, hat der Steinbock Eile, wenn es um spontane Aktivitäten geht, zieht er nicht mit und wird träge. Gemeinsame Interessen hat die Waage mit einem Steinbock kaum, insofern können sich die zwei auch leider wenig Anregung geben.

Waage – Wassermann

Der Wassermann fasziniert die Waage durchaus, aber es ist die Waage, die sich hier ziemlich verausgaben muß, um ihm näherzukommen. Wassermänner sind anspruchsvoll. Wer ihnen nicht den richtigen Kick gibt oder neue Anregungen bringt, der braucht sich gar nicht erst zu bemühen. Dann ist dieser Luftgeist schnell wieder verschwunden. Vielleicht ist das auch besser so? Denn die Waage wird schnell merken, wie chaotisch dieser Mensch eigentlich ist. Der Wassermann ist ständig auf der Suche nach Neuem, während die Waage lieber auf Altbewährtes zurückgreift. Oftmals hat ein Wassermann, wenn auch nur zeitweise, ein starkes Interesse an der Esoterik. Das bringt die Waage völlig aus dem Gleichgewicht.

Nicht aber, was die erotische Komponente angeht! Denn im Wassermann findet die Waage einen Partner mit ähnlichen Vorstellungen. Vom Tempo her fährt man zwar eher Bummelzug als Expreß, aber der Waage ist das sowieso lieber. Mit dem Wassermann genießt sie lange Vorspiele und den Sex, bei dem man langsam, aber stetig auf Touren kommt.

In der Partnerschaft treibt der Wassermann aber seine Possen, er ist unberechenbar und schwer zu halten. Treue darf die Waage schon mal gar nicht erwarten. Sie selbst macht aber den Fehler, nicht offen zu sagen, was ihr nicht paßt, sondern zieht sich statt dessen zurück, während ihr Wassermann auf eigenen Pfaden wandert. Man lebt aneinander vorbei.

Waage – Fische

Dem Fischegeborenen begegnet die Waage, als würde sie ihn schon lange kennen. Als hätte jemand auf einen Knopf gedrückt, geht sie auf den Fisch zu – oder er auf sie –, und es dauert gar nicht lange, bis sie im Bett landen. Der Fisch nimmt der Waage schnell die Entscheidung ab. Er sagt einfach »Komm!«, da wird nicht lange überlegt.

Das klingt zwar alles recht einfach, aber die Waage-Fische-Partnerschaft entwickelt sich komplizierter, als es am Anfang aussah. Nachdem die Waage davon ausgegangen ist, daß sie im Fischemenschen zwar einen angenehmen Liebhaber hat, den man aber nicht gleich heiraten muß, jammert er, daß sie zu oberflächlich sei. Und da die Waage diese Beziehung auf keinen Fall aufgeben möchte, wird sie möglicherweise in den sauren Apfel beißen und sich zum Traualtar begeben. Aber zu bereuen ist dieser Schritt nicht. Eine Waagefrau ist von ihrem Fischemann so begeistert, daß sie alles für ihn tut. Manchmal tyrannisiert er sie ein bißchen, aber es macht ihr nichts aus. Für die körperlichen Freuden, die sie mit ihm teilen kann, läßt sie sich gern an Herd und Bett fesseln. Der Waagemann springt mit seiner Fischefrau auch nicht nur sanft um, aber sie verzeiht es ihm. Außerdem versteht sie es immer wieder, ihn zu verführen – man könnte es auch als Erpressung auslegen, aber das sollte der Waagemann selber entscheiden.

Ernsthafte Schwierigkeiten in einer Waage-Fische-Ehe gibt es nur, wenn die gegenseitige Attraktivität nachläßt. Die Waage kann da ziemlich brutal sein und wirft ihren Fisch einfach wieder ins weite Meer, aber Vorsicht: Umgekehrt kann der Waage ähnliches passieren. Um das zu vermeiden, sollten sich beide wieder auf ihre Unternehmungslust besinnen. Eigentlich haben sie ein Talent, sich gegenseitig immer wieder den richtigen Kitzel zu geben. Warum nicht mal einen anständigen Porno anschauen und einfach abwarten, was passiert? Was für viele Paare ein Tabu ist, hier kann es durchbrochen werden.

Skorpionfrau

Persönlichkeit und Eigenschaften

Herb und süß

Das erste, was man an einer Skorpionfrau wahrnimmt, ist ihre kraftvolle, aber angenehme Stimme. Sie paßt zu dem herben Typ, zu dem sie gehört. Man würde zwar nicht unbedingt behaupten, daß sie hübsch sei, doch eine erotische Ausstrahlung kann man ihr wirklich nicht absprechen. Die entdeckt man aber erst auf den zweiten Blick. Was die äußere Erscheinung betrifft, kann man bei der Skorpionfrau grundsätzlich zwei Typen unterscheiden. Während sich die eine sehr weiblich kleidet, schminkt und den Luxus liebt, immer erster Klasse fährt oder ein schickes Auto, gibt sich die andere natürlich und sportlich. Ihre Kleidung muß in erster Linie bequem sein, sie trägt ihr Haar kurz und wirkt fast männlich.

Meistens haben Skorpionfrauen »Ticks«. Ein Schuhtick zum Beispiel kann sie an den Rand des Ruins führen. Nicht nur, daß sie zu jeder Kleiderfarbe das passende Schuhwerk besitzt, es müssen auch ausgerechnet noch die ihres italienischen Lieblingsdesigners sein, bei dem ein Paar Sandaletten nicht unter 300 Mark zu erstehen sind. Was das Geld angeht . . . darüber redet man nicht. Und wehe, ihr Göttergatte zeigt auch nur die geringste Gemütsbewegung beim Anblick des geplünderten Kontos. Dann kann er sie gleich vergessen. Und schließlich: Die Schuhe stehen ihr ausgezeichnet, die Skorpionfrau hat wieder mal Geschmack bewiesen. Der Büchertick ist da weniger kostspielig, es sei denn, sie sammelt die Originalausgaben französischer Barockdichter.

Die Skorpionfrau wirkt stark und energiegeladen. Diese Frau weiß, was sie will! Meistens gelingt ihr auch, was sie sich vorgenommen hat, denn sie besitzt mehr Tatkraft als andere. Es stört sie nicht, wenn sie hart arbeiten muß, im Gegenteil. Wenn sie vor eine Aufgabe gestellt wird, neigt sie dazu, exzessiv und ohne Pause ihre Arbeit durchzuziehen, bis sie beendet ist. Hat sie sich einmal entschlossen, eine Sache anzupacken, läßt sie nicht locker, ihre Energie scheint unerschöpflich zu sein. Dazu besitzt sie noch die nötige Portion Selbstvertrauen. Schwierigkeiten geht sie an mit der Gewißheit, daß sie sie überwinden wird. Meistens erwartet sie den Mut, den sie selbst hat, auch von anderen. Feigheit und Schwäche lehnt sie ab. Spürt sie, daß jemand nicht so kämpfen kann wie sie, wird sie ungeduldig und leider manchmal etwas böse. Mit spitzen und zynischen Bemerkungen kann sie einem schon das Leben zur Hölle machen. Doch eigentlich weiß sie, daß sie oft zuviel verlangt. Wenn es also wirklich brenzlig wird, motiviert sie sogar noch ihre Kollegen, macht anderen Mut und steht mit Rat und Tat zur Seite.

Für ihre Mitmenschen ist die Skorpionfrau meistens ein guter Kumpel, jemand, auf den man sich verlassen und dem man Geheimnisse anvertrauen kann. Natürlich braucht sie einen gewissen Zeitraum, bis es soweit ist. Denn sie ist von Natur aus mißtrauisch. Klug und wachsam beobachtet sie ihr Umfeld. Jemanden, den sie noch nicht gut kennt, schätzt sie erstmal ab, wobei sie äußerst kritisch sein kann. Sie unterzieht einen Menschen einer Art Prüfung. Hat man die Prüfung einmal bestanden, wird man in der Skorpionfrau eine treue Freundin haben. Ihrer Loyalität und ihrer Zuverlässigkeit kann man sich gewiß sein. Manchmal erweckt sie den Anschein, als könne man vor ihr seine Seele bloßlegen, so sicher fühlt man sich in ihrer Gegenwart. Sie selbst öffnet sich nicht so leicht, ein Rest Geheimnis bleibt immer.

Für die Skorpionfrau ist Freundschaft sehr wertvoll. Was sie für ihre Freunde tut, kommt den Kardinaltugenden gleich. Sie kann es nicht verkraften, enttäuscht zu werden. So tief ihre Gefühle gehen können, so tief gehen auch die Verletzungen. Sie leidet lange, doch vor ihrer Rache muß man sich in acht nehmen, ihre Feinde haben meistens nichts zu lachen. Man muß nur an den giftigen Stachel des Skorpions denken, um sich vorzustellen, wie gefährlich es werden kann. Sein Gift kann Leben retten – oder töten. Sie kann jemanden auslöschen, im übertragenen Sinne natürlich, denn die Skorpionfrau wird sicher nicht zur Mörderin.

Wie die Freundschaft nimmt die Skorpionfrau auch die Liebe sehr ernst. Sie verliebt sich schnell und steht damit ihrem Angebeteten nicht unbedingt so kritisch gegenüber, wie man es sonst von ihr gewohnt ist. Im verliebten Zustand unterliegt sie oft ihren Stimmungen. Sie wird plötzlich nachdenklich und ernst, ihr Humor scheint sich irgendwohin verkrochen zu haben, und sie befindet sich wie in einer anderen Welt. Einerseits freut sie sich, andererseits fürchtet sie, ob ihrer Gefühle außer Kontrolle zu geraten. Hochs und Tiefs begleiten das Liebesabenteuer der Skorpionfrau. Hier kann sie sich nicht mehr helfen, geschweige denn jemand anders könnte es.

Wenn sie es ernst meint, darf man mit ihren Gefühlen nicht spielen oder sie an der Nase herumführen. Sie selbst würde so etwas ja auch nicht tun. Ist ihre Leidenschaft einmal entflammt, ist sie nicht mehr aufzuhalten. Wenn es sein muß, kämpft sie auch um die Gunst eines Mannes. Meistens hat sie das aber nicht nötig. Auf den einen oder anderen mag die Skorpionfrau anfangs etwas spröde wirken, doch dahinter blitzt Charme und Humor durch. Das macht sie so unwiderstehlich und sympathisch.

Vor allem, wenn die Skorpionfrau jung ist und ihre Unabhängigkeit braucht, trennt sie Sex und Liebe. In dieser Hinsicht zieht sie bindungsunwillige Männer haufenweise an. Sie besitzt einen Instinkt dafür, wie man Männer an sich fesselt. Sie spricht die Sprache der Erotik ohne Worte. Ihre interessante Ausstrahlung setzt sie ein wie eine Waffe, vor der man sich ergeben muß.

Zum Kern der Sache

In der Auswahl ihrer Liebhaber ist die Skorpionfrau sehr anspruchsvoll. Selbst wenn sie nur das Abenteuer für eine Nacht sucht, weiß sie innerhalb kürzester Zeit, ob er auch ihren Maßstäben entspricht. Schließlich will sie etwas von der bevorstehenden Nacht haben. Dazu kommt, daß es nicht jeder verdient hat, eine Liebesnacht mit einer Skorpionfrau zu verbringen. Sie kennt alle Regeln der Liebeskunst. Sie sorgt für ein unvergeßliches Erlebnis. Eigentlich muß man ihr ein Denkmal setzen.

Die Skorpionfrau macht keinen Hehl aus ihren Wünschen. Direkt und ohne Verdruckstheit sagt sie, was sie will. Allein ihr Wortschatz kann ihm schon tüchtig einheizen. Sie benutzt, wenn sie Lust dazu verspürt, eine Vulgärsprache, ohne vulgär zu sein. Sie mag nun mal Offenheit und Klarheit, dieses Geschnörkel und Getue, was immer um das Thema Erotik gemacht wird, scheint bei ihr keinen Anklang zu finden. So wirkt sie zumindest. Vielleicht liegt es daran, daß sie immer wieder an Männer gerät, die viel schwächer und schüchterner sind als sie, denn sie übernimmt eigentlich den männlichen Part. Aber mal ganz ehrlich: Insgeheim sehnt sie sich nach einem starken Beschützer, nach einem Mann, der sie charmant verführt. Sie ist zwar keine Romantikerin, aber ein kleines bißchen romantischer dürfte es schon sein. Die Skorpionfrau möchte sich manchmal einfach nur als Frau fühlen. Sie wünscht sich, die gleichen schönen Dinge ins Ohr geflüstert zu bekommen wie andere Frauen auch. Lassen Sie sich also durch ihre starke Ausstrahlung und forsche Art nicht beirren!

Der geeignetste Ort zum Liebemachen ist für die Skorpionfrau immer noch ein großes Bett, denn sie möchte sich ausbreiten können. Irgendwelche Ecken und Kanten oder im Weg stehende Porzellanvasen sollen sie nicht behindern. Sie braucht »freie Bahn«, Bewegung – 1. Klasse im InterCityExpress.

Es kann passieren, daß die Skorpionfrau, noch während sie mit ihm spricht, lässig ihre Kleider fallenläßt. Sie führt ihm keinen Striptease vor, vielmehr ist sie der Ansicht, daß man sich erst seiner Kleidung entledigen muß, um zum Kern der Sache zu kommen. Daraus macht man keine große Zeremonie. Dann erforscht sie gern ihren Liebespartner bis ins Detail, doch dazu muß sie die nackten Tatsachen vor sich sehen. Sie übernimmt die Führung und die Ver-Führung – hier liegt ihre Stärke. Gekonnt verwöhnt sie ihn, wobei sie sehr zart und geschickt mit ihren Händen umgehen kann. Außerdem erweist sie sich als Künstlerin, wenn sie ihn oral stimuliert oder befriedigt. Sein lustvolles Aufstöhnen macht sie glücklich, wenn sie mit ihrer Zunge die warme Haut seines Geschlechts umspielt, leicht daran saugt oder ihm kleine, ganz zarte Bisse versetzt. Sie selbst liebt es, wenn ihr Partner von ihr kostet und ihre Scham mit seinen Lippen berührt. In diesem Fall sollte er übrigens dafür sorgen, daß sie bequem liegt, vielleicht noch mit einem kleinen Kissen im Rücken . . .

Die Skorpionfrau ist aktiv und einfallsreich, das gleiche erwartet sie von ihrem Liebhaber. Sie stellt an ihn genauso hohe Ansprüche wie an die Menschen, die sie tagtäglich umgeben. Mit plumpen Gesten oder 08/15-Sex kann man bei ihr nicht landen. Sie liebt Überraschungen, die sich ganz plötzlich ergeben, während sie mit ihrem Partner Zärtlichkeiten austauscht. Er sollte ihr ruhig zu verstehen geben, was er mag, oder ihr den Vorschlag machen, mal etwas ganz anderes auszuprobieren. Die Skorpionfrau ist offen dafür. Übrigens ist ihr Körper sehr beweglich. Er kann ruhig ein bißchen seine Phantasie spielen lassen . . . Für eine Skorpionfrau steht beim Sex die Harmonie mit ihrem Partner an erster Stelle. Sie ist keine Egoistin, sie gibt gern und viel, möchte aber auch nehmen. Das gemeinsame Empfinden und Genießen ist für sie das Schönste des Liebesaktes. Meistens nimmt sie die Position oben ein. So kann sie am besten beobachten, welche Wirkung ihre Körperbewegungen haben. Sie zeigt es zwar nicht, doch manchmal wünscht sie sich, einfach genommen zu werden, nicht brutal und grob, sondern stark, fordernd und sanft zugleich.

Durch die Stärke, die sie ausstrahlt, fühlen sich auch Frauen von ihr angezogen. Sie erkennen sofort den männlichen Part in ihr. Im Laufe ihres Liebeslebens machen Skorpionfrauen häufig die Erfahrung lesbischer Liebe. Manchmal bleiben sie auch dabei, weil sie hier mehr Harmonie finden als mit einem männlichen Partner.

Vielleicht gibt es zu wenige männliche Liebhaber, die es mit der Skorpionfrau aufnehmen können? Sie verlangt nicht wenig von einem Mann, doch er bekommt sehr viel von ihr. Sie wird dafür sorgen, daß er eine Liebesnacht mit ihr verbringt, die er möglicherweise für den Rest seines Lebens in bester Erinnerung behält.

Skorpionmann

Persönlichkeit und Eigenschaften

Was bleibt, ist das Geheimnis

Manche Männer blicken voller Neid auf ihn und fragen sich, warum ausgerechnet er es immer wieder schafft, mit den hübschesten Frauen in Kontakt zu kommen. Für einen großen Aufreißer ist er eigentlich viel zu zurückhaltend, manchmal wirkt er ja fast schüchtern. Aber es geht hier eben um den Skorpionmann. Er hat es nicht nötig, den Frauenheld zu spielen, Frauen liegen ihm ganz von selbst zu Füßen.

Meistens ist er schlank, hat einen gut proportionierten Körper und ist zu jedem Anlaß passend gekleidet. Er hat einen ganz eigenen Stil, unterwirft sich keinen Modeströmungen und scheint sich ganz wohl in seiner Haut zu fühlen. Der Skorpionmann wirkt immer etwas cool und lässig, aber das ist nicht aufgesetzt. Er bewegt sich sicher und mit einer gewissen natürlichen Eleganz. Er benutzt selten ein After-shave – welches teure Parfumgemisch käme schon an seinen Eigenduft heran? Lieber Natur und pur. Ihm haftet einfach etwas Feines an, dabei wirkt er auf den ersten Blick sympathisch und charmant.

Wenn man einen Skorpionmann kennenlernt, läßt man sich schnell von seiner unkomplizierten Art einfangen. Er strahlt Leichtigkeit und gute Laune aus, im Grunde gehört er aber zu den kompliziertesten Zeichen des Tierkreises. Er läßt sich nicht leicht durchschauen und öffnet sich höchstens seinen alten Freunden, Freundinnen kaum. Der Skorpionmann gibt einer guten klassischen Männerfreundschaft den Vorzug. Er pflegt sie auch weiter, selbst wenn er schon fest liiert ist. Sie gibt ihm auch das Gefühl, nicht eingeengt zu sein. Ein Skorpionmann braucht Bewegungsfreiheit. Übrigens: Wenn er ihr sagt, er besuche einen Freund, kann sie davon ausgehen, daß er tatsächlich dort und nicht anderswo ist.

Ein Skorpionmann steckt sich viele Ziele in seinem Leben, doch er hat nicht immer die Geduld, bis zum Ende durchzuhalten. Immer reizt ihn das Neue, ständig ist er auf der Suche nach neuen Aufgaben. Das heißt nicht, daß er seinen Beruf häufig wechselt, doch innerhalb einer beruflichen Richtung sucht er nach Verbesserung und strebt in eine Position, in der er mehr zu sagen hat als andere. Er würde nicht Leib und Seele verkaufen, um das zu erreichen, das ginge gegen seine Ehre. Interessant muß es schon sein, sonst verliert er zu schnell das Interesse daran, dessen ist er sich bewußt. Aber er braucht das Gefühl, Menschen um sich zu versammeln, einen bestimmten Weg vorzugeben. Er könnte zum Beispiel eine Gewerkschaft gründen, eine Bürgerinitiative ins Leben rufen oder als Leiter eines Arbeitsteams fungieren. Er möchte die Zügel in der Hand halten, doch er läßt es andere nicht spüren.

Genug Geld zu verdienen ist für den Skorpionmann wichtig. Um es salopp auszudrücken: Der Job muß Kohle bringen, sonst macht er ihn erst gar nicht. Er ist sich allerdings nicht zu schade, harte oder gefährliche Arbeiten anzunehmen. Er arbeitet als Starkstromtechniker auf einem Hochspannungsmast in schwindelerregender Höhe und bei Wind und Wetter, um das zu verdienen, was er zum Leben braucht, oder auch, um sich bestimmte Dinge leisten zu können. Er fährt tatsächlich irgendwann seinen 300 PS starken Traumflitzer oder ein schweres Motorrad, weniger um damit anzugeben, sondern weil er von solchen Dingen einfach begeistert ist. Genauso könnte er sein Gehalt in eine lange Reise investieren oder seiner Liebsten ein kostbares Verlobungsgeschenk machen. Der Skorpionmann beschenkt gern Menschen, die er liebt, da läßt er sich nicht lumpen.

Er erreicht seine Ziele, solange der Weg dorthin überschaubar und ohne Schwierigkeiten zu bewältigen ist. Problemen geht er möglichst aus dem Weg – um nicht zu sagen, er läuft vor ihnen davon. Konflikte empfindet er wie eine Bestrafung. Der Lebensweg eines Skorpionmannes ist begleitet von »ungeklärten Fällen«, die hinter ihm liegen wie angebissene und weggeworfene Äpfel. Wie gut, daß er nie zurückgeht.

Keinen Rückzieher macht er gegenüber Menschen, die er nicht mag. Da nimmt er kein Blatt vor den Mund und sagt seine Meinung geradeheraus, manchmal recht hart. Der Freundeskreis des Skorpionmannes besteht sowieso nur aus ausgewählten Leuten. Die haben dann für immer und ewig einen Stein im Brett bei ihm. Er vergißt niemanden, dessen kann man sicher sein. Doch es kann vorkommen, daß man von diesem Menschen zehn Jahre nichts hört und nichts sieht. Eines schönen Tages, vielleicht kurz nach Mitternacht, klingelt das Telefon . . . Es bleibt zwar ein Rätsel, wie er einen erreichen konnte, nachdem man bereits zweimal umgezogen ist, dazu noch in eine andere Stadt – aber gut, der Skorpionmann schafft das.

Genauso hartnäckig kann er vorgehen, wenn eine Frau es ihm angetan hat. Er wird ihr zwar nicht offen seine Zuneigung zeigen oder ihr seine Gefühle offenbaren, wie man so schön sagt, doch er versteht es, sich konstant in Erinnerung zu bringen – und sie zu halten. Der Skorpionmann mag hübsche und aparte Frauen. Schlank und möglichst dunkelhaarig sollten sie sein. Er verliebt sich schnell, doch bis es soweit ist, weitere Schritte zu unternehmen, kann es schon länger dauern. Bevor es mit ihr zu Zärtlichkeiten kommt, hat er sich schon x-mal mit ihr getroffen, hat mit ihr bei Kerzenlicht und einer Flasche Rotwein stundenlange Gespräche geführt (das liebt er!). Unterhaltungen sind eine Art Lieblingssport des Skorpionmannes. Am liebsten schwelgt er in Erinnerungen, erzählt von den verschiedenen Reisen, die er gemacht hat. Das ist auch wirklich aufregend, denn seine Reisen führen ihn meistens monatelang in irgendeine exotische Gegend dieser Welt. Bei diesem Gesprächsstoff gibt es wenigstens keine peinlichen Pausen.

Wenn sich der Skorpionmann mit einer Frau verabredet, legt er sich vorher das Abendprogramm zurecht. Einem Theaterstück gleich, bei dem er der Regisseur ist, inszeniert er Akt für Akt. Aber wehe, es klappt etwas nicht (die Kerzen gehen aus, der Wein korkt, ist sauer oder sie trägt nicht das Kleid, das er erwartet hat, etc.), dann gerät er aus dem Konzept und wird konfus. Es frustriert ihn, der Abend ist gelaufen. Da hilft auch das hübsche Gesicht seiner Begleiterin nichts. In solchen Momenten darf sie um Gottes willen nicht den Fehler begehen und ironische Anspielungen machen. Er ist leicht zu verletzen und schnell beleidigt. Witze sollte man nicht auf seine Kosten machen, schon gar nicht, wenn er sich schon alles bis ins letzte Detail ausgemalt hat. Aber das nötige Feingefühl vorausgesetzt, wird sie es schon hinbiegen. Sie sollte ihn trösten und ihm schmeicheln. Ab und zu braucht er das.

In eine Liebesaffäre kann sich der Skorpionmann so hineinsteigern, daß sein Bekanntenkreis vorerst ausschließlich die Vorzüge seiner neuen Flamme präsentiert bekommt. Er schwärmt von ihren langen Haaren, von ihren Sommersprossen, ihrem Duft und ihrer zarten Haut und hat nichts anderes mehr im Kopf. Außerdem versteht er es aufs schönste, einer Frau Komplimente zu machen. Die unterscheiden sich immer ein bißchen von den Floskeln, die im allgemeinen zu hören sind. Tja, echte Gefühle, echte Komplimente. Eine Frau muß sich schon bewußt darüber sein, daß spätestens dann die Zeit der Tändeleien vorbei ist – vor allem die Zeit, in der sie ungehemmt flirten darf. Unter allen Sternzeichen ist der Skorpionmann der eifersüchtigste. Einen Skorpionstich sollte man seinem ärgsten Feind nicht wünschen . . .

Doch eine Frau, die es ernst mit ihm meint, hat ihrerseits einen treuen Partner, und sie wird sicher keinen Grund haben, nach anderen Männern Ausschau zu halten, dafür ist dieser viel zu interessant.

Liebesgeheimnisse und Phantasien

Die Kunst des Beherrschens

Bevor wir zu den angenehmen Seiten des erotischen Skorpionmannes kommen, sei hier zu Anfang eine Warnung ausgesprochen, die Frauen unbedingt berücksichtigen sollten, bevor sie sich mit diesem interessanten, anziehenden Menschen einlassen. Wer nicht schwanger werden will, muß für Verhütung sorgen, am besten die sicherste Methode, die momentan auf dem Markt ist. Nicht nur, daß der Skorpionmann jenen kleinen Gummianzug haßt, er findet auch noch Gefallen daran, Frauen zu schwängern. Wir haben es hier mit einem Macho der ganz besonderen Art zu tun. Wenn er sein kostbares Gut schon verschleudert, will er auch wissen, wozu. Das Bewußtsein seiner Zeugungsfähigkeit gibt ihm den ganz besonderen Kick, es erregt ihn. Von dieser Kategorie gibt es zwar einige männliche Exemplare auch in anderen Tierkreiszeichen, doch beim Skorpion ist es ziemlich ausgeprägt. Zweitens darf sie ihn nicht gängeln oder belehren, geschweige denn im Bett die Führung übernehmen, dann findet die Nacht ihr Ende, bevor sie überhaupt angefangen hat. Dann gäbe es noch viele weitere Punkte, aber lesen Sie selbst . . .

Wenn er sie das erste Mal küßt, weiß man, ob er es ernst meint oder nur etwas vorspielt. Wenn er sein Ziel kennt, wird er unersättlich, spätestens dann ist es mit jeglicher Romantik vorbei. Die Küsse des Skorpionmannes scheinen nicht enden zu wollen und sind alles andere als zärtlich. Er küßt intensiv und feurig, gebraucht seine Zunge für alle Kuß-Variationen wie Beißen, Saugen und vieles mehr.

Einen erregten Skorpionmann vergleicht man am besten mit einem (heißen) Sturm. Sein Verlangen braucht Befriedigung, er stöhnt vor Gier, jetzt muß es schnell gehen. Eine Frau darf bei ihm nicht prüde sein oder zögern, Zimperlichkeit ist erst recht nicht angebracht. Er neigt ein bißchen zur Gewalttätigkeit, mit blauen Flecken und Bißwunden muß sie mindestens rechnen. Ihre Schmerzen erregen ihn. Er will, daß sie sich verteidigt, mit ihm kämpft, letztendlich sich aber in die Rolle des schwachen Geschlechts fügt und nach Zärtlichkeiten bettelt. Es erregt ihn, wenn sie in die Posen der Unterwerfung flüchtet. Am besten sie kniet vor ihm, macht sich klein und schwach. Es gibt ihm das Gefühl, daß seine Partnerin geliebt und verführt werden möchte, zugleich aber körperlich überwältigt werden muß. Eine Frau auf den Knien macht ihn zum angebeteten König, schmeichelt seiner stolzen Männlichkeit.

Aber sie wird für ihre »Schmerzen« entschädigt. Der Skorpionmann ist ein Meister des Cunnilingus. Mit seiner Zunge versteht er es, sie so zu erregen, daß sie ihn auf allen vieren darum bittet, ihr die ersehnte Befriedigung zu verschaffen. Es gibt einen Zustand der Erregung, der fast Schmerzen bereitet, jeglichen Verstand ausschaltet und eine Frau Dinge tun läßt, die sie am nächsten Tag bereut, weil es ihr peinlich ist, daß sie sich so gehenlassen konnte. Die bevorzugte Stellung des Skorpionmannes – man kann es sich fast denken – ist im Stehen. Es könnte passieren, daß er ihr im Wohnzimmer oder in der Küche den Rock hochschiebt und so beginnt, später im Schlafzimmer oder auf der bequemen Couch weitermacht. Meistens liebt er eine Frau von hinten, dabei kniet sie auf dem Boden oder auf dem Bett.

Sein besonderes Interesse gilt übrigens ihren festen runden Pobacken, weshalb er sie betrachtet und sich von ihren Rundungen stimulieren läßt, während er sich in kräftigen Bewegungen in ihr ergeht. Der Skorpionmann mag es auch gern anal (dazu neigt er nun mal; manchmal ist es noch ein Relikt aus seiner Jugendzeit, denn fast jeder Skorpionmann hat homoerotische Erfahrungen hinter sich). Das ist sicher nicht jedermanns Geschmack, doch wenn es jemand versteht, eine Frau, die hier noch Jungfrau ist, in diese Liebeskunst zu initiieren, dann ist es der Skorpionmann. Hier geht er erstaunlich zärtlich und langsam vor. Er wird ihr keine Schmerzen bereiten.

Beim Sex legt der Skorpionmann zwar einen starken Machismus an den Tag, aber er ist auf keinen Fall ein Egoist. Sex, das ist eine ernsthafte Sache, und er möchte, daß es seiner Geliebten gefällt. Das wird sich wohl auch gleich in der ersten Nacht herausstellen, denn der Skorpionmann hat meistens eine Vorliebe für ungewöhnliche Sexpraktiken. Seine eigene Befriedigung ist ihm zwar wichtig, doch die seiner Partnerin mindestens genauso. In der Liebesnacht ist der Skorpionmann sehr ausdauernd, er hat keine Eile, zum Ende zu kommen, währenddessen treibt er eine Frau lieber gleich mehrmals zum Orgasmus. Quickies mag er deshalb grundsätzlich nicht. Der Liebesakt ist eine lustvolle Inszenierung und dauert mindestens so lange – und ist mindestens so dramatisch – wie eine Wagneroper bei den Bayreuther Festspielen.

Wer paßt zu wem, wie und warum

Skorpion – Widder

Hier geht Erotik über alles. Man kann nicht mehr von »Knistern« sprechen, wenn ein Skorpion einem Widder begegnet, sondern von einem Waldbrand. Der Auftritt des Widders ist so wirkungsvoll, seine Ausstrahlung so sinnlich, daß sich selbst ein Skorpion nicht mehr zurückhält; der Widder gibt ihm das Gefühl, als könne er mit ihm etwas ganz Neues und Großartiges erleben. So wie er sich in diesem Moment selber präsentiert, darf auch er sich seines Erfolges sicher sein, die Anziehung beruht auf Gegenseitigkeit.

Der Skorpion sollte sich den widdereigenen Verführungsmethoden hingeben. Dabei geht es nicht unbedingt romantisch zu, aber danach steht ihm jetzt sowieso nicht der Sinn. Beide wollen Sex pur erleben. Der Widder präsentiert sich dem Skorpion wie auf einer Bestsellerliste und fährt alle Register seines Könnens auf; auch der Skorpion hat plötzlich das Bedürfnis, sich diesem Partner ganz zu zeigen. Es ist die reinste Erotikshow!

Der Widder ist der ideale Partner für eine spannende Affäre, um sich über Liebeskummer hinwegzutrösten oder um einfach mal wieder pure Lust zu erleben. Denn Sex zwischen Widder und Skorpion ist ungezügelt, freizügig und bringt die beiden wie nach einer Stunde Laufbandtraining ins Schwitzen. Aber in einer Beziehung muß der Skorpion mit Schwierigkeiten rechnen. Der Widder kann recht grob und direkt sein, er versucht, seine Wünsche in den Vordergrund zu stellen. In der Partnerschaft will er Macht ausüben, was Skorpione nicht ertragen können. Aber da sie durchaus empfindlich sind, lassen sie sich von einem Widder oft genug verletzen und in die Ecke drängen. Der Skorpion verliert das Vertrauen und bekommt leicht das Gefühl, daß sein Widderpartner ihn hintergeht. Es liegt an ihm, ihn zu bremsen und zu kontrollieren. Wenn ihm das gelingt, könnte die Skorpion-Widder-Beziehung ganz gut funktionieren.

Skorpion – Stier

Dies kann eine hervorragende Kombination sein. Man findet zwar häufiger Stierfrauen, die sich von Skorpionmännern einfangen lassen als Stiermänner von Skorpionfrauen, doch im allgemeinen ist diese Mischung sehr amüsant. Von Anfang an gibt der Stier dem Skorpion das Gefühl der Sicherheit. Er spielt nicht mit Gefühlen und macht dem Skorpion nichts vor. Der Skorpion ist zwar sogleich von der Sinnlichkeit des Stiers angetan, aber er spürt auch, daß sich mit ihm etwas Längeres anbahnen könnte.

Vom Stier kann man normalerweise nicht behaupten, daß er seinem Partner großzügig seine Freiheit läßt. Er »klammert« nämlich und ist ziemlich eifersüchtig. Aber dem Skorpion gegenüber verhält er sich ganz anders. Er gibt ihm die nötige Freiheit, umgekehrt ist es genauso. Ein Stier zu Hause sorgt für Ordnung und macht dem Skorpion ein gemütliches Nest. So hält er ihn fest, ohne ihn einzuengen, im Gegenteil, er läßt dem Skorpion seinen Auftritt und ihn in seiner Welt schwelgen. Oft ist es so, als würde er seinen Stierpartner schon seit Ewigkeiten kennen, denn er versteht sich mit ihm ohne Worte.

Für den Skorpion ist es ideal, daß er sich mit seinem Stier scheinbar auch ohne Worte versteht. Ein Augenzwinkern genügt, schon weiß der andere, was los ist. Im Stier hat er übrigens auch einen exzellenten Gesprächspartner, einen guten Zuhörer und jemanden, auf dessen Rat er hören kann. Abgesehen davon, daß der Sex stimmt, kann er mit dem Stier gut den Partnerschaftsalltag meistern. Das einzige, was die Beziehung irgendwann trüben kann, ist, daß die Erotik verlorengeht. Der Stier muß nicht ständig neue Anregungen haben und könnte sich etwas zurückziehen, falls es der Skorpion übertreibt.

Skorpion – Zwillinge

Eine interessante Zusammenstellung. Das amüsante Wesen des Zwillings zieht den Skorpion an. Seine intellektuelle Art, sein Auftreten und sein Charme scheinen außerdem dessen Verstand völlig lahmzulegen. Den Zwilling will der Skorpion unbedingt erobern, es ist die reinste Herausforderung für ihn. Wenn er das geschafft hat, kann er wirklich stolz sein.

Die »Eroberung« spielt eine wichtige Rolle in dieser Konstellation – auch im Bett. Die Sympathie beruht zwar auf Gegenseitigkeit, aber ohne dieses Ritual kommt der Skorpion an den Zwilling nicht heran. Zwillinge brauchen nun mal ein bißchen Dramatik, denn das Leben ist noch nicht aufregend genug. Allerdings muß sich der Skorpion klar darüber sein, daß sich die ganze Eroberungsprozedur etwas länger hinziehen wird. Schließlich hat er es mit zwei Personen in einem zu tun. Im Wirrwarr des zwischenmenschlichen Internet findet man eben nicht immer das kompatible Teil. Das streßt den Skorpion zwar, aber hier läßt er nicht locker. Dafür wird er auch belohnt. Sex mit einem Zwilling ist aufregend und intensiv. Der Zwilling lädt ihn in seine Phantasiewelt ein und läßt ihn daran teilhaben.

Aufregung hat der Skorpion mit einem Zwilling jeden Tag, leider auch im negativen Sinne. Mit diesem Partner kann er sein Glück immer nur für kurze Momente genießen. Er muß die Untreue des Zwillings tolerieren, ständig nachforschen, wo er steckt und was er macht, aber ihn zur Rechenschaft ziehen kann er nicht. Der Zwilling will auf keinen Fall in seiner Freiheit eingeschränkt werden, sonst zieht er gleich weiter. Der Skorpion wird immer das Gefühl haben, als müsse er seinen Partner mit jemandem teilen, abgesehen davon, daß er nie weiß, mit welcher Seite er es nun zu tun hat.

Insgesamt läuft eine Skorpion-Zwilling-Kombination wie ein Thriller ab. Der Skorpion schreibt zwar das Drehbuch, aber sein Protagonist macht, was er will.

Skorpion – Krebs

Man behauptet im allgemeinen, dies sei eine gute Mischung. Hier kommen zwei Wasserzeichen zusammen, die zwar viele gemeinsame Eigenschaften haben, aber das muß ja nicht unbedingt für eine gut laufende Beziehung sprechen. Viele Eigenschaften laufen einfach parallel.

Wenn es richtig funken sollte, wird der Skorpion mit einem Krebs auch länger zusammenbleiben. Denn beide nehmen Gefühle ernst, ihr tiefes Empfinden verbindet sie. Sie erkennen und akzeptieren die Gefühle des anderen. Was dem Skorpion Probleme bereitet: Der Krebs ist meistens sehr introvertiert, vielleicht noch mehr als er selbst. Wenn Probleme auftauchen, ziehen sich beide zurück, anstatt sie zu lösen. Sie begeben sich in eine Art Winterschlaf und hoffen, daß mit dem nächsten Frühling die Probleme mit dem Tauwetter davongeschwemmt werden.

Sex spielt in dieser Konstellation eine große Rolle. Der Skorpion hofft immer, seine Probleme mit dem Krebspartner durch eine heiße Liebesnacht verdrängen zu können, beziehungsweise daß sich Lösungen ganz von allein finden. Aber wenn ein Krebs erstmal tief getroffen und sauer ist, wird der Skorpion schnell merken, daß er da ein wenig machtlos ist. Probleme tauchen meistens auf, weil einer der Partner eine dritte Person im Hintergrund hat, die die Beziehung belastet, sei es eine überstarke Mutter, eine Schulfreundin oder ein treu ergebener Freund, der ständig mit Ratschlägen kommt und den Alltag schwer macht.

In dieser Beziehung hat der Skorpion meistens das Gefühl, zu kurz zu kommen. Häufig gibt es in dieser Partnerschaft den berühmten Ausrutscher, obwohl eigentlich beide Partner zur Treue neigen. Offensichtlich kann hier keiner so richtig glücklich und zufrieden werden. Geistig kann sich der Skorpion nur schwer mit seinem Krebs auseinandersetzen, entweder ist er oder sein Partner gehemmt, obwohl die Wahrheit mal beim Namen genannt werden müßte. Die wahren Gefühle werden unterdrückt, oder man redet einfach nicht offen. Es scheint so, als würde man die Unstimmigkeiten mit dem Partner vor der

Familie oder vor Bekannten verbergen. In dieser Beziehung ist der Skorpion etwas zerstreut. Eigentlich möchte er seinen Partner in eine bestimmte Richtung lenken, doch mit dem Krebs schafft er es nicht. Wenn er führt, führt sein Partner auch, ist er schwach oder möchte, daß der Krebs ihn stützt und leitet, ist auch der Krebs schwach. Der Skorpion könnte sich mit seinem Partner zwar arrangieren, aber dieser ist ein sehr eigener Charakter, auch wenn er oft glaubt, er sei ihm ähnlich. Er kann mit ihm nicht den Alltag bewältigen, auch wenn die gemeinsamen Nächte noch so schön sind, denn hier ist er dem Skorpion ein williger und sehr gefühlvoller Partner. Aber das gemeinsame Leben braucht eben ein bißchen mehr als das.

Skorpion – Löwe

Daß ihm irgendwo ein Löwe oder eine Löwin begegnet, passiert dem Skorpion selten, und wenn, zeigen beide nicht viel Interesse aneinander. In den Augen des Skorpions ist das Auftreten des Löwen zu pompös. Der Löwemensch beansprucht ziemlich viel Platz für sich, was dem Skorpion das Gefühl gibt, zurückgedrängt und wenig beachtet zu werden. Da zieht man sich lieber gleich zurück, als daß man Löwenbändiger wie im Zirkus spielt! Der Skorpion zweifelt nämlich daran, ob er die Kunstfertigkeit des Dompteurs beherrschen würde.

Sollte es dennoch funken, wird es ein More-Night-Stand oder eine heftige Affäre. Zwischen Skorpionfrau und Löwemann kann es entweder gut funktionieren oder überhaupt nicht, auf Dauer kommt sie aber mit einem alles beherrschenden Löwemann im Bett nicht klar. Die Löwefrau legt für den Geschmack des Skorpionmannes viel zuviel Selbstsicherheit an den Tag. Wo käme »Mann« denn hin, wenn sich jede Frau einfach ihre Liebhaber nähme, wie es ihr paßt?! Mit ihm macht man sowas jedenfalls nicht.

Wenn es doch irgendwo Skorpion-Löwe-Paare geben sollte, geht ihre Beziehung meistens auf eine alte Jugendfreundschaft oder auf ein Arbeitsverhältnis zurück. Der kleine Skorpion hat schon immer den großen Löwen bewundert. Möglicherweise hat er ihn irgendwann auch erhört. Ansonsten braucht einer der

Partner den richtigen Aszendenten, der die Unstimmigkeiten positiv ausgleicht, dann könnte sogar eine Skorpion-Löwe-Ehe funktionieren.

Skorpion – Jungfrau

Der Skorpion sollte sich hier mal ernsthaft fragen, ob er immer so mißtrauisch und kritisch ist, wie man es von ihm gewohnt ist. Er geht nämlich der Jungfrau ins Netz und merkt es gar nicht. Sie wirkt auf ihn eher zurückhaltend, doch um sich den Skorpion zu angeln, wendet sie Tricks und Tücke an. Die Jungfrau ist die geborene Schauspielerin. Sie gibt dem Skorpion das Gefühl, als hätte er – wie immer – alle Fäden in der Hand und könnte es sich noch überlegen, ob er ihr tatsächlich näherkommen will. Der Skorpion spürt schon instinktiv, daß ihm die Jungfrau gefährlich werden könnte, aber als kluge Taktikerin versteht sie es, seine Zweifel immer wieder zu zerstreuen.

Erst wenn er eine Beziehung mit ihr eingegangen ist, spürt der Skorpion, daß dieser Partner nicht der ist, den er sich gewünscht hat beziehungsweise der ihm vorgemacht wurde. Jungfrauen haben auch ihren Skorpion unter Kontrolle, und das paßt ihm gar nicht. In dieser Partnerschaft fühlt sich der Skorpion wie in der Kaserne. Ständig wird er ausgefragt, kann kaum noch einen Schritt allein tun und muß Rechenschaft ablegen. Die Engstirnigkeit der Jungfrau treibt einen Skorpion zur Weißglut. Was eine Skorpionfrau besonders stört ist, daß ihr Jungfraumann dauernd über ihre Ausgaben streitet. Er ist der absolute Materialist, und wehe, sie gibt wieder Geld für ihre unverzeihlichen Leidenschaften aus. Skorpionmänner wissen, daß sie im Prinzip untergeordnete Frauen mögen, obwohl sie in der Öffentlichkeit möglichst wie das genaue Gegenteil wirken sollten, aber wenn sie entdecken, daß sie von ihrer Jungfrau-Frau regelrecht beherrscht und gegängelt werden, ist es meistens zu spät. Der Skorpiongeborene muß also wirklich auf der Hut sein, wenn er einer Jungfrau begegnet. Aber er sollte es ihr verzeihen, denn für die Jungfrau ist der Skorpion einfach der interessanteste Mensch weit und breit, und schließlich hegt sie echte Leidenschaften für ihn. Warum gibt sie ihm nur immer wieder das Gefühl zu versagen?

Skorpion – Waage

Wenn dem Skorpion eine Waage begegnet, das dürfte irgendwo im künstlerischen Bereich sein, sollte er nicht immer gleich an Sex denken (das tut er doch sonst auch nicht!). Aber sie übt leider eine ungeheure Anziehung auf ihn aus. Wenn er es wenigstens bei einem Flirt oder einer schönen Nacht belassen könnte, aber nein, er verliebt sich auch noch. Auf die Skorpionfrau wirkt der Waagemann so interessant, daß sie nicht lockerläßt, bis sie ihn endlich im Bett hat. Sie kann davon ausgehen, daß auch der Waagemann von ihr begeistert ist, aber wenn es um Sex geht, sollte sie sich bei ihm etwas zurückhalten, vorsichtiger vorgehen, um ihn wirklich zu gewinnen. Die Waagefrau fasziniert einen Skorpionmann, weil sie weiblich, weich und anschmiegsam wirkt; im Bett tut sie alles für ihn und macht genau das, was er sich vorstellt oder was er ihr sagt. Wenn er sich erst richtig an sie gewöhnt hat, kann es sein, daß ihn die Waagefrau von heute auf morgen verläßt und ihm tiefen Schmerz zufügt, aber das passiert ihm ja häufiger. Die Waagefrau macht ihm die schönsten Versprechungen und gibt ihm manchmal sogar das Gefühl, als würde er gefühlsmäßig zuviel vereinnahmt. Aber da hier der Sex im Vordergrund steht, läßt er sich darauf ein. Besser wäre es, von vornherein Abstand zu halten.

Die Skorpion-Waage-Konstellation kann durchaus funktionieren, vor allem auf längere Sicht, denn beide Partner schätzen sich gegenseitig. Was die Erotik anbelangt, ist die Voraussetzung bei Skorpionmann und Waagefrau einfach günstiger. Einen Waagemann bekommt die Skorpionfrau nur, wenn sie sich etwas zurücknimmt. Ansonsten wird die Partnerschaft eher freundschaftlich als leidenschaftlich.

Skorpion – Skorpion

Bei dieser Konstellation gehen Männchen und Weibchen nicht gerade sanft miteinander um. Klar, sie treffen sich auch nicht, um sich zu »paaren«, sondern um sich zu bekriegen; dabei wird eine Menge Gift ausgetauscht, allerdings nur, sobald mehr als freundschaftliche Gefühle im Spiel sind, doch die werden nur kurz andauern, wenn es überhaupt so weit kommen sollte. Die Skorpionfrau ist nicht unbedingt der Typ Frau, den ein Skorpionmann für sich beansprucht. Außerdem wirkt sie auf ihn viel zu selbstsicher. Sie weiß, was sie will und was sie nicht will. Ein Skorpionmann, auf den so viele Frauen stehen, beeindruckt sie gar nicht. Daß die zwei das Schlafzimmer auch nur für eine Nacht teilen, ist mehr als unwahrscheinlich – es sei denn, sie werden beim Spaziergang vom Gewitter überrascht oder aber die Rollen werden vertauscht. Ein Skorpionmann mit homoerotischen Neigungen wird in einer Skorpionfrau, die den männlichen Part und die Führungsrolle in dieser Beziehung übernimmt, eine richtige Sexpartnerin finden.

Ansonsten ist diese Relation nur als Freundschaft vorstellbar. Sie sind Arbeitskollegen, gute Kumpel, besprechen ihre Probleme oder diskutieren. So schätzen und achten sie ihr Gegenüber, ohne daß die Erotik dazwischenfunkt.

Skorpion – Schütze

Hier möchte man nachts Mäuschen spielen, denn Skorpion und Schütze in einem Bett ... da passiert so einiges! Der Schütze macht gern alles mit, was ihm der Skorpion an erotischer Stimulation zu bieten hat. Da braucht der Skorpion gar keinen großen Aufwand zu betreiben, mit dem Schützen gibt es keine Ziererei. Das Erwachen am nächsten Morgen ist aber nicht immer harmonisch. Der Skorpion strebt gleich wieder in die Freiheit, aber der Schütze möchte eigentlich noch ein bißchen bei ihm bleiben. Obwohl sich der Skorpion gegen eine enge Beziehung mit dem Schützen sträubt, führt ihn das Schicksal immer wieder mit diesem Menschen zusammen, auch in eine längere Beziehung. Die Anziehung ist nun mal da und läßt sich nicht leugnen. Der Schütze ist in seinen Augen ein freies, unabhängiges Wesen, mutig und ein bißchen tollkühn, deshalb läßt er sich auf ihn ein. Doch schnell merkt er, daß der Schütze ihn anketten will. Er beansprucht ihn mit Haut und Haaren und wird unzufrieden, wenn der Skorpion nicht bereit dazu ist. Was Eifersucht angeht, übertrifft er ihn fast noch.

Hat sich der Skorpion auf eine Beziehung eingelassen, gibt ihm der Schützepartner keine großen Anregungen, um die Beziehung interessant zu halten. Gefühle drücken beide hauptsächlich durch die nächtlichen Zärtlichkeiten aus. Ansonsten ist es häufig so, daß, wenn der Schütze will, der Skorpion keine Lust hat und umgekehrt. Meistens ist es der Skorpion, der den Schützen verläßt, aber nur, um ihn sich nach einer gewissen Zeit wieder an Land zu ziehen. Sie sind ein Paar, auch wenn sie oft so tun, als wären sie keins. Aber die Sterne sagen offensichtlich etwas anderes.

Skorpion – Steinbock

Was die meisten nicht schaffen, dem Skorpion gelingt es. Er bringt einen Steinbock dazu, mit ihm zu flirten, aber wie! Der Steinbock wird plötzlich charmant und gesprächig. Bei der Begegnung mit einem Steinbock liegt immer etwas in der Luft. Man geht zusammen aus, unterhält sich stundenlang, aber dann? »Zu mir oder zu dir«, diese Frage scheint sich einfach nicht zu stellen. Es besteht durchaus eine erotische Anziehung, aber der entscheidende Schritt durch die Pforten des Schlafzimmers wird selten gemacht. Der Steinbock wahrt immer etwas die Distanz, das verunsichert den Skorpion. Abgesehen davon ist er sich auch gar nicht so sicher, ob er mit diesem Menschen weitergehen soll. Möglicherweise vermutet er etwas tief Verborgenes im Steinbockgeborenen, das ihm gefährlich werden könnte.

Oft ist es der ausgefallene Sex, womit der Skorpion den Steinbock beglücken könnte, denn auch der neigt manchmal zum Extrem. Es klappt aber nur, wenn ein Steinbock bereit ist, sich zu fügen (vielleicht wäre das ja die optimale Sado-Maso-Kombination?). Ist das nicht der Fall, kann man die Leidenschaft gleich vergessen.

Eine Partnerschaft mit einem Steinbock ist kaum denkbar. Er könnte dem Skorpion ein treuer und toleranter Partner sein, aber er läßt sich weder beeinflussen noch bevormunden. Er geht seine eigenen Wege, was dem Skorpion das Gefühl gibt, keine Kontrolle zu haben. Er bleibt ihm immer etwas suspekt, was zwar auf beschränkte Zeit interessant und aufregend sein kann, auf Dauer einen Skorpion aber unzufrieden macht, denn er will Gewißheit und Sicherheit. Eine Freundschaft dagegen kann mit einem Steinbock sehr gut verlaufen, auch über viele Jahre hinweg, vielleicht sollte sich der Skorpion lieber darauf konzentrieren. Ansonsten: Gib ihm eine Chance!

Skorpion – Wassermann

Was er vom Wassermann halten soll, weiß der Skorpion nicht so recht. Einerseits wirkt er sehr interessant, andererseits macht er ihn ganz nervös mit seiner Unruhe. Das Schönste ist eigentlich die erste Begegnung mit dem Wassermann. Der Skorpion ist fasziniert, der Wassermann zieht ihn in ein Gespräch (von dem er am nächsten Tag nicht mehr weiß, worum es eigentlich ging), und er fühlt sich ein bißchen verliebt.

Um mit einem Wassermann Liebe zu machen, muß der Skorpion aber taktisch klug vorgehen und darf ihn auf keinen Fall überrumpeln. Vielleicht während der Opernaufführung übers Bein streichen. Während des Liebesaktes braucht ein Wassermann viel Gefühl und das Bewußtsein, daß er nicht zu kurz kommt. Das könnte der Skorpion schon schaffen. Nur Vulgäres oder extreme Sexpraktiken sollte er tunlichst vermeiden.

Die Aussicht, daß er länger mit diesem Luftzeichen zusammensein wird, ist nicht gerade groß. Egoistisch sind beide, keiner ist bereit, sich in seiner manchmal recht egozentrischen Art zurückzunehmen. Und der Wassermann stellt sich in den Augen des Skorpions einfach viel zu windig und unzuverlässig dar. Er versucht ihn zwar noch zu beeinflussen, indem er ihm seine Fehler vorhält, aber damit erreicht der Skorpion gar nichts. Schon allein aus Opposition macht der Wassermann genau das Gegenteil. Für eine Beziehung, wie sie sich der Skorpion vorstellt, fehlt dem Wassermann einfach die Standhaftigkeit. Dem Skorpion wird es der Mühe sowieso bald zuviel, denn er kämpft nicht, um etwas zu erreichen. Er weiß, daß er den Wassermann erobern muß – aber das ist doch ein bißchen viel Aufwand, oder?

Skorpion – Fische

Mit dem Fisch kann es funktionieren. In ihm hat der Skorpion, egal ob Frau oder Mann, einen stillen Verehrer und Anbeter. Der Fisch bringt ihm keinen Widerstand entgegen. Das mag langweilig klingen, aber der Fisch erscheint ihm ganz und gar nicht langweilig. Er spürt, daß er sich mit ihm auf einer höheren Ebene versteht.

Sicher ist der Fischegeborene kein Partner für eine Nacht, auch wenn sie noch so schön war, denn er schenkt dem Skorpion etwas. Auch eine Beziehung oder Ehe könnte sehr harmonisch verlaufen. Das einzige, was dem Skorpion im Wege stehen dürfte, ist die Langsamkeit des Fisches. Er ist nun mal kein Mensch schneller Entscheidungen, doch der Skorpion gibt ihm nicht immer genügend Zeit, wenn er unbedingt etwas will. Also: Bitte etwas mehr Geduld, denn mit einem Fischepartner könnte der Skorpion glücklich werden.

Der Fisch ordnet sich dem Skorpion unter, sei es im Bett oder am Herd. Da werden sogar Fischemänner zu Hausmännern. Sexuell wird der Skorpion mit diesem Partner Befriedigung finden, denn der Fisch ist im Liebesspiel sehr offen und bereit, durch seinen Partner etwas Neues kennenzulernen. Er entwickelt sich im Laufe der Zeit, zwar langsam, aber kontinuierlich, und ist auch nach langer Partnerschaft bereit, die Gewohnheiten zu wechseln, wenn sein Partner das will. Das ist doch ideal für den Skorpion.

Schützefrau

Persönlichkeit und Eigenschaften

Eine Frau gegen die Langeweile

Wo die Schützefrau auch erscheint, sie ist immer in Bewegung. Ein Lokal betritt sie mit Schwung, alles an ihr ist dynamisch, ihr Blick ist wach und offen. Der Schalk in ihren Augen signalisiert, daß sie zum Flirten bereit ist und daß sie von diesem Abend noch viel erwartet. Die Schützefrau ist kein »Weibchen«, eher wirkt sie etwas maskulin, was sie durch betont weibliche Kleidung kaschieren möchte. Geschmacklich liegt sie manchmal ein bißchen daneben, allerdings nur, wenn es um ihre eigene Garderobe geht, anderen kann sie vor allem in Modeangelegenheiten gute Ratschläge erteilen. Meistens ist sie zwar schlank, hat aber nicht die begehrten weiblichen Formen, weder Po noch Taille, und ihre enganliegenden Minikleider betonen das eher, anstatt zu kaschieren. Mit ihrem Äußeren ist die Schützefrau immer unzufrieden, sie bewundert eben langmähnige, schlanke Frauen mit Wespentaille. Sie kasteit sich mit Diätkuren und kauft sich ihre Kleider eine Nummer kleiner, weil sie meint, irgendwann wird sie hineinpassen. Sie behängt sich mit auffälligem Modeschmuck, um von ihren kleinen Schönheitsfehlern abzulenken. Dabei hat sie ein ausgeprägtes, interessantes Gesicht, ein Gesicht, in dem das Leben auf wunderbare Weise seine Spuren gezeichnet hat und das auf viele Menschen (gerade auch Männer) sehr anziehend wirkt. Oft ist sie sich leider auch nicht bewußt, daß es nicht unbedingt das attraktive Äußere ist, was Männer anzieht. Sie besitzt Eigenschaften, die eigentlich viel sympathischer sind und ihre kleinen Fehler um ein vielfaches aufwiegen.

Die Schützefrau trägt ihr Herz auf der Zunge. Die Welt der Lügen und Intrigen ist nicht die ihre, denn sie ist geradlinig und ehrlich. Sie liebt die rege Unterhaltung, das beste Mittel gegen Langeweile, vor allem mit ihrer besten Freundin. Freundschaften schätzt sie hoch, und manchmal neigt sie dazu, einen Kult darum zu machen. Vielleicht liegt es daran, daß sie scoft enttäuscht wird. Wenn sie jemanden ins Herz geschlossen hat, liebt sie diese Person bedingungslos und tut alles, um eine Freundschaft aufrechtzuerhalten. Meistens hat dieser Mensch Eigenschaften, die sie nicht hat, die sie aber bewundert. Sie fühlt sich immer unsicher und braucht jemanden, der ihr Mut macht. Oft verfällt sie in eine negative Stimmung, bejammert ihr Dasein und sieht keinen Ausweg, um ihrer Unzufriedenheit zu entfliehen. Das einzige, was sie wirklich aus ihrer zeitweisen Lethargie herausreißen kann, ist ein neuer Liebhaber.

Eine heiße Liebesnacht, ein neues Abenteuer kann die Schützefrau völlig auf den Kopf stellen. Sie ist wie umgewandelt und genießt das Leben in vollen Zügen. Ihre Tatkraft kennt keine Grenzen, ihre Ideen sprießen wie Frühlingsblumen. Mit einer neuen Liebesaffäre ändert sich das Leben einer Schützefrau grundlegend. Sie verliebt sich schnell und ist genauso schnell auch wieder enttäuscht, was sie dann in die tiefsten Abgründe reißt. In der Auswahl ihrer Liebhaber oder Partner ist sie nicht besonders anspruchsvoll. Es braucht nur wenige, ganz bestimmte Eigenschaften, um eine Schützefrau verliebt zu machen. Sein Lächeln, seine Haarfarbe, sein Humor können sie völlig begeistern, ohne daß sie seine Fehler sieht. Sie ist eine Romantikerin sondergleichen. Sie stürzt sich mit voller Begeisterung in ein Abenteuer und gibt alles. Sie kann sich einem Menschen völlig hingeben. Im Grunde sucht sie aber nicht das sexuelle Abenteuer, sondern etwas anderes, vielleicht ist es Freundschaft und Zuneigung, aber auch die Abwechslung und Anregung, die sie im Leben braucht. Sie spielt mit der Liebe, obwohl ihre Gefühle echt sind. Bei ihren Abenteuern gewinnt sie so oft, wie sie verliert. Ihre Erfahrungen tauscht sie am liebsten mit ihrer besten Freundin aus. Sie versteht es, alles in den leuchtendsten oder – wenn sie leidet – in den dunkelsten Farben auszumalen.

Die Schützefrau verwirrt die Männer. Keiner weiß, ob sie nur

Sex will oder nach einer wirklichen Beziehung sucht. Sie gibt nicht ihre wahren Gefühle preis und wechselt ihre Liebhaber schnell auf der Suche nach jemandem, der ihr Halt geben kann. Oft gerät sie an gewissenlose Männer, die ihr schmeicheln und sie einem Jeton gleich über den Roulettisch rollen lassen. Ein glattzüngiger Redner kann sie ohne Probleme für sich gewinnen. Mit ihrer Offenheit kommen viele Männer, die es ernst meinen, nicht zurecht. Sie legt ihre erotischen Wünsche bloß, die nach Geborgenheit und Wärme verschweigt sie. Der »Richtige« geht ihr immer wieder durch die Lappen. Obwohl sie es besser wissen müßte, verhält sie sich leichtsinnig. Sie verirrt und verwirrt sich, wenn sie verliebt ist, und scheint sich völlig aufzugeben. Erlebt sie eine Enttäuschung, bricht sie völlig zusammen – oder die Titelzeilen einer Morgenzeitung werden durch einen Mordfall gekrönt. Impulsiv und ohne Bedenken, aber mit tausend Erwartungen stürzt sie sich von einem Abenteuer ins nächste, das bringt ihr Blut richtig in Wallung. Auf viele wirkt sie deshalb flatterhaft und oberflächlich.

Die Schützefrau kann sich für die verschiedensten Menschen begeistern. Ihr Sinn für Humor, ihr ansteckendes Lachen machen es, daß sie permanent Menschen kennenlernt. Sie liebt die zwanglose Unterhaltung, schäkert gern, manchmal blufft sie und versteht es bestens, bezüglich Dingen, über die sie nicht genau Bescheid weiß, den Eindruck zu vermitteln, als würde sie alles durchblicken. Sie versteht es auch, auf Partys die unterschiedlichsten Menschen zusammenzubringen, vor allem Paare, die in ihren Augen einfach zusammengehören. Da erweist sie sich als wahre Kupplerin.

Die Schützefrau ist die geborene Praktikerin. Mit trockener Theorie beschäftigt sie sich nur unter Zwang. Was für sie wirklich zählt, sind die Erfahrungen in ihrem Leben, und von denen wird sie wohl genügend haben.

Die Schützefrau nabelt sich schon früh von ihrem Elternhaus ab. Meistens besitzt sie, noch bevor sie das Abitur absolviert hat, eine eigene Wohnung, die sie zum Treffpunkt für Gott und die Welt macht. Dieser Schritt ist außerordentlich wichtig für ihren Reifungsprozeß. Das Verhältnis zu ihren Eltern kann gut sein, doch irgendwann ziehen ihre Ungeduld und der Wunsch, etwas ganz anderes zu erleben und zu sein, sie fort. Sie schafft sich eine eigene Welt. Ihre Wohnung wirkt zwar immer so, als würde sie gerade aus- oder einziehen, doch irgendwie ist es gemütlich, man fühlt sich wohl bei ihr. Sie versteht es, eine interessante Atmosphäre zu schaffen, auch mit den kleinen und scheinbar nebensächlichen Dingen. Was die Dekoration ihrer vier Wände angeht, beweist sie viel Kreativität.

Schöpferisch ist die Schützefrau von Natur aus. Meistens wählt sie einen Beruf, in dem sie ihre Ideen einbringen kann. Sie hat ein Faible für Dekorationen, Accessoires und schmükkendes Beiwerk, egal wo. Abgesehen davon kann sie auch gut mit Worten umgehen, nicht unbedingt im Gespräch, aber beim Schreiben. Sie braucht eine gewisse Zeit, dann kann sie ihrer Phantasie freien Lauf lassen. Sie ist eine ausgezeichnete Briefeschreiberin, eine Journalistin mit Hang zu lyrisch-philosophischen Exkursionen. Leider wird sie oft viel zu schnell ungeduldig, schnell ist sie unzufrieden, zweifelt an ihrem Können. Sie braucht immer jemanden, der ihr bestätigt, daß sie gut ist. Das Leben eine Schützefrau ist immer von Unstetigkeit begleitet, etwas, was sie oft zu Stimmungsschwankungen führt. Dadurch wird sie auch sehr empfänglich für positive wie negative Schwingungen. Um so schwieriger gerade für sie, da sie ständig auf der Suche nach dem Ideal ist, sei es im Alltag oder in einem Menschen, den sie lieben kann.

Liebesgeheimnisse und Phantasien

Es lebe die Freizügigkeit!

Auf der Suche nach dem »Richtigen« geht die Schützefrau einen langen Weg, der ihr zwar viele Erfahrungen, aber auch viele Enttäuschungen bringt. Wenn es um Sex geht, kennt sie weder Scham noch Hemmungen. Sie begibt sich auf die Jagd, um ihre eigene Triebhaftigkeit zu ergründen, aber auch, um Erfüllung und Ruhe zu finden. Ihr Lieblingsplatz ist die freie Natur – ein stilles Plätzchen im Wald, am Strand oder auch in einem Wohnwagen oder Zelt. Solche Umgebungen geben ihr gleich das Gefühl von Freiheit und Abenteuer. Sie fühlt sich ungebunden und mit der Natur verbunden. Schützefrauen wird man übrigens nicht ohne Grund in FKK-Clubs antreffen. Sie sind auch offen für Gruppensex, nicht um in Exzesse zu verfallen, sondern weil es ihrer freimütigen zwanglosen Einstellung entspricht.

Was an ihr faszinierend ist, ist weniger ihre Sinnlichkeit als ihre Lust auf Sinnlichkeit. Es ist die Offenheit und die Bereitschaft für alles, die sie ausstrahlt. Ihr Hauptinteresse gilt ihrer Befriedigung. Die Schützefrau schämt sich nicht ihrer Lust, sondern zeigt ihrem Liebhaber offen, was sie erwartet. Das versetzt vielen Menschen einen Schock, sie fühlen sich gleich überfordert.

Wer glaubt, daß Frauen immer ein langes zärtliches Vorspiel brauchen, liegt hier falsch. Die Schützefrau braucht nur wenig, bis sie stimuliert ist. Das Wichtigste ist ihr, daß die Hauptvorstellung nicht zu kurz kommt. Es gibt Männer, die sie taktlos finden. Warum eigentlich? Sie will einfach nur auf ihre Kosten kommen – wie er. Schließlich ist der Orgasmus keine reine Männersache.

Am meisten genießt sie es, wenn er mit den Händen durch ihr Haar streicht, später ihre Hüften und Schenkel liebkost, da ist sie besonders empfindlich. Eine starke Schützefrau kann man zum gurrenden Kätzchen machen, wenn man ein wenig Öl zur Hand nimmt und damit ihre empfindlichen Hautpartien in langsam kreisenden Bewegungen massiert.

Die Schützefrau hält ihren Partner gern zum besten. Sie genießt es, wenn er die Selbstbeherrschung verliert. Dazu wendet sie eine Art Go-Stop-Go-Technik an. Nachdem sie ihn mit Fellatio schon fast zum Höhepunkt gebracht hat, bricht sie ihr Spiel einfach ab, legt sich auf ihn, aber nicht, um ihn eindringen zu lassen, sondern um erst einmal zu beobachten, wie er in seiner fast unerträglichen Begierde langsam die Selbstbeherrschung verliert. Kein Wunder, daß so mancher Mann bei ihr zu früh kommt. Wer kann sich da schon zurückhalten? Einer Schützefrau macht das allerdings wenig aus, sie kommt immer auf ihre Kosten. Sie sorgt dafür, daß er keine Müdigkeit vortäuscht, und läßt ihm erst Ruhe, wenn sie sich befriedigt fühlt. Gelingt es ihm nicht, sorgt sie mit eigenen Händen für die Erfüllung.

Eine Schützefrau kann zwar auf das ausgedehnte Vorspiel verzichten, aber nicht auf die zärtliche Stunde danach. Am liebsten liegt sie noch in den zerwühlten Laken, an die Schulter ihres Partners gekuschelt, während sie eine Zigarette raucht und noch ein wenig plaudert (es kann auch über die verschiedenen vorangegangenen Vergnügungen sein). Im Grunde genommen ist die Schützefrau immer auf der Suche nach Zärtlichkeit und einem verständnisvollen Partner, mit dem sie gemeinsame Schmusestunden verbringt. Obwohl sie oft Sex und Liebe trennen kann, wenn sie von einem zum anderen fliegt, ist es doch nicht das, wonach sie sucht. Das Leben ist eben mal so und mal so – die Männer auch. Es macht sie schon recht nachdenklich, daß es im Leben keine Vollendung gibt, doch sie sucht sie bei einem Mann, die Vereinigung von Sex und Liebe.

Schützemann

Persönlichkeit und Eigenschaften

Der ewige Junggeselle

Einen Schützemann kann man einfach nicht übersehen. Nicht nur, daß er das verkörpert, was man ein »gestandenes Mannsbild« nennt, er ist auch überaus charmant, geistrich und witzig. Man hat den Eindruck, als sei er der interessanteste Typ, den man seit langem gesehen hat. Seine männlichen Artgenossen wollen das zwar nicht wahrhaben, aber die Frauenwelt spendet ihm begeistert Beifall. Sobald eine attraktive Frau den Raum betritt, gebärdet sich der Schützemann wie die Tiermännchen in der Balzzeit. Wir wollen nicht sagen, daß er mit seinen Federn Räder schlägt wie der Pfau oder sich aufplustert wie ein Gockel, aber er tut alles, um Aufmerksamkeit zu gewinnen. Zielsicher geht er auf die Frau zu, die er zu begehren glaubt. Er ist der absolute Eroberer, ein Anmacher wie er im Buche steht. Da kann ihm niemand das Wasser reichen. Er läßt sich etwas einfallen, wobei er niemals plump ist, denn er besitzt eine außerordentliche Sensibilität für das, was ankommt oder was er lieber lassen sollte. Er versteht es, etwas hilflos-jungenhaft zu wirken, und vermittelt gleichzeitig den Eindruck, als hätte er es faustdick hinter den Ohren, aber ihm kann und muß man alles verzeihen.

Nicht nur bei den Frauen kommt der Schützemann gut an. Er hat generell eine unwiderstehliche Art, die ihm vieles im Leben leichter macht, vor allem im Beruf (er ist eben ein richtiger Miami-Vice-Typ). Dazu besitzt er einen wachen Verstand, reagiert blitzschnell, und alles, was er tut, führt er zur Perfektion. Unter den tüchtigsten und erfolgreichsten Geschäftsleuten sind viele Schützemänner zu finden. Der Schütze ist schon ein bißchen Hans im Glück. Meistens gelangt er in eine gehobenere Position, weil sein Chef keinen Nachfolger hat oder erkrankt ist und er die Vertretung übernehmen muß. In solchen Fällen legt er durchaus eine Art Platzhirschverhalten an den Tag, was nicht heißt, daß er gegen seine Kollegen intrigiert, aber als geborener Eroberer verlangt er einfach, daß man ihm den Platz einräumt, den er sich ausgesucht hat. Er landet dort, wohin sein Ehrgeiz ihn treibt. Führungsqualitäten hat er sowieso. Wenn er behauptet, recht zu haben, dann aufgrund seiner Erfahrungen.

Der Schützemann muß auf der Karriereleiter einfach oben stehen. Zum einen schmeichelt es seinem Ego, zum anderen will er schlicht und einfach viel Geld verdienen. Er ist ein Materialist und liebt den Luxus. Sein Geld bringt er aber nicht auf das Sparkonto, Geld ist zum Ausgeben da. Der Schützemann zeigt auch gern, was er hat und besitzt. Manche würden sagen, er ist protzig, aber darüber kann man geteilter Meinung sein. Manchmal sind seine Geschenke ein bißchen zu großzügig. Wenn er der Frau, die er für sich gewinnen will, eine Freude macht, könnte sie leicht vor Glück (oder Schreck) in Ohnmacht fallen, denn der Schützemann kennt hier kein Maß. Vielleicht ist es nicht gerade der Zweisitzer, der an ihrem Geburtstag vor der Tür steht, aber möglicherweise eine glitzernde Armbanduhr, der man ansieht, daß sie mindestens einen fünfstelligen Betrag gekostet hat. Eine Armbanduhr, die sie obendrein vielleicht gar nicht mag, abgesehen davon, daß sie ihn erst einige Wochen kennt.

In eine Beziehung »investiert« der Schützemann im wahrsten Sinne des Wortes viel. Dafür erwartet er von seiner Geliebten auch körperliche wie geistige Übereinstimmung. Obwohl er seine Gespielinnen wechselt wie kein anderer, legt er doch immer wieder den gleichen Optimismus in eine neue Beziehung. Trotz vieler Erfahrungen – auch schlechter – bleibt er ein unverbesserlicher Romantiker. Auf der Suche nach allem, was neu und aufregend ist, stürzt er sich von einem Liebesabenteuer ins andere, in der Hoffnung, daß seine aktuelle Freundin die wahre ist – obwohl er trotz aller Verliebtheit selbst nicht das Gefühl haben möchte, fest liiert zu sein.

Er hat dermaßen hohe Anforderungen an eine Frau, weshalb seine Affären auch nicht von Dauer sind. Als Freund ist er zwar zugänglich, tolerant und aufgeschlossen, als Liebhaber scheinen sich diese positiven Charakterzüge ins Gegenteil zu kehren. Er macht seine Freundin zu einer Art »Projekt«, das er nach seinen Vorstellungen gestaltet, bis sie endlich körperlich wie geistig mit ihm in Einklang ist. Je mehr ihm eine Frau gefällt, desto mehr nörgelt er an ihr herum, das ist das Paradoxe am Schützemann. Sie kann sich wirklich etwas einbilden, wenn er sie permanent kritisiert.

Die aktuelle Begleiterin des Schützemannes ist das Objekt, das er geschaffen hat. Wie ein Jäger hat er seine Methode, um sein Ziel nicht zu verfehlen. Er steckt seine Markierung ab und demonstriert allen, daß sie seine Beute ist. Ständig berührt und umarmt er sie, läßt keinen Mitstreiter in ihre Nähe. Er ist eifersüchtig, doch er haßt Eifersuchtsszenen bei Frauen. Er muß das Gefühl haben, schalten und walten zu können, wie es ihm beliebt, sonst fühlt er sich in seiner Freiheit eingeschränkt. Ein Schützemann hat auch großes Talent, zwei bis drei Beziehungen nebeneinander herlaufen zu lassen und diese geheimzuhalten. Mit seinem besten Freund tratscht er allerdings gern über die Untreue eines Dritten, obwohl er selbst der Allerschlimmste ist.

Aber mit einem Schützemann kommt selten Langeweile auf. In einer unersättlichen Wißbegier ist er ständig auf Achse, auf der Suche nach neuen Orten, neuen Gesichtern, neuen Erlebnissen. Er schließt schnell Kontakt, ist auf jeder Gesellschaft ein bestechender Gast, doch wenn man ihn einlädt, dann lieber auf kleinere Partys, er braucht den Überblick.

Was man einem Schützemann nicht unbedingt ansieht ist, daß ihn seine Unstetigkeit manchmal recht unglücklich macht. Er weiß, daß er sich auf nichts und niemanden festlegen kann, obwohl ihm eine gewisse Stabilität ganz gut tun würde. Er unterliegt Stimmungsschwankungen, die ihn mal zu der einen, mal zu der anderen ziehen. Zudem neigt er zeitweise zur Nervosität und sogar zu Wahnvorstellungen, aber Gott sei Dank dauern die nicht lange an. Nach einem Wutausbruch mit zerschlagenem Geschirr und allem, was dazugehört, scheint auch schon wieder die Sonne. *C'est la vie!*

Der Jäger der Lust

»Kannst du nicht bei der Frau sein, die du liebst, liebe die Frau, bei der du bist.« Nach dieser Devise lebt und liebt der Schützemann. Außerdem begehrt er einfach alle Frauen. Er betet sie an, ganz im alten Sinne. Der Liebesakt selbst ist für ihn weniger bedeutend als die vorangegangene Zeremonie. Als Schütze liebt er die Jagd. Hier ist er der wahre Könner, sein Instinkt sagt ihm, wie er die Begehrte am besten einfängt.

Auch wenn es schwerfällt, aber eine Frau sollte sich nicht gleich ergeben, sobald sie merkt, daß er, mit Charme bewaffnet, auf ihrer Fährte ist. Sie macht sich rar, läßt sich kurz einfangen und entflieht wieder. Je schwieriger das Wild zu fangen ist, desto köstlicher schmeckt es . . .

Hat der Schützemann erstmal eine Frau in sein Schlafzimmer gelockt, macht er sich über sie her wie über ein kulinarisches Abendmahl mit allem, was dazugehört. Man kann bei ihm nicht vom zärtlichen Vorspiel sprechen, eher nascht er von ihr, ein Häppchen hier, ein Häppchen da. Er mag es, sie langsam, Stück für Stück zu entkleiden. Er spielt mit ihrem Haar, beißt in ihr Ohr, beschäftigt sich lange mit ihrem Mund und ihren Fingern, saugt und leckt an ihrer Haut, um ihren Geschmack zu kosten. Sie sollte das alles mit sich geschehen lassen, denn der Schützemann will eine Frau erstmal mit Händen und Zunge erkunden, seinen Appetit noch mehr anregen, bis er seinen Hunger stillt.

Das Vorspiel des Schützemannes ist wie ein Aperitif, den man erstmal genießt, während man auf die noch kommenden Köstlichkeiten wartet. Bei der Stimulierung seiner Partnerin erweist er sich als Meister der Zungentechnik und des Fingerspiels. Seine Küsse gehen ihr durch und durch, und wie kein anderer versteht er es, ihr den begehrten Saft zu entlocken. Außerdem beherrscht er perfekt die erotische Massage. Er weiß genau, wo ihre erogenen Zonen liegen (von dieser Erfahrung hat er auch reichlich) und wird diesen viel Zeit widmen.

Manchmal ist der Schützemann auf bestimmte Körperteile

einer Frau fixiert, einfach weil sie ihn faszinieren. Es könnten ihr Po oder ihre Brüste sein. Er liebt es übrigens, wenn sie beim Liebesakt ihre Strümpfe anbehält. Während er sich lustvoll in ihr ergeht, streichen seine Hände über das feine Gewebe, unter dem ihre warme Haut pulsiert. Die teilweise verborgene und erahnte Hautpartie erregt ihn kolossal. Es gibt ihm das Gefühl, sie zu besitzen und doch nicht ganz zu besitzen.

Die meiste Zeit bringt der Schützemann damit zu, seine Partnerin zu stimulieren und zu verwöhnen, aber er selbst hat es natürlich auch gern, wenn sie zwischenzeitlich ein wenig aktiv wird. Seine empfindlichsten Stellen sind Hals und Brustbereich. Es gefällt ihm, wenn sie seinen Nacken krault und mit ihren Händen dann langsam bis vor zur Brust streichelt. Anschließend sollte sie sich seinen Hüften und Schenkeln widmen, vor allem den Schenkelinnenseiten. Wenn sie ihn hier streichelt und küßt, macht ihn das verrückt. Dieser ganze Bereich ist bei ihm äußerst sensibel, darauf sollte sie sich zunächst konzentrieren, und um die Spannung zu halten, sein Geschlecht liebkosen, in den Mund nehmen, dann wieder sanft streicheln.

Wenn der Schützemann glaubt, es sei des Vorspiels genug, sollte man ihn zur Sache kommen lassen. Er steigert seine Erregung bis zum äußersten, anschließend fühlt man sich, als ob man von einem Engel geritten wird. Sein Luststab fordert Genugtuung. In kräftigen, langsamen Stößen bewegt er sich in ihr. Dabei wechselt er sowohl die Stellungen als auch den Ort. Er nimmt sie, wenn sie unter ihm liegt, dreht sie vorsichtig um, nimmt sie von hinten. Er trägt sie auf Händen, drückt sie gegen die Wand und nimmt sie im Stehen, oder er legt sie auf den Boden und liegt mit seiner ganzen Kraft auf ihr.

Ein Schützemann hat kein bestimmtes Schema, wonach er Liebe macht. Er stellt sich durchaus auf die Wünsche seiner Partnerin ein, dafür hat er ein feines Gespür. Eine Frau, die längere Zeit mit einem Schützemann zusammen ist, wird bestätigen können, daß er immer wieder Überraschungen parat hat. Beim Sex darf keine Langeweile aufkommen. Immer wieder denkt er sich etwas Neues aus. Der Schützemann ist frei und offen für alles, was er noch nicht kennt. Er liebt es, mit seiner Partnerin alles mögliche auszuprobieren. So wird man mit ihm einen Sex erleben, der einfach, spannungsreich und befriedigend ist. Wie schön kann es doch sein, sich von einem Schützen jagen und einfangen zu lassen. Man fühlt sich wie die Königin des Dschungels.

Schütze – Widder

Entweder es funkt gleich oder nie. Denn schaltet sich erstmal der Verstand ein, bevor sich der Herzschlag beschleunigt, sieht der Schütze im Widder eine Konkurrenz. In ihm hat er jemanden vor sich, der mindestens genauso stark ist wie er. Wenn es aber funkt, dann zwischen ihren Körpern, und zwar kräftig. Wie der Schütze kann auch der Widder Sex und Spaß haben ohne die Verpflichtung, sich binden zu müssen. *Love is Love und Sex is Sex.*

Wenn hier einer mit einer Partnerschaft liebäugelt, dann ist es der Widder. Er läßt dem Schützen allerdings nicht lange Zeit, um sich zu entscheiden, ihn kann man nicht hinhalten. Der Schütze kann sich aber nur schlecht entscheiden, vielleicht gerade, weil ihm der Widder ordentlich Druck macht. Sein Instinkt wird ihm recht geben, denn der Widder ist ein Partner, der versucht, ihn mit seiner Stärke zu überschatten. Er verlangt viel von ihm, was der Schütze nicht bereit ist zu geben.

Sobald die ersten Unstimmigkeiten in der Schütze-Widder-Partnerschaft auftauchen, läuft auch erotisch recht wenig. Ihre Wünsche sowohl im Bett als auch im alltäglichen Zusammensein laufen parallel, ihre Ansprüche an den anderen sind viel zu hoch, und es entwickelt sich ein Machtkampf, in dem sie sich gegenseitig abschmettern. Es treibt den Schützen wieder aus dem Sichtfeld des Widders. Beide Partner neigen dazu, aus der Beziehung plötzlich auszubrechen, ohne Grund, ohne Erklärung, doch meistens trifft es den Schützen mehr. Der Schütze sollte mit diesem Zeichen lieber die Erotik erleben und genießen, eine tiefe Beziehung bringt zu viele Schwierigkeiten mit.

Schütze – Stier

Nicht nur, daß der Stier körperlich eine ungeheure Anziehungskraft auf den Schützen ausübt, auch sein Humor und seine Gesprächigkeit reißen ihn mit, und – gegebenenfalls – aus einer etwas düsteren Stimmung, in die er ja hin und wieder verfällt. Und er mag das Auftreten des Stiers, ein bißchen auffällig, aber mit Geschmack, gesprächig und bereit zum Flirten. Schon vom ersten Zusammentreffen an fühlt sich der Schütze wohl in Gegenwart des Stiers. Er selbst kommt meistens gut an beim Stier.

Ein Stier möchte verführt werden, da sollte der Schütze all sein Können aufbieten, denn Stiere sind anspruchsvoll. Die Bemühungen lohnen sich für ihn in jeder Hinsicht. Erotisch kann der Schütze mit einem Stier in schönstem Einklang sein, sie können sich in mancher Hinsicht gut ergänzen. Nach einem zärtlichen, langen Vorspiel darf es ruhig etwas stürmischer und heftiger werden. Mit dem Stier wird er auch seine letzten Hemmungen los.

In der Partnerschaft vermag es nur dieses Erdzeichen, den unruhigen Schützen zu halten. Das Zuverlässige und Standhafte des Stiers gibt ihm Geborgenheit, zu ihm kommt der Schütze automatisch wieder zurück. Ein Stier hört sich aus Liebe zu ihm auch sein Gejammer an, steckt ihn mit seiner Energie an und gleicht seine Launenhaftigkeit aus. Die Schütze-Stier-Verbindung wäre eigentlich ideal, wenn den Schützen nicht eine Sache stören würde: Ein Stier braucht Sicherheit, er will geheiratet werden mit Vertrag und allem drum und dran. Hier muß der Schütze sich durchaus für die feste Bindung mit allen Konsequenzen entscheiden. Aber was macht das schon, im siebten Himmel spielt der Stier die erste Geige.

Schütze – Zwillinge

Einer flüchtet, der andere jagt hinterher. Das Feuer nimmt der Luft den Sauerstoff, die Luft bringt das Feuer zum Brennen. Das klingt zwar etwas dramatisch, aber so in etwa könnte es sein, wenn der Schütze auf den Zwilling trifft. Es wird das reinste Chaos. Der Schütze ahnt möglicherweise, auf was er sich da einläßt, wenn es ihm wieder mal ein Zwilling angetan hat, aber er ist einfach zu interessant. Der Zwillingmann erobert die Schützefrau, der Schützemann die Zwillingfrau. Mit einem Zwilling erlebt der Schütze endlich mal etwas »Aufregendes«, etwas, das ihn aus seinem Alltagstrott und seiner Lethargie reißt.

Die gemeinsamen phantasievollen Liebesnächte geben dem Schützen den Rest (im positiven Sinne). Es ist das erste Mal, daß er einen Partner festhalten will, obwohl er spürt, daß es ihm nichts als Aufregung und Ärger bringt. Um den Zwilling zu halten, geht der Schütze ziemlich in die Offensive, was der Zwilling wiederum gar nicht mag. Sollte er sich doch einfangen lassen, kann man davon ausgehen, daß es in dieser Beziehung viele kleine Geschichten gibt – von beiden Seiten. Der Zwilling hat viele Gesichter, nach einiger Zeit wird das den Schützen nicht mehr so faszinieren, denn hin und wieder will er einfach wissen, was Ernst und was Spaß ist. Geht man vom Extremfall aus, dürfte eine Schütze-Zwilling-Ehe bereits geschieden werden, noch bevor die Flitterwochen vorbei sind. Was die zwei tatsächlich ein Leben lang verbinden kann, ist die Freundschaft. Mit dem Zwilling verbringt der Schütze, wenn es sich gerade ergibt, ein paar nette Stunden im Rosenbett, auch wenn die Beziehung eigentlich schon längst beendet ist.

Schütze – Krebs

Der Krebs fasziniert einen Schützen, weil er sinnlich und geheimnisvoll ist. Außerdem macht er ihm mit seinem Wissen und seiner Intelligenz auch noch Konkurrenz. Dieses Wesen muß man erobern. Der Krebs ist anspruchsvoll, sensibel und auf jeden Fall kein Partner für ein schnelles Abenteuer. Sollte der Schütze dem Krebs trotz aller widrigen Umstände näherkommen, wird er schnell feststellen, daß es sich hier um einen romantischen und zärtlichkeitsbedürftigen Menschen handelt, mit dem man nicht einfach machen kann, was man will. Ein Krebs hat seine eigenen Vorstellungen. Eines ist sicher: Seinen Partner hält er fest. Daher dürfte eine Partnerschaft mit dieser Kombination in der Regel schwierig werden.

Der Schütze hat den Hang, in seinem unbändigen Freiheitsstreben etwas zu weit zu gehen. Trotzdem der Krebspartner dem Schützen alles geben könnte, wonach er sich sehnt, nämlich Wärme, Zärtlichkeit und Treue, meint er immer, etwas zu verpassen. Für Schützen ist die persönliche Freiheit eine Art Lebenselixier. Er braucht sie wie die Luft zum Atmen. Der Krebspartner aber braucht Sicherheit in der Beziehung. Unsicherheit und Seitensprünge wirken auf den Krebsgeborenen wie CO_2 (tödlich!).

Was dem Schützen den Umgang mit einem Krebs außerdem erschwert ist, daß dieser nicht immer gleich mit der Sprache herauswill, sondern dazu neigt, sich schmollend zurückzuziehen, wenn der Schütze wieder mal zu weit gegangen ist. Oft platzt ihm der Kragen – so etwas vertragen Krebse überhaupt nicht! Um den Krebs zu halten, müßte der Schütze seine Dynamik etwas zurückschrauben und volle Aufmerksamkeit und Geduld aufbringen, um sich auf die Sensibilität des Krebses einzustellen. Es besteht jedoch die Gefahr, daß es in dieser Partnerschaft häufig wegen Kleinigkeiten zu Streitereien kommt.

Schütze – Löwe

Einen Löwen auf freier Wildbahn zu jagen und zu erlegen erfordert harte Arbeit. Es blitzt zwar ordentlich, wenn sich diese beiden Feuerzeichen begegnen, das heißt aber nicht, daß gleich viel passiert. Eine Löwefrau ist nicht gerade angetan vom Auftreten des Schützen. Er wirkt ein bißchen playboyhaft auf sie. Also bitte etwas zurücknehmen, um das Herz der Löwedame zu erobern! Was einen Löwemann trotz aller Sympathie für die Schützefrau daran hindert, ihr eine Liebeserklärung zu machen, ist ihre Wechselhaftigkeit. Schützefrauen neigen zum Spiel, zum Flirt, und machen den Löwemann damit unsicher. Er steht nicht auf Geplänkel, mit ihm darf sie sich keine Spielchen erlauben.

Wenn ein Schütze wirklich an einem Löwen interessiert ist, muß er etwas ernsthafter werden. Mit den Eskapaden ist Schluß, der Jäger bleibt bei seiner Beute zu Hause, aber vielleicht ist das auch gar nicht mehr nötig, denn bei einem Löwen findet er eine tiefe sexuelle Befriedigung und eigentlich alles, was er braucht.

Der Löwe ist zwar großzügig zu ihm, aber er verlangt auch einen hohen Preis dafür. In der Partnerschaft will er seinen Partner ganz und gar für sich vereinnahmen. Oft wird sich der Schütze in seiner Freiheit eingeschränkt fühlen. Ein Gutes hat die Sache: Der Löwe kann ihn zur Raison bringen und sein Temperament bremsen, was für den Schützen nur von Vorteil sein kann. Denn von Blume zu Blume fliegen wie eine Biene, macht ihn auf Dauer auch nicht glücklich. Die Schütze-Löwe-Beziehung ist vielleicht nicht eine der optimalsten, aber sie könnte doch noch fruchten, wenn der Schütze Zugeständnisse und Kompromisse macht. Vom Löwen braucht er das nicht zu erwarten.

Schütze – Jungfrau

Sollte ein Schütze in die Nähe einer Jungfrau kommen, braucht er nicht lange zu warten, bis er mit ihr in Kontakt kommt. Sie wird sich wahrscheinlich an ihn ranmachen. Der Schütze strahlt eine enorme Faszination auf die Jungfrau aus, darauf kann er sich ruhig etwas einbilden. Aber umgekehrt ist es wohl ähnlich. Und mit seinem Charme kann er bei der Jungfrau alles erreichen, sie betet ihn an. Ziemlich schnell wird sich zwischen ihm und der Jungfrau eine schöne Affäre entwickeln, bei der ihm vor allem die erotische Seite gefällt. Dabei sollte der Schütze wissen, daß die meiste Arbeit von ihm verlangt wird, doch die Jungfrau wird sich als dankbar erweisen. Beim Sex können beide nicht genug voneinander bekommen, in der Liebesnacht, die der Schütze mit einer Jungfrau verbringt, wird kein Auge zugetan.

Vom Heiraten sollte man aber, trotz der körperlichen Begierde, nicht sprechen. Sobald eine gewisse Unzufriedenheit auftaucht, beklagt der Schütze mit ihr zusammen das Elend der Welt – die reinste Leierkastenmusik. Oft lassen eine Jungfrau auch die schlechten Erfahrungen der Vergangenheit nicht los, da ist der Schütze machtlos. In einer Beziehung kann die Jungfrau den Schützen ziemlich einengen. Sie nörgelt an ihm herum, und nachdem er ihr seine ganze Seele ausgebreitet hat, fühlt er sich plötzlich wie bloßgestellt. Eine Jungfrau will den Schützen ganz in der Hand haben, ob ihm das paßt, ist zu bezweifeln.

Schütze – Waage

Eigentlich ist die Waage mindestens genauso flatterhaft wie der Schütze. Aber nach einem gesprächsreichen Abend entdecken sie gemeinsame Interessen und sind sich auch sonst ganz sympathisch. Es wird heftig geflirtet, vor allem zwischen Schützemann und Waagefrau. Eine Waagefrau vermittelt ihm das Gefühl, als würde sie alles tun, was er will. Sie kann es so biegen und wenden, daß der Schützemann sich sogar auf eine feste Liaison einläßt. Sie tut so, als hätte er alle Freiheiten und sei zu gar nichts verpflichtet, in einer Beziehung merkt er aber irgendwann, daß sie ihn fest im Griff hat. Der Schützemann fühlt sich überrumpelt, und schon fangen die Streitereien an. Vielleicht gehen sie auseinander, kommen wieder zusammen. Tagsüber beschimpfen sie sich lauthals, aber des Nachts liegen sie sich wieder in den Armen. Letztendlich siegen immer wieder die angenehmen Erinnerungen.

Auch die Verbindung der Schützefrau mit einem Waagemann ist recht interessant. Ein Waagemann hat diese Mischung aus unnahbarer Männlichkeit und Sensibilität, auf die die Schützefrau steht. Sie selbst bringt ihn mit ihrer direkten wie unterhaltsamen Art dazu, sich schneller zu entscheiden, als es sonst seine Gewohnheit ist. Die Schützefrau strahlt Stärke aus und ist großzügig. Das gefällt einem Waagemann. Mit ihm kommt die Schützefrau nicht nur in den Genuß, auch mit einem Mann mal nie enden wollende Gespräche führen zu können (nicht nur mit ihrer Freundin), sie hat in ihm auch einen sehr einfühlsamen Partner. Diese Chance sollte sie sich aber nicht durch ihren Übermut verscherzen, weil sie der Zweifel überkommt, es könnte wieder nicht der Richtige sein. Irgendwann ist er eben einfach da.

Schütze – Skorpion

Falls es der Schütze wagen sollte, sich in den Umkreis eines Skorpions zu begeben, muß er damit rechnen, daß ihn das süße Gift dieses Tieres erstmal betäubt. Anschließend darf er sich mit Haut und Haaren vernaschen lassen. Sex steht bei dieser Konstellation zunächst im Vordergrund, nicht zu vergessen, daß der Skorpion auf den Schützen mehr als interessant und anziehend wirkt. Um ihn festzuhalten, muß man dem Skorpion das geben, was er verlangt, sonst ist er von einem Tag zum anderen wieder von der Bildfläche verschwunden.

Meistens ist es der Schütze, der dieser Beziehung hinterherläuft und Zugeständnisse machen muß, gegebenenfalls sogar bereit ist, das Band mit einem »Vertrag« zu besiegeln. Der Skorpion wacht eifersüchtig über jede Bewegung seines Partners (beim Schützen hat er erst recht Grund dazu). Er muß sich nun mal seines Partners sicher sein. Der Skorpion kann den Schützen aber vollkommen zufriedenstellen, deshalb sollte er ihm auch keinen Grund zur Eifersucht geben. Die Schütze-Skorpion-Ehe kennt keine Langeweile, denn beide Partner geben sich genügend Nahrung. Da der Schütze aber immer wieder dahin tendiert, auch diese Beziehung allzu leicht zu nehmen, und der Skorpionpartner nicht so einfach zu handhaben ist, wird die Partnerschaft sehr anstrengend.

Schütze – Schütze

Wenn zwei Schützen sich treffen, könnten sie sich vielleicht gegenseitig abschießen, aber eigentlich ist dieses Gegenüber ja nicht das »Wild«, nach dem man gesucht hat, eigentlich kann man sich nicht so recht leiden.

Es ist unwahrscheinlich, daß sie sich überhaupt näherkommen, denn jeder hat sein eigenes Jagdrevier. Beide sind überzeugt von sich und nehmen ihr Pendant, das sich genauso verhält, gar nicht wahr. Jeder hat seine eigenen Träume und ist so darin vertieft, daß Schützefrau und Schützemann praktisch aneinander vorbeigehen. Sollten sie aber von Amors Liebespfeilen getroffen werden, bevor sie sich gegenseitig beschießen, könnte es zu einer kurzen, heftigen Affäre kommen, mit einigen wilden Nächten, oder auch gemeinsam auf eine Sexparty? Nichts ist unmöglich.

Um eine Partnerschaft zu führen, sind beide viel zu unruhig. Sie stecken sich gegenseitig mit schlechter Laune an, anstatt daß einer den anderen aufbaut. Ihrem Drang nach Freiheit geben beide nach, wobei sie dennoch neidisch aufeinander sind und vom anderen genau das fordern, was sie selbst nicht versprechen können. Eine Möglichkeit gibt es aber dennoch (außer der, daß ein Aszendent einer der beiden Partner positiv einwirkt): eine Beziehung auf Distanz. Wenn sie 600 km auseinander wohnen und sich vielleicht alle paar Wochen sehen, könnte die Schütze-Schütze-Beziehung sogar über einige Zeit aufrechterhalten werden, mit der richtigen erotischen Spannung, Sehnsucht und allem, was dazugehört.

Schütze – Steinbock

Aha! Endlich mal jemand, der weiß, was er will. Darauf hat doch der Schütze schon lange gewartet. Der Steinbock strahlt Zuversicht aus und imponiert ihm durch sein Auftreten. Ein Schütze kapiert schnell, daß er da jemanden getroffen hat, der ihm weder Szenen noch Schwierigkeiten macht, der ihm seine Freiheit läßt und ihm nicht auf die Nerven geht. Ein Steinbock hat zwar nichts gegen eine feste Beziehung, aber vielleicht eher zu einem späteren Zeitpunkt. Meistens liebt er, wie der Schütze, seine Unabhängigkeit und klammert nicht.

Mit einem Steinbock kann der Schütze eine lange Nacht mit hemmungslosem Sex haben, auch eine (kürzere) Beziehung. Anfangs toleriert der Steinbockpartner viel, aber nach und nach versucht er, eine Partnerschaft immer mehr nach seinen Vorstellungen zu gestalten, und die gehen nicht immer mit denen des Schützen konform. Im Laufe der Zeit wird sein Steinbockpartner die größte Konkurrenz für ihn. Er ist ehrgeizig – wie der Schütze – und versucht ständig, sich mit ihm zu messen, sei es in beruflichen Angelegenheiten (wer arbeitet härter, wer ist kreativer, wer bringt das meiste Geld nach Hause?) oder bei so ganz alltäglich-lächerlichen Dingen wie bei der ewigen Auseinandersetzung, wer besser kochen kann. Der Schütze fühlt sich vom Steinbock beobachtet und kritisiert. Er tut zwar das gleiche, aber vielleicht urteilt er nicht so hart wie sein Partner. Was diese Beziehung erschwert oder zum Scheitern verurteilt ist, daß keiner seine negativen Eigenschaften dem anderen zuliebe zurücknimmt. Jeder beharrt, vielleicht unbewußt, auf seinen Wünschen, der Steinbock ist da ein besonders harter Brokken. Das muß sie auseinanderführen. Die zwei sind also eher ein gutes geistiges Team (vielleicht den ganzen Tag arbeiten und dann ein bißchen Sex im Büro?).

Schütze – Wassermann

Hier rennt der Schütze nicht mit Pfeil und Bogen durch den Wald, sondern läßt gleich sein Jagdwerkzeug zu Hause und springt lieber ins kalte Wasser. Klar, dieses interessante, attraktive Wesen fehlt sicher noch in der Sammlung des Schützen.

Hier strengt sich der Schütze auch mehr an, als man sonst von ihm gewohnt ist. Der Schützemann spürt instinktiv, daß eine Wassermannfrau erobert werden will. Nicht immer gelingt ihm das, denn dann müßte er weniger auf sich fixiert sein und sich mehr aufs Komplimentemachen verstehen, aber mit seinem Charme macht er das wieder wett. Eine Wassermannfrau braucht ein bißchen Romantik, aber dann darf es ruhig zur Sache gehen, und da ist ja der Schützemann Spezialist. Sex zwischen diesen beiden läuft ganz schön heftig ab, aber es macht ihm und seiner Partnerin Spaß.

Umgekehrt wird sich eine Schützefrau gerne von einem Wassermann in ein intensives Gespräch verwickeln lassen, bei dem schon unterschwellig klar ist, daß man irgendwann im Bett landen muß. Mit dem Wassermann-Mann ist die Schützefrau auf der gleichen geistigen Ebene, das gefällt ihr. Zugleich bringt er sie mit seinem trockenen Humor zum Lachen und macht ihr einen dicken Strich durch ihre Verzweiflungstaten und düsteren Stimmungen. Insgesamt hat der Wassermann mit dem Schützen durchaus viele gemeinsame Interessen wie den Spaß an der regen Konversation, am Ausgehen und an allem, was neu ist und man noch nicht kennt. Zusammen können sie viel entdecken, sich Anregungen holen. Aber vielleicht ist es auf Dauer zuviel des Guten. Der Wassermann ist ständig in Unruhe, immer auf der Suche, da ist er auch dem Schützen viel zu ähnlich. Gleichzeitig erwartet er vom Schützen, daß dieser sich nach ihm richtet. Das wird ganz schön anstrengend. Günstiger ist diese Verbindung in einer schönen, aber intensiven Affäre, für eine Ehe oder Partnerschaft müßten beide viel Reife und Bereitschaft mitbringen.

Schütze – Fische

Warum verläßt der Schütze eigentlich immer wieder diesen Partner? Er hofft auf etwas Besseres, dabei hat er das Beste eigentlich schon gefunden. Wenn er einen Fischegeborenen kennenlernt, ist der Schütze zunächst zurückhaltend. Er läßt sich eher von ihm verführen beziehungsweise »rumkriegen«, denn er muß wissen, daß er auf den Fisch einfach unwiderstehlich wirkt. Das braucht ihn nicht zu wundern, denn durch sein interessantes und intellektuelles Auftreten erweckt er Illusionen in ihm.

Es funkt zwar nicht unbedingt gleich, so wie es nach dem Geschmack des Schützen ist, aber was diesen letztendlich doch dazu bringt, sich näher mit dem Fisch zu beschäftigen, ist die unkomplizierte Art dessen. Instinktiv spürt er, daß dieser nichts von ihm fordert, was er selbst nicht will. Und schon in der ersten Liebesnacht wird er angenehm überrascht sein. Sex zwischen Schütze und Fisch ist sehr zärtlich. Dabei kann sich dieser Partner wunderbar auf ihn einstellen. Das bringt sogar den Schützen dazu, sich mehr Mühe zu geben als sonst.

Oft kommt der Schütze mit dem Fisch nicht zusammen oder nur für eine kurze Affäre, weil er Angst vor den tiefen Gefühlen des Fisches hat. Dem Schützen wäre es lieber, wenn der Fisch Sex und Liebe trennen könnte, es ist diese emotionale Hingabe, die ihm Angst macht. Wenn es nach dem Schützen ginge, würde er gleich nach der ersten Liebesnacht entfliehen – doch vorausgesetzt, der Fisch läßt nicht locker und bleibt zäh, wird er den Schützen nach und nach für sich gewinnen und davon überzeugen, daß es für ihn keinen idealeren Partner gibt. Eigentlich stimmt das auch, denn beim Fischepartner findet er

Zärtlichkeit und Geborgenheit. Insgeheim hat er sich das doch immer schon gewünscht. Schließlich kann er nicht auf Jagdtour gehen, bis er das Alter erreicht, in dem man am Stock geht. Was er in einer Beziehung in Kauf nehmen muß, ist die Eifersucht des Fischemenschen. Er ist es nicht gewohnt, über all seine Schritte Rechenschaft abzulegen, und diese ständige Fragerei geht ihm ganz schön gegen den Strich. Aber was macht das schon? Dafür hat er einen Partner, der ihm zu Füßen liegt (da hat er es doch gern).

Steinbockfrau

Persönlichkeit und Eigenschaften

Das kühle Feuer

Man trifft sie in größerer Gesellschaft, auf Geschäftsreisen oder im Freundeskreis. Man schätzt sie als zuverlässige Kollegin, guten Kumpel, aber als Frau mit allem, was man so unter »Frau« versteht, sieht man sie eigentlich weniger, möglicherweise erst auf den dritten Blick. Man mag eine Steinbockfrau schon lange kennen, ihre wahren Vorzüge offenbaren sich einem erst nach und nach.

Meistens ist sie schlank, sportlich, wenig oder gar nicht geschminkt, leger gekleidet, mit zunehmendem Alter auch mit Geschmack (bei ihr ist das eine Sache der Reife), und sie tut alles, um bloß nicht »zurechtgemacht« zu wirken. Insgesamt wirkt sie kühl und herb, viele sagen: unnahbar. Wenn sie in Gesellschaft ist, nimmt man wenig Notiz von ihr, zumal sie sich meistens, und insbesondere wenn sie jemanden noch nicht kennt, äußerst zurückhaltend und ruhig verhält. Man sagt ihr nach, sie ziehe die Einsamkeit der Gesellschaft vor, was auch oft der Fall ist, aber genauso gern ist sie unter Menschen, liebt das Gespräch und die Kommunikation. Allerdings gibt es gerade auf gesellschaftlichen Zusammenkünften selten Gesprächsthemen, die eine Steinbockfrau interessieren. Sie haßt oberflächliches Getue und small talk. Darauf steigt sie nur ein, wenn ihr Gegenüber in irgendeiner Weise von geschäftlichem Interesse für sie ist. Ansonsten trägt sie eine unzufriedene Miene zur Schau und läßt alle spüren, daß sie sich langweilt. Solche Abende sind eine Tortur für sie, und am liebsten würde sie mit einem Buch gemütlich im Bett liegen. Sollte unverhofft eine Konversation zustande kommen, die ihr Interesse weckt, legt sie plötzlich los. Die Umgebung verfällt in plötzliches

Schweigen, während sie mit starken Worten klar und deutlich ihre Meinung kundgibt. Viele bemerken sie erst jetzt und fragen sich, wo sie überhaupt herkommt. Wenn die Steinbockfrau von einer Sache überzeugt ist, wirken ihre Worte wie Blitze. Ihre Rhetorik stimmt, ihre Stimme ist kräftig, ihr Blick gibt zu verstehen, daß sie keinen Widerspruch duldet. Und derjenige, der sich mit ihr anlegen will, wird kein leichtes Spiel haben.

So erscheint die Steinbockfrau meistens, aber sie kann auch extrem anders sein. Wenn sie gerade in kommunikativer Stimmung ist, wird sie sogar gesprächig und witzig. Sie sprüht vor Charme, lächelt selbst die unmöglichsten Leute an und ist zu jedem Spaß bereit. Wenn ihr danach zumute ist und sie sich auf einen Abend oder ein bestimmten Ereignis freut, vielleicht einen Theaterbesuch oder eine Silvesterfeier, spart sie nicht mit tiefen Einblicken. Sie trägt ein schlichtes Designerkleid, das alle ihre Reize zum Vorschein bringt, und genießt die Blicke der Männer. Komplimente wehrt sie zwar ab, weil sie selber weiß, wie toll sie aussieht, und weil sie absolut keine Bedeutung haben, aber sie versteht es, Männer zu verwirren und ihnen vorzumachen, ihr Interesse sei echt. Ihr Charme ist in solchen Momenten unwiderstehlich, und so mancher Mann hat sich schon unsterblich in sie verliebt, wofür sie nur ein müdes Lächeln übrig hat. Für sie ist es das Amusement des Abends, vielleicht einer Nacht, aber dann hat diese Eskapade auch ihr Ende, und sie kehrt wieder zu den Tatsachen zurück.

Die Steinbockfrau kann sehr hochnäsig sein und Menschen mit ihren unnachgiebigen Kommentaren zutiefst verletzen, vor allem, wenn sie spürt, daß jemand versucht, etwas zu vertuschen oder ihr etwas vorzumachen. Sie hat eine Begabung, jemanden bis auf den Grund seiner Seele zu durchschauen wie klares, kaltes Flußwasser. Sie ist eine schonungslose Beobachterin, vor der man sich hüten muß, denn ihr Urteil ist meistens sehr hart. Sie erkennt zuerst die Schwächen eines Menschen, bevor sie seine Stärken zu schätzen lernt. Sie verachtet Schwäche und erwartet von anderen die gleiche Stärke wie von sich selbst. Mit ihrer Verständnislosigkeit schafft sie sich oft Feinde.

Genauso extrem ist die Steinbockfrau, wenn es um Beruf und

Karriere geht. Sie ist prädestiniert für einen Sitz in den höheren Reihen, das weiß sie. In den Schoß fällt ihr allerdings nichts. Die Steinbockfrau muß für ihre hochgegriffenen Ziele kämpfen. Sie besitzt von Natur aus eine große Intelligenz, die ihr aber in ihrer Laufbahn eher hinderlich ist, weil sie die Dinge oft viel zu kompliziert sieht. Sie ist eine Perfektionistin, und wenn sie nicht alles gründlichst erledigt hat, ist sie mit sich unzufrieden. Dieser Perfektionismus ist ihr oftmals im Weg, sie erreicht ihr Ziel langsam und stetig, doch dafür entwickelt sie eine ungeheure Energie. Wenn andere schon längst aufgegeben haben, macht sie erst recht weiter, schon allein um sich und ihren Mitmenschen zu beweisen, daß sie das Unmögliche möglich machen kann. Meistens zieht sie ihr Studium durch, schreibt ihre Dissertation cum laude und glänzt anschließend als Trainee in einer einflußreichen Firma oder macht sich selbständig. Um ihre Karriere voranzutreiben, versucht sie sich schon immer an die richtigen Leute zu halten, sie schreckt auch nicht davor zurück, jemanden auszunutzen und ihn dann wie einen Gegenstand, den sie nicht mehr braucht, abzulegen.

Wenn es nicht so klappen sollte, wie es sich die Steinbockfrau vorstellt, geht sie durch alle Höhen und Tiefen und zieht sich immer wieder an den eigenen Haaren aus der Patsche. Sie geht viele Umwege, selten hört sie auf Menschen, die es ihr leichter machen wollen, aber sie beharrt auf ihren Schwierigkeiten. Wenn sie die nicht regelmäßig durchstehen kann, ist sie nicht zufrieden. Es scheint das Karma der Steinbockfrau zu sein, Probleme durchzustehen, die möglichst auch noch andere verursacht haben. Sie nimmt es hin, weil sie weiß, daß es ihrer Reifung dient, und weil sie so am besten ihre Stärke erproben kann. So verpufft sie viel Energie, offensichtlich hat sie einfach zuviel davon. Was sie dadurch nicht hat, ist Zeit, zum Beispiel um sich um ihren Haushalt zu kümmern, ein Grund, weshalb die Steinbockfrau sich oft einen »Hausmann« hält.

Manchmal muß sie sich wie ein Steh-auf-Männchen fühlen. In den Momenten, in denen sie am Boden liegt, bräuchte sie einen Menschen, der ihr beim Aufrichten hilft. Sie weiß aber, daß sie auch darauf verzichten kann. Ihr Stolz sagt ihr, daß sie auf niemanden angewiesen ist. Sie muß immer das Gefühl haben, unabhängig zu sein. Hilfe nimmt sie nur ungern oder nach langem Zögern an. Lieber geht sie den steinigsten Weg, als daß sie sich helfen läßt oder Kompromisse schließt. Eine Steinbockfrau läßt sich zudem nicht festnageln. Sie haßt es, wenn sie jemand in seine Richtung gängeln will, denn für ihre Entscheidung braucht sie einen klaren Kopf, sprich – freie Sicht nach vorn.

Eine Steinbockfrau würde sich auch nie in der Wahl ihrer Liebhaber beeinflussen lassen. So mancher, vor allem ihr alter Freundeskreis, wird überrascht sein, was für komische Vögel sie da anschleppt. Eigentlich weiß sie genau, was zu ihr paßt und was nicht, doch sie hat den Hang, manchmal jemanden auszuwählen, der das extreme Gegenteil von ihr ist. Es ist die andere Seite in ihr, die sie meistens unterdrückt, die sie aber mit demjenigen ausleben kann. Sie weiß genau, daß dieses Extrem nicht zu ihr paßt und daß sie mit diesem Menschen auch nicht bis zu ihrem Lebensabend zusammensein wird, doch während dieser Liaison steht sie hundertprozentig hinter ihm, verteidigt ihn mit all seinen Nachteilen und seinen schlechten Angewohnheiten wie ein Ritter seine Burg.

Tja, die Steinbockfrau selbst mag zwar wie eine feste, unbezwingbare Burg wirken, doch hinter den Mauern sieht es ganz anders aus. Diese andere Seite zeigt sie allerdings nur den Menschen, zu denen sie absolutes Vertrauen hat. Und die gibt es leider selten.

Liebesgeheimnisse und Phantasien

Von der Beherrschung zur Unterwerfung

Die zwei Gesichter der Steinbockfrau kommen vor allem in ihrem Erotikleben zutage. Zum einen sucht sie sich kühl und berechnend ihre Liebhaber nach körperlichen Vorzügen aus und nimmt sich, wonach ihr gerade das Verlangen steht, ein andermal ist sie hingebungsvoll bis zur Selbstaufgabe.

Eine Steinbockfrau muß erstmal die ersten Erfahrungen hinter sich haben, bis sie die wahre Leidenschaft entdeckt – beziehungsweise bis jemand die Leidenschaft in ihr weckt. Dann kann sie ein ziemlich wildes Sexleben führen. Tagsüber ist sie erfolgreiche Geschäftsfrau, voll konzentriert, ihrem guten Image gerecht zu werden, nachts läßt sie es krachen, so könnte es sein. Sie kann den reinen Sex von der Liebe trennen. Ob sie dabei unbedingt glücklich wird, sei dahingestellt. Meistens sieht sie dies als ein notwendiges Übel. Man muß eben seine Erfahrungen sammeln, gute wie schlechte.

Wenn sie gerade einen Partner hat, an dem nicht ihr Herz hängt, wird sie schnell untreu. Ihre Sexpartner sucht sie sich aus, und sie bestimmt, wer das große Los ziehen soll. Welche Maßstäbe sie dabei ansetzt, können selbst ihre engsten Freunde nicht sagen. Jedenfalls darf es ruhig ein bißchen exotisch sein . . . Sie nimmt also ihren auserkorenen One-Night-Stand mit nach Hause, in fremden Wohnungen übernachtet sie gewöhnlich nicht.

Auf ein Vorspiel kann sie verzichten, mit Romantik und sanftem Kerzenschimmer hat sie nichts im Sinn. Manche würden sie schamlos nennen, denn ohne Umschweife kommt sie schnell zur Sache. Man entledigt sich der Kleidung, und dann kann ein wilder, hemmungsloser Sex beginnen.

Beim Sex will die Steinbockfrau nicht denken, was sie sonst permanent tut. Ihr Körper regiert sie jetzt, und diese Pause genießt sie in vollen Zügen. Sie liebt grenzenlos und risikofreudig, ist offen für alles, was sie noch nicht kennt – vorausgesetzt es macht ihr Spaß. Sollte ihr schöner Unbekannter etwas fordern, das ihr nicht gefällt oder ihrem Körper nicht guttut, kühlt sie ganz schnell ab und beendet das Spiel. In solchen Fällen setzt sie ihren Liebhaber mitten in der Nacht vor die Tür. Schaut er noch etwas begriffsstutzig aus der Wäsche, weil er sich keiner Schuld bewußt ist, kann sie richtig böse werden und beschleunigt seinen Abgang, indem sie ihm demonstrativ die Wohnungstür aufhält. Sie wird sich noch heiß duschen und sich dann mit wohliger Erleichterung allein in ihre Decken kuscheln.

Wirkliche Befriedigung findet die Steinbockfrau nur mit dem Mann, den sie liebt. Sie braucht das Gefühl, völlig eins mit ihrem Partner zu sein und am Ende mit ihm im großen orgasmischen Finale zu verschmelzen. Wenn ihr ein Mann etwas bedeutet, tut sie alles für ihn, während sie ihre eigenen Wünsche sogar zurückstellt, abgesehen davon, daß sie voraussetzt, daß er es spüren, erahnen muß, was sie will. Wenn es nicht so ist, kann es sich auch nicht um den richtigen Partner handeln. Man muß ihre Eigenheiten schon genau kennen. Allerdings muß sie nicht unbedingt zum Orgasmus kommen, sondern findet mehr Spaß am ganzen Spiel, an ihrer und seiner Erregung, sie sieht gern die Lust im Gesicht ihres Partners.

Beim Liebesspiel zeigt sie sich von ihrer weiblichen Seite, die hingebungsvoll oder auch unterwürfig sein kann. Die Steinbockfrau der Nacht hat mit der des Tages scheinbar nichts gemeinsam. Ein Mann stimuliert sie am besten mit zärtlich-feuchten Küssen an ihrer Kehle entlang bis runter zum Dekolleté oder indem er ein wenig an ihrem Ohr saugt. Am empfindlichsten ist sie an den Innenseiten der Arme und vor allem der Schenkel. Vom leichten Streicheln an diesen Stellen sollte er direkt ihr Lust-Zentrum ansteuern, weiterstreicheln, ein wenig mit dem Finger in sie kommen.

Wenn sie erst richtig erregt ist, darf es ruhig etwas härter zur Sache gehen. Sie mag die langsamen kräftigen Stöße eines Mannes, der sie vollkommen ausfüllt. Ihre bevorzugten Positionen sind zum einen die Missionarsstellung, die ihr das Gefühl gibt, die Macht und Stärke des Mannes zu spüren, zum anderen, wenn sie von hinten geliebt wird. Hin und wieder zeigt sie die Neigung, brutal behandelt zu werden. Sie hat nichts dagegen, wenn ihre Hände und Füße gefesselt werden, um sie wehrlos zu machen. Es kann auch etwas anderes sein, der Kitzel des Verbotenen reizt eine Steinbockfrau immer.

Nach einem anstrengenden schweißtreibenden Sexspiel möchte sie, daß es langsam und zärtlich abklingt. Sie will gestreichelt werden, die Zuwendung ihres Partners spüren und wissen, daß es ihm gefallen hat.

Steinbockmann

Persönlichkeit und Eigenschaften

Solide gebaut und gut versorgt

Zuerst kommt sein Beruf, dann er, dann lange nichts und dann die Frau, die er liebt. Vor so einem Mann kann man doch nur weglaufen, werden viele Frauen denken. Aber ganz so schlimm ist er nicht. Man muß nur ein bißchen in sein Innerstes schauen, um seine witzige, liebevolle und gutmütige Seite zu entdecken. Der Steinbockmann wirkt so unnahbar wie die in seinem Zeichen geborene Schwester. Die meisten geben da viel zu schnell auf.

Dabei ist ein Steinbockmann eine imposante und interessante Erscheinung, eigentlich so wie man sich einen richtigen Mann vorstellt. Er könnte als Vorlage für einen typisch männlichen Körperbau in irgendwelchen biologischen Büchern dienen: groß, muskulös, breite Schultern, schlanke Hüften, durchtrainierte Beine. Nicht nur, daß die Eltern des Steinbockmannes schon mittels gesunder Ernährung nachgeholfen haben, aus dem Kleinen ein Prachtexemplar zu machen, auch wenn er älter ist, tut er ständig etwas für sich. Seit jungen Jahren betreibt er Sport, und diese Gewohnheiten behält er auch bei, selbst unter den Anforderungen des absoluten Streßjobs. Dann geht er eben erst abends um neun ins Fitness-Studio oder ins hauseigene Schwimmbad. Sollte er es noch nicht soweit gebracht haben, reicht auch ein einfacher Hometrainer.

Der Steinbockmann hat einen geregelten Tagesablauf. Mitten unter der Woche sich mit anderen die Nacht um die Ohren schlagen, geschweige denn Alkohol trinken, kommt für ihn so gut wie nie in Frage – es sei denn, er kann am nächsten Tag ausschlafen. Er steht zwar nicht gern früh auf, aber er mault auch nicht, wenn die Woche mit einem Montag anfängt. Er hat seinen Beruf, mit dem er sich meistens auch voll und ganz identifizieren kann, und überhaupt, jeder Mensch muß arbeiten. So sind die Gesetze des Lebens. Seine Einstellung ist, daß jeder selbst schuld ist an seinem Schicksal. Schulden machen, in den Abgrund stürzen oder einfach mal durchhängen, das kann sich ein Steinbockmann gar nicht vorstellen (er überzieht sein Konto nur, wenn es um wichtige eigene Bedürfnisse geht). Ist er Junggeselle, was er bis zum 25. Lebensjahr mit Sicherheit sein wird, dann wird erst geheiratet – nachdem man sich eine sichere Existenz aufgebaut hat. Dann kann er meistens so gut für sich sorgen wie früher seine Mutter. Am Wochenende wird in einem Großmarkt der Einkauf für die ganze Woche getätigt, einschließlich zweier kochsalzarmer Mineralwasserkästen und den Vitamin-Mineralien-Mischungen für die Sportstunden. Einmal am Tag braucht er eine warme Mahlzeit, und wenn er die nicht in der Kantine seiner Firma bekommt, kocht er eben für sich. Am Wochenende folgt er gern einer Einladung oder geht mit Freunden aus. Dann kann es schon mal sein, daß er erst um drei Uhr früh im Bett liegt. In Gesellschaft kann er sehr gesprächig und kommunikativ sein. Er lernt nicht unbedingt schnell neue Menschen kennen, dazu ist er zu zurückhaltend, doch diese Zurückhaltung kann er überraschenderweise ablegen, wenn er es auf eine Frau abgesehen hat. Ansonsten bedeutet ihm sein Freundeskreis alles. Meistens kennt er ihn schon von Kindheit an. Um Vertrauen in jemanden zu haben, muß er ihn lange kennen. Erst dann öffnet er sich. Umgekehrt ist es übrigens ähnlich, denn der zugänglichste ist der Steinbock wirklich nicht.

Der Steinbockmann braucht Menschen um sich, die seine Hobbys teilen. Meistens haben sie etwas mit körperlicher Bewegung zu tun. Zweimal die Woche Fußball spielen, an einem Sonntag 200 km radeln, in die Berge zum Wandern fahren oder in der Abendsonne Tennis spielen . . . Hat er sich in seiner Freizeit nicht mindestens ein paar Stunden körperlich betätigt, ist der Tag für ihn sinnlos verstrichen. Doch man muß nicht glauben, daß man mit einem Steinbockmann ständig auf Achse und in Bewegung sein muß, er hat durchaus Sinn für Gemütlichkeit und Romantik. Er liebt die (anspruchsvolle) Unterhaltung bei Kerzenschein, Knabberorgien in der Spätvorstellung und Kissenschlachten am Sonntagvormittag mit seinem Schatz. Zu Menschen, die ihm nahestehen, ist er ein hilfsbereiter Freund. Lieber hilft er anderen, als daß er sich selber helfen läßt, schon allein weil er zu nichts verpflichtet sein will (bei einem anderen in der Kreide stehen wäre ein unzumutbarer Zustand für den Steinbockmann). Er erteilt gern Ratschläge, wenn es ihm auch schwerfällt, sich völlig in die Situation eines anderen hineinzuversetzen, zumal er meistens von sich ausgeht. Er kann außerordentlich liebevoll und fürsorglich sein, und er ist einer der wenigen, die tiefen Mitleids fähig sind. Dann wird er weich und einfühlsam. Es gibt Situationen, die diesen kraftstrotzenden Menschen zu Tränen rühren können. Erst dann weiß man, daß er eine zarte und empfindsame Seite in sich birgt.

Hauptsächlich kennt man ihn als tüchtigen, strebsamen Menschen, für den Prestige und beruflicher Erfolg im Vordergrund stehen. Meistens macht er eine steile Karriere, er ist der zuverlässigste Mitarbeiter der Firma, aber kein Emporkömmling. Seine gehobene Position erkämpft er sich mit Fleiß, Ausdauer und Wissen, niemals mit Tricks. Oftmals wird ihm nicht die Position zuteil, die er verdient hätte, weil er einfach nicht mit den üblichen Mitteln zu kämpfen versteht. Dafür wird seine Gutmütigkeit und Hilfsbereitschaft schnell ausgenutzt. Wenn sich jemand findet, der zum drittenmal ein Wochenende durcharbeitet, für einen Kollegen Urlaubsvertretung macht oder hin und wieder mal länger bleibt, ist es garantiert der Steinbockmann. Ist er selber Chef, hat er öfters Probleme mit seinen »Untertanen«, denn als solche behandelt er seine Kollegen manchmal. Er hat grundsätzlich recht, und es fällt ihm schwer, die Vorschläge seiner Mitarbeiter für besser als seine zu beurteilen (auch wenn er weiß, daß es so ist).

Ein Steinbockmann wird sein Konto meistens im Haben führen, größere Ausgaben, zum Beispiel für Möbel oder Reisen, von seinem Sparguthaben entnehmen und mit Sicherheit über eine Lebensversicherung oder über einen von den Eltern angelegten Bausparvertrag verfügen. In seinem Leben will er es bequem und annehmlich haben. Als Single baut er vor für das Leben zu zweit oder zu dritt, denn eine Familie möchte er schon, allerdings alles zu seiner Zeit. Seine zukünftige Ehefrau sollte ähnliche Ansichten haben wie er und das geregelte Leben Abenteuern vorziehen. Wenn es darauf ankommt, wird sie bis ins hohe Alter durch ihn versorgt sein, aber am liebsten mag er eine Frau, die intelligent und selbständig ist, die auch finanziell unabhängig von ihm ist. In jedem Fall braucht ein Steinbockmann eine starke Partnerin, die sich ihm, je nach Bedarf, unterordnet oder Muttersatz sein kann und die letztendlich mit seinen Hörnern umzugehen versteht.

Liebesgeheimnisse und Phantasien

Von den Annehmlichkeiten der Monogamie

Der Steinbockmann braucht eine feste Partnerin, sonst kann er keine Liebe machen. Wenn er gerade keine Freundin hat, findet eben auch kein Sex statt, und wenn er von ihr längere Zeit getrennt sein sollte, ist er im Normalfall treu. Der Steinbockmann liebt seine Partnerin mit Haut und Haaren, nur *ihr* Körper versetzt ihn in Erregungen, gegen alle anderen weiblichen Reize ist er so gut wie immun. Er ist absolut monogam und steht dazu. Er ist nicht immer ein Verführer und verhält sich eher passiv. Wenn er nicht hin und wieder seinen Charme sprühen ließe, käme vielleicht keine Frau auf die Idee, ihn anzusprechen. Aber sobald der erste Kontakt hergestellt ist, wird er lockerer. Er läßt sich schon ganz gern anmachen und verführen. Er ist kein Typ, der auf Abenteuersuche geht und in jungen Jahren von einem Bett ins andere hüpft, den er hat eine Art Idealbild in seinem Kopf und wartet so lange auf diejenige, die dem entspricht, daß man ihm nachsagt, er sei ein Spätzünder. Sollte er der Superfrau begegnen, die zudem sein Herz anspricht, stürzt er sich am besten noch in derselben Nacht mit ihr ins erotische Treiben.

Aber der Steinbockmann mag keine Frauen, bei denen er leichtes Spiel hat. Intelligent, schlank und sportlich sollte sie sein und Ausstrahlung haben. Meistens sieht man ihn mit eher burschikosen Frauen, aber im Grunde genommen fasziniert ihn die sinnlich-erotische Ausstrahlung einer Frau. Wenn er Lust hat, kann es recht schnell gehen, denn sein Gehirn sagt ihm klipp und klar, daß sein momentanes Bedürfnis befriedigt werden muß. Wenn man Hunger hat, muß man essen, nicht wahr? Er redet nicht großartig, sondern führt sie einfach irgendwann ins Schlafgemach, zieht sich die Schuhe aus, küßt und umarmt sie, und dann dürfte es der Demonstration eigentlich genug sein.

Das Vorspiel fällt weg, es sei denn, sie gibt ihm zu verstehen, daß sie Wert darauf legt. Nicht, daß er nicht zärtlich ist, aber er geht davon aus, daß sie sich im gleichen Stadium der Erregung befindet. Auf die Lust folgt die Vereinigung, wozu das Ganze noch herauszögern? Der Steinbockmann versteht Sex eben nicht als Spiel, das man durchaus phantasievoll gestalten und hinauszögern kann, sondern sieht ihn mehr von der praktischen Seite. Es kann sein, daß er während des Liebesaktes die Socken anbehält, damit er keine kalten Füße bekommt. Es liegt an seiner Partnerin. Mit dem nötigen Einfühlungsvermögen läßt er sich durchaus beeinflussen. Sie kann ihm zum Beispiel zeigen, wie man einen Partner richtig heiß macht, meistens weiß er das gar nicht.

Zu den erogenen Zonen des Steinbockmannes gehören Hals, Haaransatz, Brustbereich, sein Po und selbstverständlich auch der »wichtigste Bereich«. Es entlockt ihm ein lustvolles Stöhnen, wenn er ihre Zunge in seinem Ohr spürt oder am Hals, während ihre Finger mit seinem Haar spielen. Wenn sie seine Brust streichelt, darf es ruhig etwas kräftiger sein, auch unter den Armen, in seinen Achselhöhlen hat er es gern. Danach sollte sie langsam über den Bauch und weiter runter zu seinem schon erigierten kleinen Bruder gehen, ihn durch sanftes Streicheln und Küssen vollkommen aus der Fassung bringen (vielleicht das einzige, was einen Steinbockmann aus der Fassung bringt). So kommt er schnell auf Touren, und schnell will er sich in ihr spüren, am liebsten von hinten und im Stehen, während sie vor ihm auf dem Bett kniet. Seine bevorzugte Stellung ist die, wenn sie auf ihm sitzt und er sich sowenig wie möglich bewegen muß. So genießt er die Lust vollkommen entspannt. Der Steinbockmann kann sehr ausdauernd sein. Seine Stöße sind langsam und kraftvoll, manchmal kommt einem seine Art zu lieben animalisch vor, aber er ist nicht ohne Zärtlichkeit. Er genießt es, in ihr zu sein, und wenn er spürt, daß auch sie es genießt, wird er seiner Geliebten immer wieder ins Ohr flüstern, wie schön es mit ihr ist.

Wer paßt zu wem, wie und warum

Steinbock – Widder
Der Widder ist für einen Steinbock der ideale One-Night-Stand, ein heißer Urlaubsflirt oder ein lockeres Arrangement inklusive gemeinsamer Nacht, falls gerade Bedarf ist. Es knistert tüchtig bei der ersten Begegnung, von vornherein und ohne Absprache scheint geklärt zu sein, was ablaufen wird. Was dem Steinbock am Widder gefällt, ist seine unverblümte Art, seine Offenheit und sein Humor, mal abgesehen von der körperlichen Anziehung. Hier gibt es kein großes Trara, und man kommt schnell zur Sache. Vielleicht ist es wahrscheinlicher, daß die Steinbockfrau und der Widdermann ein Stück gemeinsam gehen, als daß es der Steinbockmann und die Widderfrau tun. Für eine Steinbockfrau ist der Widdermann ein kleines Abenteuer zwischendurch. Sie spürt seinen fordernden Sex, der sie für kurze Zeit faszinieren kann, und sie weiß, daß es kein Theater gibt, wenn man sich wieder trennt. So braucht sie sich zu nichts verpflichtet zu fühlen. Die Widderfrau geht dem Steinbock vielleicht etwas zu schnell voran. Ein Wörtchen möchte er doch gerne mitreden. Allerdings, wenn es jemand schafft, ihn zu verführen, wer soll es schaffen, außer der hartnäckigen Widderfrau? Er wird es sicherlich nicht bereuen.

Es gibt hier nicht gerade zärtliche erotische Stunden, sondern einen handfesten bodenständigen Sex, bei dem man nicht unbedingt das weiche Bett aufsucht. Es könnte eine richtige Orgie zu zweit werden.

In einer Partnerschaft geht es nicht so problemlos zu. Hier sind einfach zu viele Hörner im Spiel. Der Widder hat seine klaren Vorstellungen und läßt sich auch von einem Steinbock nicht beeinflussen. Ohnehin neigt er zum Chaos, wo der Steinbock zur Ordnung neigt. Und er ist ein recht egoistischer Partner, dem man möglichst noch alle Wünsche von den Augen ablesen sollte. So jemanden kann der Steinbock nicht an seiner Seite brauchen. Man wird sich zwar bei Auseinandersetzungen nicht gerade anbrüllen, aber sie werden recht heftig, weil jeder auf seinem Recht beharrt. Da müßte schon ein harmonisierender Aszendent auf beiden Seiten für Ruhe sorgen.

Steinbock – Stier

Zwei so bodenständige Erdzeichen müssen sich einfach sympathisch sein. Die Steinbockfrau verliebt sich auf Anhieb in den kraft- wie stilvollen Stiermann, der Steinbockmann in die Stierfrau, die für ihn die absolute Frau verkörpert. Es ist grundsätzlich der Steinbock, der bei dieser Konstellation ein bißchen aktiver und offener wird. Zu einem Stier hat er Vertrauen, da kann ihm nichts passieren, da braucht er sich auch nicht zu verstekken. Meistens interpretiert er aber zuviel in diese Verbindung hinein. Er erwartet etwas vom Stier, was dieser weder erfüllen kann noch will.

Schon nach der ersten Nacht wird eine Steinbockfrau wissen, daß es mit dem Stiermann nicht lange gut gehen kann. Sie genießt zwar seine animalische Sinnlichkeit, aber ihre Ansprüche sind höher. Der Steinbockmann wiederum kommt mit den Ansprüchen der Stierfrau nicht zurecht, denn mit so viel Frau in seinen Armen weiß er nicht umzugehen.

Nachts wird mehr geredet als Sex gemacht, denn jeder ist vom anderen etwas enttäuscht. Man weiß, auch wenn die Sympathie noch so groß ist, körperlich harmoniert es nicht gerade.

Meistens trennt sich der Steinbock schnell wieder vom Stier oder bricht eine Affäre ab. Eine Partnerschaft könnte zwar für kurze Zeit harmonisch verlaufen, doch wenn die ersten Frühlingsgefühle vorbei sind, stellt der Steinbock fest, daß er mit einem Stier doch nicht so viel gemeinsam hat, erst recht nicht Hobbys und Interessen. Der Stier hemmt ihn in seinen Plänen, macht ihm Vorwürfe, wenn er (beruflich bedingt natürlich) zu spät nach Hause kommt, und dreht dem Steinbock die Luft ab. Meistens sind seine Vorwürfe sehr impulsiv und heftig, etwas, was ein Steinbock haßt und worauf er ausgesprochen bockig reagiert. Also: Heiraten lieber nicht, doch die Möglichkeit, eine

Freundschaft aufrechtzuerhalten, besteht in jedem Fall, zumal er dem Stier einfach emotional viel zu sehr zugetan ist.

Steinbock – Zwilling

Man muß die Dinge eben so nehmen, wie sie kommen, eine sanfte Brise genauso wie einen Orkan. In letzterer Form kommt der Zwilling über den Steinbock und mischt ihn tüchtig auf. Natürlich weiß der Steinbock, daß dieser Mensch das absolute Gegenteil von ihm ist, aber der Faszination, die von ihm ausgeht, kann er einfach nicht widerstehen. Vielleicht schafft der Zwilling es als einziger, einen Steinbock Dinge tun zu lassen, die ihm vorher nicht im Traum eingefallen wären. Er spielt mit ihm das Spiel von Anziehung und Zurückhaltung, und ausgerechnet der Steinbock läßt sich hier wie ein Pingpong-Ball hin- und herwerfen. Sobald der Zwilling sich abwendet, versucht der Steinbock, ihn stärker festzuhalten. Wenn sich der Zwilling allerdings erstmal für den Steinbock erwärmt hat – was eine ganze Zeit dauern kann –, nimmt er ihn total in Beschlag, was dem Steinbock wiederum zuviel ist. Im Zwilling sucht der Steinbock das Abenteuer, das Unbekannte und vor allem die Leichtigkeit, mit der er nur spärlich bestückt ist. Er hofft, von diesem Partner inspiriert zu werden, doch letztendlich ist er nur damit beschäftigt, ihn abzuwehren und endlich zur Ruhe zu bringen. Hin und wieder glaubt der Steinbock, daß Zwillingen eine kleine Drehung um 180 Grad nicht schaden könnte, aber mit den Prinzipien des Steinbocks hat der Zwilling überhaupt nichts im Sinn, im Gegenteil. Insofern kostet der Zwilling den Steinbock viel Energie, mit einigen grauen Haaren und Gesichtsfalten muß man rechnen. Der Zwilling ist ein Partner, der sich nicht einfangen und gängeln läßt. Auf Dauer kann er dem Steinbock kein zuverlässiger Partner sein. Aber vielleicht sollte der Steinbock einen Zwilling einfach so sehen, wie er ist, diese luftige Begegnung als kleine Abwechslung sehen, als kreativen Faktor in seinem Leben, insofern dieser zeitbegrenzt ist, und ihn nicht versuchen festzuhalten.

Steinbock – Krebs
Irgendwann gibt es im Leben eines Steinbocks immer einen Krebs, obwohl diese Konstellation nicht zu den günstigsten gehört. Den Krebs kann der Steinbock nicht recht durchschauen. Er ist zwar von dessen Charme angetan und genießt den Flirt, aber so richtig warm kann er mit ihm nicht werden.

Mit einem Krebs kann der Steinbock viele zärtliche Stunden oder romantische Abendessen erleben und ausgedehnte interessante Unterhaltungen führen, auf längere Sicht reicht das nicht aus. Die Steinbockfrau orientiert sich in eine ganz andere Richtung, beim Sex mag sie es lieber ein bißchen kräftiger und experimentiert gern, dafür ist der Krebsmann kein Partner. Und ob eine Krebsfrau sich von einem Steinbockmann ins Schlafzimmer verführen läßt, ist auch unwahrscheinlich, schon allein, weil er es nicht versteht, mit ihr zu flirten und ihr Komplimente zu machen. Da müßte er sich schon mächtig ins Zeug legen. In einer Steinbock-Krebs-Beziehung hat der Steinbock mit den Launen des Krebses zu kämpfen, mit seiner Empfindsamkeit kommt er nicht zurecht, während der Krebs unter der Härte des Steinbocks zu leiden hat. Trotz einiger schöner Momente wird der Alltag für keinen der beiden zufriedenstellend. Außerdem klammert der Krebs ganz gern, was ein Steinbock gar nicht mag. Er wird sich zwar noch eine Zeitlang festhalten lassen, aber ihn irgendwann verlassen – vorausgesetzt, der Krebs ist nicht schon eher weg, denn der Steinbock dürfte ihn schon allein aus seinem Egoismus heraus ziemlich einschränken. Krebse verstecken sich da ganz schnell wieder in ihrem Schneckenhaus.

Steinbock – Löwe
Der Löwe mag noch so auffallen, aber der Steinbock beachtet ihn eigentlich kaum, umgekehrt ist es genauso. Sie kommen sich eher durch Zufall näher, weil sie in Gesellschaft zusammen am gleichen Tisch sitzen müssen oder in der Oper eine Loge teilen. Es ist zunächst weniger die körperliche Anziehung, über die sie sich näher kommen, als vielmehr das Gespräch. Doch irgendwie entdecken sie das Interesse aneinander.

Nach einer gemeinsamen Nacht entscheidet sich meistens, ob man sich aus dem Weg geht oder vielleicht zusammenbleibt. Die starke Löwefrau interessiert den Steinbockmann, schon allein weil sie weiß, was sie will. So etwas imponiert ihm. Später kann ihm ihre Stärke allerdings zum Verhängnis werden, denn die Löwefrau läßt sich in keiner Weise einschränken. Sie lebt ihr Leben, und selbst wenn ein Steinbock damit nicht einverstanden ist, sucht sie nach anderen Möglichkeiten. Um eine Löwefrau zu halten, muß er sie schon hin und wieder verwöhnen, ihr Komplimente machen und zeigen, daß sie die Beste ist. Der Löwemann wirkt auf die Steinbockfrau stark und sicher, letztendlich ist es vielleicht das, wonach sie bei einem Mann sucht. Allerdings wird es in der Beziehung immer eine gewisse Konkurrenz geben, und wenn es nur darum geht, den anderen immer wieder mit der eigenen Stärke zu übertreffen.

Die Steinbockfrau muß den Führungswunsch des Löwen akzeptieren, und vielleicht funktioniert das in diesem Fall. Immer wieder wird er sie von seiner Meinung zu überzeugen versuchen und erwarten, daß sie mitzieht. Eine Weile kann sie das vielleicht noch hinnehmen, aber auf Dauer fürchtet sie, etwas von ihrer Unabhängigkeit und ihrem schwer erkämpften Selbstvertrauen zu verlieren. Sollte sie sich in eine gewisse Rolle einfügen können, ohne das Gefühl zu haben, sich aufgeben zu müssen, könnte diese Verbindung möglicherweise dauerhaft sein.

Beim Sex wird ein Steinbock feststellen, daß der Löwepartner nicht egoistisch ist, sondern sehr einfühlsam und phantasievoll. Auch dies ist ein Grund für den Steinbock, sich mit einem Löwen etwas mehr auseinanderzusetzen.

Steinbock – Jungfrau

Sie lächeln sich an, sind sich sympathisch, aber jeder weiß, daß er dem anderen nicht ganz traut. Eine gewisse körperliche Anziehung ist zwar da, aber stürmische Zeiten folgen nicht. Abgesehen davon macht keiner den anderen so richtig an, der Steinbock ist mißtrauisch, und die Jungfrau scheint zu zurückhaltend zu sein.

Der Steinbock kommt der Jungfrau erst im Laufe der Zeit näher, nach genauerer Prüfung sozusagen. Er schätzt an ihr Benehmen und Stil, die Genauigkeit, mit der sie bei bestimmten Dingen vorgeht, und den Ordnungssinn, der dem seinen ziemlich ähnlich ist. In ihrer Freizeit unternehmen sie viel gemeinsam, wobei es die Jungfrau ist, die den Steinbock immer mitschleift. Eine Zeitlang fühlt sich der Steinbock in Gegenwart der Jungfrau ganz wohl. Aber irgendwann merkt er, daß immer häufiger Reibungspunkte auftauchen. Die Jungfrau kann sehr pedantisch sein, vor allem bei Dingen, die ein Steinbock lockerer sieht. Für ihn ist das Zeitverschwendung. Dafür ist sie in anderen Dingen wieder unzuverlässig, die dem Steinbock wichtig sind.

Eine Freundschaft, bei der man sich hin und wieder sieht, ist für die Steinbock-Jungfrau-Konstellation besser als eine Partnerschaft. Hier würden zu viele Unstimmigkeiten auftreten.

(Was Sex angeht, so ist uns hier leider so gut wie gar nichts bekannt. Wir wären dankbar für Zuschriften für eine eventuell überarbeitete Auflage . . .)

Steinbock – Waage

Eine Verbindung, die sicherlich interessant werden dürfte, vorausgesetzt, die Rollen sind gleich richtig verteilt und jeder weiß, was er zu tun hat. Die Steinbockfrau muß also den Waagemann aus der Reserve locken, die Waagefrau auf den Steinbockmann zugehen, sonst kommt hier gar nichts zustande. Meistens kommt der Steinbock ganz zufällig mit der Waage in Kontakt, doch schon kurze Zeit später ist er fasziniert. In den Augen des Steinbockmannes verkörpert die Waagefrau eine Frau mit Sinnlichkeit und Intelligenz, die ideale Mischung für ihn. Sie betört ihn so, daß er vor lauter Faszination stumm und regungslos bleibt. Die Steinbockfrau geht da schon mit mehr Schwung an die Sache. Sie wird sich irgendwann trauen, einen Waagemann anzusprechen, denn er gibt ihr durch Blicke, Lächeln und Gesten zu verstehen, daß er durchaus Interesse an ihr hat – den ersten Schritt überläßt er allerdings ihr. Bevor ein Steinbock mit einer Waage im Bett landet, vergeht meistens eine gewisse Zeit, denn beide sind keine Fans von One-Night-Stands. Irgendwo knistert es zwar, aber die richtige Wärme kommt nicht so schnell auf. Die Annäherungszeit ist mit viel Aufregung und Herzklopfen verbunden. Erotisch erlebt der Steinbock ganz angenehme Stunden mit der Waage, allerdings reißt ihn dieses körperliche Zusammenspiel nicht gerade vom Hocker. Es dauert ihm zu lange, bis die Waage in die Gänge kommt, außerdem möchte er schon ein bißchen mehr Kreativität beim Sexspiel. Was ihn aber auf Dauer wirklich stört ist, daß die Waage nicht gerade mit der Energie des Steinbocks zurechtkommt. Meistens muß der Steinbock die Führung übernehmen, was ihn auf Dauer langweilt, denn eigentlich sucht er einen Partner, der ihm Zunder gibt. Vielleicht trifft man ein bequemes Arrangement in dieser Beziehung, doch optimal ist das nicht.

Steinbock – Skorpion

Eine höchst interessante Verbindung, die am Anfang gerade für den Steinbock sehr aufregend ist, in der Beziehung sich aber leider als schwierig herausstellt. Der Skorpion interessiert den Steinbock. Die Skorpionfrau ist dem Steinbockmann sympathisch, weil er in ihr eine intelligente und kumpelhafte Gefährtin sieht. Bei ihr fällt es ihm nicht so schwer, Komplimente zu machen, sich von seiner charmantesten Seite zu zeigen und aus sich herauszugehen. Obwohl sie mindestens so mißtrauisch ist wie er, gelingt es ihm doch, schnell mit ihr vertraut zu werden. Von Anfang an machen sich beide Partner nichts vor, sondern gehen aufrichtig miteinander um. Die Skorpionfrau ist auch ein durchaus verläßlicher Partner. Sie bleibt ihm allerdings nur erhalten, wenn er ihr ihre Marotten gönnt, sie nicht ständig kritisiert und es nicht auf ein Streitgespräch ankommen lassen will. Da würde er den kürzeren ziehen. Leider neigen die Partner dazu, ihre Probleme mit sich herumzutragen und sie sich dann irgendwann ganz impulsiv um die Ohren zu hauen. Es wird zu unerbittlichen Streitereien kommen, bei denen der Steinbock lieber nachgeben sollte, aber das fällt ihm ja bekanntlich schwer. Je heftiger die Streitereien, desto schwerer fällt letztendlich auch die Versöhnung.

Der Skorpionmann geht mit einer Steinbockfrau da schon viel vorsichtiger und geschickter um. Er lockt sie an, weckt großes Interesse in ihr, versteht es aber auch, sich rechtzeitig wieder zurückzuziehen. Er ist einer der wenigen Männer, der der Steinbockfrau nicht auf die Nerven geht. Es dauert eine gewisse Zeit, aber wenn sie sich dann endlich in ihn verliebt hat, dann richtig. Sie genießt den Sex mit ihm, und wenn sie bereit dazu ist, auch die lustvollen Eskapaden in etwas abgewandelter Form, aber ein Zusammenleben mit ihr wird sehr schwierig. Die Steinbockfrau kann vieles aufgeben, aber nicht ihre Selbständigkeit, ihren Ehrgeiz und bestimmte Gewohnheiten. All das möchte der Skorpion ihr am liebsten abgewöhnen, abgesehen davon geht ihr seine permanente Eifersucht auf die Nerven. Meistens ist sie es, die sich wieder zurückzieht. Letztendlich ist eine Freundschaft der Partnerschaft vorzuziehen.

Steinbock – Schütze

Der Schütze ist einem Steinbock von Anfang an suspekt, schon allein weil dieser zuviel Show macht. Schrill und auffällig erscheint er ihm. Das einzige, was er an ihm schätzt, ist die verborgene Stärke im Schützen und natürlich sein Streben nach Unabhängigkeit. Der Steinbock weiß, daß ein Schütze ihm nicht wirklich gefährlich werden kann. Möglicherweise ist es das, was ihn irgendwann doch dazu bewegt, sich mit ihm etwas vertrauter zu machen.

Sex mit einem Schützen wird für den Steinbock eine intensive, ausdauernde Angelegenheit, aber das wollen wahrscheinlich beide. Letztendlich ist es auch dieses körperliche Erlebnis, das ihn bei ihm bleiben läßt. In einer Beziehung kann der Steinbock, vorausgesetzt er bringt genügend Geduld auf, dem Schützen zeigen, wie man seinem Partner gegenüber treu und zuverlässig ist. Der Schütze wird es ihm danken, denn wahrscheinlich hat er sich noch nie so geborgen gefühlt. Doch am Ende wird er seinem Jagdinstinkt nachgeben und abdriften, den Predigten des Steinbocks zum Trotz.

Grundsätzlich hat das Steinbock-Schütze-Paar Chancen. Der Schütze bringt etwas Spannung in den Alltag des Steinbocks, der Steinbock gibt diesem Partner Sicherheit. Der Steinbock sollte einem Schützen aber alle Freiheiten lassen, die er braucht, dann kommt er schon von selbst wieder zurück, denn meistens läuft er dem Steinbock davon, wenn dieser sich richtig an ihn gewöhnt hat.

Steinbock – Steinbock

Schon von der ersten Begegnung an vertrauen sie sich. Sie wissen, daß sie im anderen einen Artgenossen getroffen haben, und das gibt ihnen ein Gefühl der Gelassenheit. Sie flirten sogar miteinander, ohne daß sie sich zu weiteren Schritten verpflichtet fühlen. Mehr als Sympathie kommt bei dieser Verbindung wahrscheinlich sowieso nicht zustande. Denn instinktiv spüren sie, daß sie auf lange Sicht nicht zusammenleben können.

Sollten beide gerade solo oder nichts Besseres in Sicht sein, können sich Steinbockfrau und Steinbockmann durchaus für einige Nächte arrangieren, aber danach gehen beide meistens wieder getrennte Wege, oder einer verläßt den anderen von heute auf morgen. Beide wissen, daß eine Affäre nur zeitlich begrenzt ist, und vernünftig und nüchtern wie sie sind, machen sie während dieser Zeit das beste draus, verpflichten sich zu nichts und brauchen sich auch später nichts vorzuwerfen.

Sollten sie doch aneinander kleben bleiben, was ja durchaus passieren kann, denn manchmal überkommen Steinböcke romantische Anfälle, geht diese Beziehung nach kurzer Zeit von allein auseinander. Im Alltag stellt sich heraus, daß die Steinbockfrau vieles lockerer sieht als der Steinbockmann. Sie sieht nicht ein, daß er sein Privatleben zugunsten der Beziehung vernachlässigt. Wo er pedantisch ist, wird sie nachlässig, was ihm ernst ist, darüber kann sie nur lachen, wo sie Gefühle investiert, hat er keine. Offene Auseinandersetzungen hat dieses Paar selten. Sie stehen sich gegenüber, stoßen ihre Hörner gegeneinander und warten, bis der andere aufgibt. Es soll ja Steinbock-Steinbock-Konstellationen geben, die die goldene Hochzeit feiern, aber viele interessante Stunden wird es hier sicher nicht geben. Dafür ist diese Kombination aber in einer Hinsicht auf jeden Fall bereichernd: in der finanziellen.

Steinbock – Wassermann

Diese Konstellation findet man häufig. Nach dem Motto »Gegensätze ziehen sich an« stürmen sie aufeinander zu, beziehungsweise der Steinbock läßt sich vom Wassermann durch die Luft wirbeln. Er spürt, daß dieser liebenswürdige Luftgeist so ganz anders ist als er selbst. Zudem zieht ihn seine geheimnisvolle Art an. Der Steinbock weiß auch, daß er im Wassermann keinen leicht durchschaubaren oder einfachen Partner hat, aber er kann ihm doch nicht widerstehen. Durch den Charme des Wassermanns läßt sich sogar der Steinbock hinreißen.

Beim Sex kommt ein Steinbockmann mit einer Wassermannfrau wahrscheinlich besser zurecht als in der umgekehrten Verbindung, denn sie zeigt ihm sehr subtil, was sie gern hat. Das findet er natürlich gut. Der Wassermann wirkt auf die Steinbockfrau ein bißchen unruhig, aber für eine kleine Affäre? Warum nicht. Die Aussichten auf Befriedigung sind hier aber eher trüb.

Eine Steinbock-Wassermann-Ehe wird nicht gerade die glücklichste sein. Letztendlich träumt der Wassermann zuviel. Seine Einfälle überschlagen sich, und ständig braucht er Aktion. Er bringt zuviel Unruhe in das Leben des Steinbocks. Irgendwann wirkt er nicht mehr inspirierend oder stimulierend auf ihn, sondern macht ihn nervös. Der Steinbock hat außerdem das Gefühl, daß er diesen Partner nie richtig kennenlernt, er kann ihn nicht packen. Doch meistens ist es der Wassermann, der den Steinbock verläßt.

Steinbock – Fische

Auch diese Begegnung kann zu einer erfolgreichen Verbindung werden. Obwohl ein Fischegeborener nicht auf Anhieb das Interesse des Steinbocks weckt, läßt der Fisch nicht locker und wartet geduldig den Moment ab, in dem ein Steinbock schwach wird. Der Fischemann wirkt auf die Steinbockfrau zwar sympathisch, aber eigentlich nimmt sie sich nur vor, mit ihm zu flirten. Er jedoch startet seinen Eroberungsfeldzug und beweist dabei eine Hartnäckigkeit, die einer Steinbockfrau schon wieder imponieren muß. Womit sie nicht zurechtkommt ist, daß sich bei ihm starke und schwache Momente abwechseln. Sie wünscht sich Konstanz und keine Verwirrspiele. Körperlich bringt er sie auch nicht gerade in lustvolle Stimmungen und zu befriedigenden Ergebnissen. Sie mag es nicht, wenn er ausschließlich seinen Trieb befriedigt und danach einschläft. Aber bis sie etwas Besseres gefunden hat, geht sie diesen Kompromiß ein.

Sie treibt aber mit ihm leider ein einziges Hin und Her, so lange, bis er endgültig verärgert und auf Nimmerwiedersehen abzieht. Meistens bedauert sie es hinterher, ihren treuen Anhänger so schmählich behandelt zu haben. Das sollte sie sich lieber vorher überlegen.

Die Kombination der Fischefrau mit einem Steinbockmann findet man seltener. Sollte es zu einer Affäre kommen, ist ein Steinbockmann ziemlich verwirrt von soviel Sinnlichkeit und Offenheit. Er hat das Gefühl, als müßte er sie verführen, weiß aber nicht wie. Das macht ihm Angst, mißtrauisch wie er ist. Was ihn stört, ist die stark gefühlsbetonte Seite der Fischefrau. Ihre Sensibilität geht ihm manchmal zu weit, denn an seiner Seite muß eine Frau schon was aushalten können.

Die Steinbock-Fische-Verbindung könnte eigentlich funktionieren, wenn sich beide Partner etwas Zeit ließen, sich anzunähern. Meistens setzen sie zu hohe Erwartungen in den anderen und werden ungeduldig, wenn er sie nicht erfüllt. Es will einfach keine Harmonie einkehren. Aber: Einen Versuch ist es wert!

Wassermannfrau

Persönlichkeit und Eigenschaften

24 Stunden Spaß

Die Wassermannfrau kommt vollbepackt nach Hause. Sie steht vor ihrer Haustür und findet den Schlüssel nicht. Die äußeren Umstände erschweren es ihr, ihn zu finden, denn im linken Arm hält sie einen riesengroßen und schweren blühenden Strauch, dessen Zweige ihr ständig im Gesicht hängen, die beiden prallgefüllten Einkaufstüten in der rechten Hand sind kurz vor dem Zerreißen, und unter irgendeinem Arm klemmt ihre Aktentasche mit den grafischen Zeichnungen, die sie am Abend unbedingt noch überarbeiten will. Falls sie ihren Schlüssel nicht im Büro vergessen hat, wird sie irgendwann in ihre Gemächer eintreten. Das Reich der Wassermannfrau ist luftig, begrünt und gemütlich. Einige exotische Gegenstände sind hier zu finden, alte Möbel mit modernen kombiniert. Hier fühlt man sich gleich wohl. Ihre Wohnung ist einer Wassermannfrau immer wieder eine Wohltat. Und wenn sie nicht gerade einen geliebten Menschen zu Hause hat, der sich ärgert, weil sie schon wieder so ein sperriges Grünzeug anschleppt, wird sie erstmal alles wieder umdekorieren, damit es Platz hat, sich ein Glas Wein einschenken oder einen Tee aufbrühen und zum Telefonhörer greifen – halt! Erst zündet sie noch ihr Duftlämpchen an, für das sie mindestens 20 verschiedene Öle im Regal stehen hat. Jetzt fühlt sie sich absolut wohl.

Eine Wassermannfrau liebt alles, was ihr das Leben annehmlich und freundlicher macht. Dazu gehören Blumen und Pflanzen genauso wie ein neues Kleidungsstück, das gleiche Modell eines bestimmten Paars Schuhe in verschiedenen Farbtönen, eine Fußreflexzonenmassage oder ein Saunabesuch mindestens einmal die Woche. Wenn sie schlecht drauf ist, übersteigt sie gern ihr Budget. Sie verfällt in eine Art Konsumrausch. Die Vorwürfe eines Partners gehen ihr zum einen Ohr rein, zum anderen wieder raus, sie geht in Opposition und sagt sich: Jetzt erst recht! Auch jahrelange Vorwürfe können sie nicht ändern. Es gibt nun mal die sogenannten schönen Dinge, die sie für absolut notwendig hält, einschließlich ihrer Extras.

Die Wassermannfrau ist ein ziemliches Energiebündel, ideenreich, neugierig und meistens in Aktion. Sie muß immer etwas machen, und in erster Linie will sie Spaß haben. Tagsüber hat sie einen möglichst aufregenden kreativen Beruf, zum Beispiel als Grafikerin, technische Zeichnerin oder selbständige Innendekorateurin oder auch Buchhändlerin. Sie hat auch nichts gegen Männerarbeit und nimmt durchaus auch einen Job als Mechaniker oder Schreiner an. Am Abend muß aber was los sein. Da will sie unbedingt ins Ballett, auf eine Vernissage oder mindestens zum Abendessen ausgehen. Kommunikativ wie sie ist, muß sie unter Menschen sein. Sie nimmt gern Einladungen noch in letzter Minute an, Hauptsache es passiert noch etwas. Ihr Freundeskreis kann gar nicht groß genug sein. Hat sie es mit dem einen oder anderen verscherzt, findet sich schnell wieder jemand Neues, der ihre Aufmerksamkeit erregt. Nicht jeder kommt mit ihrer Art zurecht, denn sie ist nun mal ein Luftikus, Schwärmer und Träumer und nimmt vieles nicht so ernst, wie es vielleicht erforderlich wäre. Sie ist sehr intelligent, doch das läßt sie nicht unbedingt durchscheinen, zumal sie Klatsch und Tratsch liebt und sich stundenlang sehr unterhaltsam über die Szenewelt auslassen kann, die sie einerseits kritisiert, an der sie andererseits aber rege teilnimmt.

Auf Menschen, die sie nicht gut kennen, mag die Wassermannfrau anfangs etwas überheblich und distanziert wirken, doch diejenigen, die sie kennen, wissen ihre Toleranz zu schätzen. Nun gut, oft verstrickt sie sich mit großer Hingabe in das Leben anderer und erteilt Ratschläge, die weder erwünscht noch gebraucht werden, aber das kann ihr niemand übelnehmen. Sie gilt als Humanistin, die Probleme der Welt liegen ihr am Herzen. Sie plant Spendenaktionen für Obdachlose oder eine Benefizveranstaltung für eine bedürftige Randgruppe, und obwohl sie sich mit der Realisierung etwas schwer tut, ist ihr Mitleid doch aufrichtig und sind ihre Ideen hochherzig.

Sie sucht die Herausforderung und begrüßt jede Gelegenheit, die ihr neue Aufgaben stellt. Sie glaubt, allen Anforderungen gewachsen zu sein, ihr Mut läßt sie vor nichts zurückschrecken. Zu ihren Überzeugungen steht sie bis zum bitteren Ende, ein Fehlschlag ist für sie kein Grund, einen anderen Weg einzuschlagen, sondern ein neuer Antrieb. Allein schon aus Trotz kann sie einen harten, steinigen Weg in Kauf nehmen, um zum Ziel zu kommen, bloß hat sie nicht immer das Durchhaltevermögen. Dazu braucht sie andere, die ihre Sprunghaftigkeit in die richtigen Bahnen lenken. Ihre wahren Fähigkeiten kann sie meistens erst in einer Zusammenarbeit entfalten.

Kluge Leute wissen eine Wassermannfrau schon richtig einzusetzen. Ehrlicherweise muß man dazu sagen, daß sie auch gern bewundert wird, angefangen von ihrem Äußeren bis zu ihrem Job. Sie wächst gleich um einige Zentimeter, wenn man sie für einen guten Kumpel und fähigen Mitarbeiter hält oder ihren neuen Pullover lobt.

Manchmal wirkt die Wassermannfrau so, als könne man sie nicht richtig fassen, als sei sie ein Wesen, das gerade vom Himmel herabgestiegen oder – einer Nixe gleich – aus den Fluten des Ozeans aufgetaucht ist. Es liegt nicht nur daran, daß sie eine spirituelle Ader hat und zum Okkulten neigt. In manchen Gesprächen wirkt sie oft abwesend, scheint manchmal gar nicht zuzuhören, plappert vor sich hin, ohne ihr Gegenüber anzusehen, und man fragt sich, wo sie sich gerade befindet. Sie ist überzeugt von übersinnlichen Erscheinungen und predigt das Einssein mit dem Universum, um danach kundzutun, daß sie den Vergaser ihres Autos auswechseln muß. Das mag man sehen, wie man will, so wie sie ist, schließt man sie einfach ins Herz.

Die Wassermannfrau selbst hat ein tiefes Bedürfnis nach Liebe und Freundschaft. Sie versammelt Menschen um sich, auf die sie sich verlassen kann, vielleicht, weil sie sich auf sich selbst am allerwenigsten verlassen kann. In einem Mann sucht sie den vollkommenen Gefährten, der mit ihr durch dick und dünn geht, allerdings muß es jemand mit Humor sein. Sie hat diese gewisse Leichtigkeit und braucht einen Partner an ihrer Seite, der sich selbst auch nicht so ganz ernst nimmt.

Sie möchte auf keinen Fall als Sexobjekt betrachtet werden, auch wenn sie sich des Abends noch so aufreizend herausgeputzt hat, aber sie möchte sich neben ihm als Frau fühlen. Sie erwartet Achtung und Anerkennung. Bevor sie sich für einen Mann interessiert, muß er sie erstmal charmant umwerben und genügend Phantasie besitzen, um sie zu erobern. Im Leben der Wassermannfrau gibt es viele Anbeter, doch sie hat ernsthafte Schwierigkeiten, sich zu entscheiden. Sie kann sich einfach nicht entschließen und heiratet meistens erst sehr spät. Die Wahl ihres Zukünftigen überrascht ihre konventionellen Freunde, so wie sie sie schon immer überrascht und schockiert hat mit ihren abstrusen Einstellungen. Seine Nationalität spielt auf jeden Fall keine Rolle. Viel wichtiger ist, daß er sie nicht herumkommandiert und sie nicht in ihrer ungehemmten Energie bremst. Sonst wäre sie keine Wassermannfrau. Denn eine Wassermannfrau braucht viel Freiheit. Erst wenn man sie so sein läßt, wie sie ist, profitieren ihre Mitmenschen auch von dem reichen Ideenpotential in ihr und von ihrer Großzügigkeit. Und schließlich strebt sie danach, ihre Umwelt zu bereichern.

Liebesgeheimnisse und Phantasien

Sex im Wasser

Man traut es ihr zwar nicht zu, doch trotz der vielen Männer, die sie umgeben und umschwärmen, ist sie doch wie eine Kaktusblüte, die selten blüht. Wenn es aber soweit ist, blüht sie am längsten und am schönsten. Ihre rege Phantasie hat längst alle Möglichkeiten, die die Welt der Sinnlichkeit ihr bieten könnte, durchgespielt, aber bis sie die eine oder andere mal antestet, kann es lange dauern. Es liegt allein daran, daß sie so wählerisch ist. Viele Männer gefallen ihr, aber derjenige, mit dem sie wirklich zufrieden ist, scheint so rar zu sein wie die Perlen in einer Muschel. Zudem muß er ihr einiges bieten können: interessantes Aussehen, was nicht heißt, daß sie einen durchtrainierten und gestylten Körper ersehnt, Intelligenz, Einfühlungsvermögen und Witz. Sollte eine der Komponenten fehlen, schläft sie lieber allein.

Für die Wassermannfrau steht nicht der animalische Trieb im Vordergrund. Im Gegenteil, sie idealisiert die Liebe, und Sex ist für sie am schönsten, wenn es mit diesem Ideal verbunden ist. Sie braucht Zärtlichkeit. Ein Mann, der sie wirklich anmachen will, sollte schon früh mit einigen Gesten der Phantasie und ihre Lust anregen, zum Beispiel indem er sanft ihren Arm umfaßt oder mit ihrem Haar spielt. Sie mag es, wenn er ihr während des Gesprächs tief in die Augen sieht und ihr Komplimente macht. Nicht daß das nicht jede Frau möchte, doch für die Wassermannfrau ist es noch viel bedeutungsvoller und möglicherweise der Grund, warum sich ihre Bluse für ihn öffnet.

Wenn sie erstmal richtig erregt ist, dann kann alles möglich sein. Nach einem rauschenden Fest und ausreichendem Champagnergenuß verlustiert sie sich mit ihrem Galan im Taxi. Sie läßt vieles mit sich geschehen, vorausgesetzt, er wird nicht unverschämt. Bei einer falschen Bewegung ist die Nacht garantiert gelaufen. Er muß vorher genau spüren, ob sie es zulassen wird (Voraussetzung ist also absolutes Feingefühl!). Auch in solchen Situationen lebt die schöpferische Ader in ihr auf, und ihr Einfallsreichtum kennt keine Grenzen.

Mehr wird sie entzückt sein, wenn er ihr hier auf halbem Weg entgegenkommt. Am besten, man beginnt schon im Fahrstuhl oder im Treppenhaus, das sie über vier Stockwerke zu ihrer Wohnung führt, ihr jede Menge Vorschläge ins Ohr zu flüstern. So landet sie in der richtigen Stimmung im Bett. Aber einen Moment bitte! Selbst wenn seine Erregung noch so groß ist, darf er nie vergessen, zärtlich und rücksichtsvoll mit ihr umzugehen. Sie mag es, wenn er sie langsam entkleidet und dabei ihre körperlichen Reize beachtet.

Als echte Wassermannfrau hat sie nichts gegen eine heiße gemeinsame Dusche oder ein Schaumbad zu zweit bei Kerzenlicht. Sie liebt es, wenn sie ihren Körper unter Beihilfe eines duftenden Badeöls an dem ihres Partners reibt, oder gegenseitiges Einseifen. Sie fühlt sich wie im eigenen Hause der Erotik, wenn sie es im Wasser treiben kann – aber vielleicht sollte sich da ein großzügigerer Ort als eine Badewanne finden, denn für den Austausch weiterer Zärtlichkeiten braucht sie Platz.

Sie möchte sich ausstrecken, um ein langes Vorspiel zu beginnen. Die Wassermannfrau geht selbst sehr zärtlich mit ihren Liebhabern um. Vielleicht liegt es daran, daß sie so eine große Anziehungskraft auf etwas ältere oder auch gehemmte Männer hat. Oder ist es eher eine Offenbarung? Oft hat sie auch Affären mit verheirateten Männern, die ihr frustriert ihr Leid klagen. In ihrem Verlangen, zärtlich zu ihrem Partner zu sein, stellt sie sogar ihre eigenen Bedürfnisse in den Hintergrund, was oft ausgenutzt wird. Sinnlich und aktiv, das liegt praktisch in ihrer Hand, ertastet sie den Körper des Mannes, geht mit ihren Fingern seinen Konturen nach, fühlt, wo die Muskelstränge sitzen. Auch *ihr* Körper läßt sich am besten mit sensiblen männlichen Händen erobern.

Die Wassermannfrau hat eine spielerische Phantasie, die sie einem harten animalischen Sex vorzieht. Immer wieder denkt sie sich neue Varianten aus, wie sie ihren Partner stimulieren und verwöhnen kann, und gleicht dabei einem Meer, das Welle für Welle immer wieder etwas Neues mit sich bringt. Ihre erogenen Zonen liegen an den Beinen, Füßen, im unteren Rückenbereich und – an ihrer »Venusmuschel«. Außer der manuellen Liebkosung an diesen Stellen genießt sie Massagen. Eine Rükkenmassage bringt das Blut der Wassermannfrau in Bewegung.

Danach sollte er sie sanft umdrehen, sie unter sich schieben und langsam in sie kommen. Die Wassermannfrau mag die Missionarsstellung mit kleinen Varianten. Meistens schlingt sie ihre Beine um den Körper ihres Geliebten, während sie entspannt auf dem Rücken liegt. Ihr Unterkörper kommt in leichten Bewegungen seinem entgegen (ein reines Vibra-Wunder). Übrigens muß die Wassermannfrau nicht unbedingt das männliche Geschlecht in sich spüren, um zum Höhepunkt der Lust zu kommen. Tip: Falls die Bemühungen nicht ausreichend waren, die Wassermannfrau zufriedenzustellen, überlassen Sie es ihrem handwerklichen Geschick.

Wassermann-Mann

Persönlichkeit und Eigenschaften

Der Ungebundene

Er kommt in einem Porsche vorgefahren, steigt lässig aus, schließt nicht einmal die Tür ab und betritt die Szenerie. Man denkt: Welch ein Angeber! Aber dieser Mensch ist wirklich kein Prahlhans, sondern ein ganz normaler Wassermann. Sein Auftritt tut zwar seine Wirkung, nicht nur wegen des teuren Schlittens, der vor der Tür steht, auch sein legeres Outfit ist nicht von schlechten Eltern. Allein für den Wildlederblouson hat er ein Vermögen hingeblättert. Der Wassermann will eigentlich nicht auffallen, er ist sogar peinlich berührt, wenn man ihn darauf anspricht. Wenn er gerade gut drauf ist, würde er vielleicht sagen, daß er eben einen guten Geschmack hat. Meistens ist er ohnehin recht schlagfertig.

Der Wassermann ist sehr gesellig und deshalb meistens auf der Piste, am liebsten mit Freunden, aber auch allein. Er ist aufgeschlossen und neugierig, für ihn gibt es nichts Interessanteres als ein Gespräch mit Leuten, die er noch nicht kennt, um Anregungen zu bekommen und seine Neugier zu stillen. Er kann frisch und munter die ganze Nacht diskutieren. Er ist ein guter Redner, der jemanden leicht fesseln und überzeugen kann (kein Wunder, daß er eine Begabung für die Bühne hat, wo man ihn beruflich oft auch entwickeln kann). Zu seinen Hobbys gehört es, die Probleme anderer zu analysieren und den Dingen auf den Grund zu gehen. Abgesehen davon, daß seine Hilfsbereitschaft von Herzen kommt, erweist er sich bei der Suche nach Lösungen als sehr erfindungsreich. Er ist aber nur dazu bereit, wenn er gerade Lust dazu hat.

Äußerlich wirkt der Wassermann immer etwas cool, doch in ihm steckt ein sensibler, gefühlsbetonter Mensch. Er hat ein Gespür dafür, ob es jemand ehrlich mit ihm meint oder ihm Märchen erzählen will. Er ist scharfsinnig und ein guter Menschenkenner. Diese Fähigkeit kommt ihm auch in seinem Beruf zugute, der meistens im künstlerisch-schöpferischen Bereich liegt. Niemand kann ihn so schnell übers Ohr hauen.

Der Bekanntenkreis eines Wassermannes ist groß, doch selten sind es tiefe Freundschaften, die er pflegt. Das mag an seiner Unabhängigkeitsmanie liegen. Zum einen ist er viel zu unruhig und nervös, um sich länger mit einer Person oder auch mit einem Problem zu beschäftigen, zum anderen haßt er es, sich auf etwas festlegen zu müssen oder jemandem verpflichtet zu sein. Wenn er da ist, ist er da, doch oft entwischt er einem. Wenn der Wassermann das Gefühl hat, jetzt wird es brenzlig, macht er lieber einen Rückzieher. Zu jemandem, der etwas von ihm will, kann er recht barsch sein. Im Grunde seines Herzens tut es ihm sogar leid, aber unangenehme Dinge schiebt er gerne weit weg oder tut so, als hätten sie sich wie durch Zauberhand in Luft aufgelöst. Das Wichtigste ist für ihn, sich auf nichts und niemanden festlegen zu müssen.

Man darf von ihm nicht verlangen, daß er mit irgend etwas konform geht. Er steht zu bestimmten Dingen, aber vielleicht mehr im Gespräch. Für ihn gibt es keinen Grund, sich über bestimmte Geisteshaltungen zu streiten. Ein Wassermann hat meistens schon früh mit Traditionen oder der Religion seiner Familie gebrochen. So etwas engt ihn ein. Für seine Überzeugungen braucht er sich weder zu rechtfertigen noch dafür zu kämpfen. Wenn ihn jemand angreift oder zur Rechenschaft zieht, nimmt er einfach seinen Mantel und geht, denn Vorhaltungen läßt er sich nicht machen. Da haben es Frauen, die einen Wassermann festnageln wollen, ganz schön schwer. Erst müssen sie dafür kämpfen, ihn zu gewinnen, und dann auf traute Zweisamkeit verzichten, wenn ihm nicht die Laune danach steht. In bezug auf Frauen verhält er sich eher scheu und passiv, was bei Männern, die es faustdick hinter den Ohren haben, ja immer so ist. Gewöhnlich wartet er, bis sie die Initiative ergreift. Bei einem ersten Gespräch versteht er es durchaus, einer Frau Komplimente zu machen und ihr zu demonstrieren, daß ein bißchen mehr als Interesse irgendwo im Raum schwebt. Nur, hundertprozentig sicher sein kann sie sich nicht. Eine Frau muß sich trauen und ihm eine Verabredung vorschlagen. Es ist so gut wie sicher, daß er darauf eingeht. Der Wassermann tut immer so, als ob ihm vieles gleichgültig ist, aber davon darf man sich nicht irritieren lassen. Er ist es nicht, im Gegenteil. Aber er braucht längere Zeit, um sich jemandem richtig anzunähern. Er mag kein oberflächliches Geplänkel, insofern muß bei einer Frau erstmal der geistige Funke überspringen, bevor er überhaupt für ihre körperlichen Reize empfänglich ist. Eine Frau kann noch so attraktiv erscheinen, für einen Wassermann ist der erste Satz, den sie spricht, entscheidend. Nur mit einer gewissen Subtilität kann man ihn beeindrucken. Von Frauen, die etwas plump sind, wendet er sich sofort wieder ab. Ohne geistige Übereinstimmung läuft bei ihm nichts.

Der Wassermann verliebt sich oft und schnell, doch ruhelos schwimmt er von einer zur anderen, sucht nach der vollkommenen Liebe. Das Paradoxe ist: Hat er sie endlich gefunden, zögert er noch immer, eine feste Bindung einzugehen oder zu heiraten. Er liebt eine Frau wirklich und aufrichtig, doch sein Blick schweift immer wieder in die Ferne, auf der Suche nach etwas, das noch aufregender sein könnte. Er ist großzügig und verwöhnt seine Partnerin. Wenn es um das gemeinsame Vergnügen geht, geht er sogar recht leichtsinnig mit Geld um. Seine Liebste jedenfalls wird auf Händen getragen, genügend Abwechslung wird ihr außerdem geboten. Doch um einen Wassermann zu halten, muß man – wie bei einem Pferd – die Zügel locker lassen, sonst galoppiert er davon. Trotz fester Beziehung geht der Wassermann immer auf die Pirsch und flirtet, was das Zeug hält. Doch keine Angst: Er ist treu.

Langweilig wird es mit einem Wassermann bestimmt nicht. Eine Beziehung mit ihm ist anstrengend, aber auch anregend, und eine Frau, die ihn in seiner Freiheit nicht einschränkt, wird diese Beziehung spannender als das große Rennen in Monte Carlo finden.

Draufgänger ohne Führungsambitionen

Führen wir uns ein romantisches Bild vor Augen. Es heißt »Das Spiel der Wellen« und zeigt einen zufriedenen Wassermann, umgeben von seinen Nixen. Es trifft eigentlich gut die erotische Stimmung des Wassermannes, er treibt es gern im kühlen oder warmen Naß.

Von der ersten Begegnung an wird gespielt: mit Worten, mit Komplimenten, später mit seinen Händen und Fingern, denn keine seiner Bewegungen geht direkt aufs Ganze. Für einen Wassermann ist das Drumherum viel interessanter als der Liebesakt selbst, gewissermaßen zieht er die Ouvertüre dem Rest der Oper vor. Gern zögert er den Zeitpunkt hinaus und läßt sich dafür etwas anderes einfallen. So kann es passieren, daß er den richtigen Zeitpunkt verpaßt.

Eine Frau ist für ihn kein Sexobjekt. Seine Blicke werden eine Frau nie auf Busen und Po reduzieren. Er will erst ihr Innerstes ergründen, ihre Seele, wobei er langsam und behutsam vorgeht. Man muß sich das wie bei einem spannenden Film vorstellen. Szene für Szene geht es dem Climax entgegen. Der einen oder anderen mag das zu langsam gehen, vor allem einer Frau, die der Meinung ist, ein Mann muß sich als richtiger Draufgänger gebärden, um sein ernsthaftes Begehren zu demonstrieren. Bei einem Wassermann läuft das eben anders. Mit ihm genießt man das Spiel der Wellen, läßt sich treiben und tragen, ohne Ziel, ohne Anstrengung.

Ein Wassermann geht selten mit einer Frau noch am selben Abend ins Bett. Hat er sie aber richtig kennengelernt, wird er einen schönen Ort der Lust für sie und sich finden, um den Liebesakt richtig zu inszenieren. Es kann vielleicht in einem romantischen Hotel außerhalb der Stadt sein oder ein verlängertes Wochenende in seiner Ferienwohnung.

Das Bett ist für den Wassermann wie eine große Abenteuerwiese mit unzähligen Möglichkeiten. Das schönste Spielzeug ist die Frau. Ohne ein langes Vorspiel, in dem er den Körper seiner Geliebten mit Händen, Nase und Mund erkunden kann, läuft nichts. Er erobert sozusagen ihren Körper mit Zärtlichkeiten. Oft ist er selbst so erregt, immer wieder hat er eine andere Idee der Stimulierung gefunden, daß er den Faden verliert. Leicht läßt er sich von einem anderen schönen Detail ihres Körpers ablenken oder von ihren zarten Händen, die ihn berühren, so daß er ganz orientierungslos wird und nicht mehr weiß, was er machen soll. Es liegt an ihr, ihn sanft zu verführen, seine Hände an die richtigen Stellen zu legen, an denen sie es gern hat, oder selbst aktiv zu werden. Man kann einen Wassermann zu allem bringen, aber bitte mit Takt – Verführungskunst im wahrsten Sinne des Wortes ist angesagt.

Ein Wassermann hat es gern, wenn sie ihren Körper sanft an seinen reibt. Es erregt ihn, wenn sie mit seinem Haar spielt, über seinen Nacken streicht. Aber seine wirklich erogenen Zonen liegen am Fuß, an den Waden und in den Kniekehlen. Sie kann, wenn sie ihn ins Bett locken will, zum Beispiel während eines gemütlichen Abends zu Hause, seine Beine auf ihren Schoß legen und anfangen, langsam seine Füße zu massieren und unter den Hosenbeinen seine Waden und Fesseln zu streicheln. Es wird nicht lange dauern . . .

Beim Liebesakt mag er eine Stellung, in der diese Partie berührt wird, zum Beispiel folgende: wenn er sie im Stehen liebt und sie ihre Beine so um ihn schlingt, daß sie mit ihrem Fuß die Kniekehle und Wade berührt. Oder auch wenn sie auf dem Bett kniet und mit ihren Füßen seine Beine berührt, während er sie von hinten liebt. Der Wassermann mag übrigens kleine, schnelle Stöße, die mit langsameren und tiefer gehenden abwechseln. Meistens spielt er aber mit der Spitze seines Luststabes und stimuliert sie.

Ansonsten gibt der Wassermann keiner bestimmten Stellung den Vorzug, dafür experimentiert er viel zu gern. Sex muß abwechslungsreich sein, immer die gleiche Stellung und der gleiche Ablauf langweilen ihn. Deshalb liest er auch begierig Bücher zum Thema Sex und Erotik. Im Rahmen seines experimentellen Interesses können die Variationen beim Liebesspiel durchaus komplizierter ausfallen. Aber er wird seine Geliebte sicherlich nicht zu akrobatischen Übungen überreden – und wenn, hat er das vorher mit ihr diskutiert und ihr Einverständnis bekommen. Sex mit einem Wassermann ist eben wie ein Zirkus ohne Raubtiernummer.

Wer paßt zu wem, wie und warum

Wassermann – Widder

Von einem Widder muß der Wassermann ja angetan sein, schon allein weil ihn seine intellektuelle Ausstrahlung und sein Temperament neugierig machen. Der Widder tritt nun mal auf als der große Macher, hinter ihm vermutet der Wassermann tiefe Gefühle und verborgene Kräfte, genau das, wonach er immer strebt. Sympathie scheint übrigens auch auf der Gegenseite da zu sein. Jedenfalls knistert es.

Was den Wassermann etwas stören könnte ist, daß der Widder gleich aufs Ganze geht. Er läßt dem Wassermann keine Zeit, sich mit ihm erstmal geistig auseinanderzusetzen. Er fragt ihn »Entweder – oder?« und zwingt ihn zu einer Antwort, die sicher »Ja« heißt, aber so ganz wohl fühlt sich der Wassermann nicht dabei. Was dann im Schlafzimmer auf ihn zukommt, ist ein starkes Stück. Großartiges Einfühlungsvermögen zeigt der Widder nicht gerade. Besonders die Wassermannfrau ist etwas enttäuscht, denn sie fühlt sich ausgenutzt. Der Wassermann-Mann fühlt sich leicht überrumpelt, denn er ist es nicht gewohnt, daß eine Frau so rangeht.

Langfristig gibt der Widder einem Wassermann keine Zufriedenheit. Die einzige Möglichkeit, um Harmonie in diese Konstellation zu bringen, ist die Annäherung auf der geistigen Ebene. Erst dann tritt das Körperliche zurück. Doch eine Beziehung, in der die geistige und körperliche Seite nicht in Einklang sind, wird einen Wassermann sicher nicht zufriedenstellen.

Wassermann – Stier

Warum diese Kombination so häufig ist, kann einem allein der Wassermann beantworten, wobei er ins Schwärmen geraten dürfte. Der Charme, mit dem ein Stier den Wassermann verführt, reißt ihn völlig aus seiner Phantasiewelt heraus und läßt ihn mit beiden Beinen auf dem Boden und im Territorium des Stiers aufkommen. Es ist vor allem die Bodenständigkeit des Stiergeborenen, von der ein Wassermann angetan ist, diese Ausstrahlung von Wärme und Vertrauen.

Beim Sex zeigt der Stier dem Wassermann, wo die verborgenen Winkel der Sinnlichkeit liegen, er führt und verwöhnt ihn. Der Wassermann gibt sein übriges dazu, so daß diese Mischung die richtige erotische Würze bekommt.

Eine Beziehung wird für beide Partner nicht leicht. Für den Wassermann ist der Stier nicht einfach zu handhaben. Eifersüchtig wacht er über jeden Flirt, manchmal neigt er dazu, ihn zu kontrollieren. Er sieht vieles von der düsteren und schwierigen Seite, was der Wassermann schlecht nachvollziehen kann. Oftmals hat der Stier ganz andere Hobbys als ein Wassermann und neigt dazu, dem wirbligen Wassermann nur träge zu folgen, wenn es um gemeinsame Freizeitgestaltung geht. Doch trotz einiger Unstimmigkeiten braucht er einen Menschen wie den Stier an seiner Seite, der ihn stabilisiert, der ihm ein Gefühl der Sicherheit gibt, vergleichbar mit dem eines Kindes, das beim Nachhausekommen weiß, daß es die Mutter in der Küche vorfindet. Möglicherweise wird der Wassermann im Laufe der Zeit ruhiger, so kann diese Partnerschaft erst recht harmonisch verlaufen.

Wassermann – Zwillinge

Hier geht es zwar drunter und drüber, aber Wassermann und Zwilling sind trotzdem eine Superverbindung. Von Anfang an spürt der Wassermann, daß es genau der Zwilling ist, nach dem er immer gesucht hat. Er spürt in ihm die Verwandtschaft des Luftgeistes und sieht schon mit geistigem Auge, wie der Verstand und die Logik in einem großen Feuerwerk vergehen und die Phantasie und das Chaos im schönsten Licht erstrahlen. Es ist hier so, als würde dieses Paar jeden Tag Hochzeit feiern – es ist der schönste, aber wohl auch einer der anstrengendsten Tage des Lebens.

Jedenfalls ist schon die Zeit des Kennenlernens aufregend genug. Wie der Wassermann ist auch der Zwilling ein ungebundenes Wesen, das ihn zu nichts verpflichtet. Er zieht ihn an und läßt ihn wieder los, beim nächsten Mal ist es umgekehrt. Sind sie wieder zusammen, werden zärtliche Liebesversprechungen ausgetauscht. Der Zwilling zeigt ihm eine ganz neue Welt der Erotik und der Leidenschaft. Nur schwer wird ein Wassermann davon wieder loskommen.

Mit einem Zwilling zusammenzuziehen sollte er sich aber genau überlegen, denn im siebten Himmel zu wohnen, an der Seite dieses Partners, artet in anarchische Zustände aus. Keiner fühlt sich verpflichtet, wenn es um die Organisation des Alltags und vor allem der Finanzen geht. Man könnte es vielleicht so sehen: Ihre Liebe bildet eine starke Säule, aber es gibt kein Haus, das man darauf aufbauen könnte. Um diese Konstellation einigermaßen konstruktiv zu gestalten, sollte einer der beiden Partner einen solideren Aszendenten mit stabilisierenden Eigenschaften haben.

Wassermann – Krebs

Es könnte gut sein, daß der Wassermann dem Krebs auf irgendwelchen esoterischen Kongressen begegnet und sich an die Fersen dieses geheimnisvollen Wesens heftet. Schnell wird er feststellen, daß es mit einem Krebs viele gemeinsame Interessengebiete und geistige Übereinstimmungen gibt. Der Umgang mit ihm ist so unkompliziert, daß auch die erste gemeinsame Nacht ein wunderbares Erlebnis werden wird, denn auch körperlich haben sie keine Schwierigkeiten. Sie inspirieren sich gegenseitig.

In der Beziehung fühlt sich der Wassermann manchmal etwas überfordert, denn da, wo er an der Oberfläche bleibt, geht der Krebs in die Tiefe. Wenn dem Krebs etwas nicht paßt, wird er launisch, manchmal neigt dieser Partner auch zu tiefer Traurigkeit. Damit kann der lockere Wassermann schlecht umgehen. Der Krebspartner fordert viel von ihm, wodurch der Wassermann lernt, Rücksicht auf seinen Partner zu nehmen und sich auf einen anderen Menschen einzustellen. Je länger der Wassermann mit dem Krebs zusammen ist und sobald die ersten Schwierigkeiten überwunden sind, desto besser läuft es.

Beide geben sich gegenseitig Nahrung und verändern sich durch den anderen. Es ist so, als würden sie durch ihr Zusammensein zu einem neuen Menschen, wobei aber keiner der beiden Partner das Gefühl hat, sich aufzugeben oder zuviel von seiner Persönlichkeit zu verlieren. Die Wassermann-Krebs-Konstellation ist, insofern die gemeinsamen Schwierigkeiten überwunden werden, sehr konstruktiv.

Wassermann – Löwe

Weil die Erde rund ist, ist die Wahrscheinlichkeit groß, daß sie sich irgendwann wieder begegnen. Die beiden treffen sich, sind ein Weilchen zusammen, um sich aber bald wieder auf Wanderschaft zu begeben.

Zunächst ist der Löwe einem Wassermann sympathisch, denn sein showreifes Auftreten imponiert ihm, abgesehen von seiner kraftvollen Ausstrahlung. Der Wassermann wird schnell mit ihm Kontakt aufnehmen. Komischerweise verstellt sich der Löwe in Gegenwart eines Wassermannes und gibt sich als umgänglicher Zeitgenosse, der im Prinzip alles nicht so ernst nimmt, der locker und lustig sein kann. Er macht den Wassermann glauben, daß er die Welt ähnlich sieht wie er selbst. Aber schon bald stellt sich heraus, daß ein Löwe viel komplizierter und schwieriger zu handhaben ist. Partout muß er seinen Kopf durchsetzen, erwartet vom Wassermann, daß er ihm folgt, ist selten bereit, Kompromisse einzugehen. Der Wassermann ist wiederum mit einem Löwen völlig überfordert, denn er kann ihm nicht die Stärke geben, die dieser eigentlich von seinem Partner erwartet.

Der Wassermann begegnet dem Löwen immer auf einer bestimmten Ebene, da, wo man sich emotional nicht allzu nah kommt, zum Beispiel bei der Arbeit oder während eines unverfänglichen Gesprächs in irgendeiner Gesellschaft. Auf dieser Ebene sollten sie auch bleiben, denn eine Ehe kann bei dieser Kombination nicht funktionieren. Die Partner sind viel zu verschieden voneinander und leider Gegensätze, die sich nicht anziehen.

Wassermann – Jungfrau

Eigentlich weckt die Jungfrau kein großes Interesse im Wassermann, aber es gibt ja schicksalhafte Begegnungen, die zwei Menschen immer wieder zusammenführen können. Warum sich ein Wassermann doch plötzlich in den Armen einer Jungfrau wiederfindet, liegt daran, daß er nun mal eine große Wirkung auf sie ausübt.

Der Jungfraumann buhlt um eine Wassermannfrau, bis diese endlich verwirrt mit ihm geht, denn gegen seine Rhetorik kommt man schlecht an. Der Wassermann-Mann entdeckt eine Jungfrau-Frau irgendwann, während er wieder mal dabei ist, eifrig Kontakte zu knüpfen. Auch sie versucht ihn festzuhalten, denn einen so interessanten Mann läßt man nicht so schnell wieder aus den Krallen.

Der Wassermann sagt sich also »Warum nicht?« und sieht das Ganze recht locker, aber eine Jungfrau nimmt die Affäre mit ihm nicht auf die leichte Schulter. Sie fürchtet nämlich, daß ihr dieses kostbare phantastische Wesen wieder entfleucht, was ja auch stimmt. Denn auf Dauer geht einem Wassermann die pedantische Art der Jungfrau ganz gehörig auf den Geist. Es entstehen Meinungsverschiedenheiten, weil jeder versucht, den anderen in seine eigene Welt zu ziehen. Die Wassermann-Jungfrau-Verbindung hat nur Bestand, wenn einer den anderen in Ruhe läßt. Jeder muß seine Gewohnheiten beibehalten können und seine eigene Welt nicht verlassen müssen. So gibt es zwar keinen Streit, aber so leben sie vielleicht wie zwei Fremde unter einem Dach, mit Distanz und Respekt. Vielleicht ist dieses Arrangement letztendlich sogar vernünftiger als jede romantische Verliebtheit. Ob der Wassermann dabei glücklich wird, bleibt zu bezweifeln.

Wassermann – Waage

Es wird wohl der Wassermann sein, der eine Waage anmacht, vielleicht anfangs nicht mit viel Erfolg, denn dieses Zeichen zieht nicht so mit, wie er es sonst gewohnt ist. Die Waage bleibt dem Wassermann suspekt, er traut ihr nicht und findet auch nicht die gemeinsame geistige Ebene mit ihr. Bis er mit ihr im Bett landet, sind ihm wahrscheinlich schon die ersten grauen Haare gewachsen. Aber das heißt nicht, daß diese Verbindung ohne Chancen ist.

Beste Voraussetzung, damit Wassermann und Waage noch Hochzeit feiern, ist, daß sie sich seit vielen Jahren, besser noch Jahrzehnten kennen, vielleicht vom Sandkasten oder der Schule her. Irgendwann stellt sich ein Gefühl der Verbundenheit ein, und erst dann funkt es. Sexuell klappt es besser, als man gedacht hat, und so werden sie sowohl aus Sympathie als auch aus Bequemlichkeit ein Paar. Das ist sicher nicht optimal noch aufregend, aber eine vernünftige Lösung auf Dauer, bei der der Wassermann die Sicherheit hat, die er braucht, und einen Partner, der ihn nicht einschränkt. Keiner muß seine Gewohnheiten aufgeben, die Waage kommt ihm nicht ins Gehege. Eigentlich ist die Wassermann-Waage-Verbindung optimal auf die »alten Tage«.

Wassermann – Skorpion

Wenn er den Skorpion nicht aufregend findet, dann muß beim Wassermann etwas schiefgelaufen sein. Der Skorpion legt einen ungeheuren Eifer an den Tag, um den Wassermann zu fangen. Dazu muß dieser wissen, daß sein freier Geist und seine Unabhängigkeit wie magisch auf einen Skorpion wirken. Mit aller Macht will dieser ihn besitzen und lockt ihn mit L st und Charme. Der Skorpion will erobern, da kommt ihm der Wassermann gerade recht. Oft erscheint ihm der Skorpion unheimlich, und er steht ihm ein bißchen skeptisch gegenüber. Aus gutem Grund, denn ein Skorpion bewahrt sich immer ein letztes Geheimnis, schon allein weil er die Oberhand behalten will – die letzte Reserve sozusagen. Doch er tut viel, um den Wassermann herumzukriegen. Nicht nur daß er all seine Phantasie und seinen Charme spielen läßt, er verwöhnt den Wassermann auch. Für diesen bricht jetzt die Epoche von Kaviar und Champagner an. Er kann sich glücklich schätzen und in vollen Zügen genießen.

Der Skorpion drängt den Wassermann mehr oder weniger in eine Partnerschaft. Mit der Zeit fühlt sich dieser wie erdrückt, denn der Skorpion krallt seinen Partner fest, was einem Wassermann nun wirklich die Luft abschnüren muß. Eifersucht, Intrigen, Streit – da fliegen die Fetzen, das betreibt ein Skorpion ziemlich extrem. Der Wassermann fühlt sich wie vor den Kopf gestoßen und kann damit gar nicht umgehen. Er haßt es, wenn ihn jemand unter Druck setzen will. Insofern sollte er lieber die Finger von einer festen Verbindung lassen. Dafür genießt er um so mehr einen heißen Flirt oder eine aufregende Kurzbeziehung. Das funktioniert mit einem Skorpion immer und bringt dem Wassermann ziemlich viel Elan.

Wassermann – Schütze

Es scheint so, als ob der Schütze genau wüßte, was er zu tun hat. Denn ganz offen gibt er dem Wassermann zu verstehen, daß er mehr will als flirten. Von Anfang an ist eine körperliche Anziehung da, der der Wassermann nicht so schnell widerstehen kann, denn der Schütze geht einfach auf's Ganze, ohne zu vergessen, charmant zu sein. Dem Wassermann gegenüber legt sich der Schütze richtig ins Zeug, kehrt seine romantische Seite hervor und tut instinktiv das Richtige für den anspruchsvollen Wassermann, denn er hat große Lust, ihn festzuhalten.

Die Nächte mit einem Schützen sind für den Wassermann wie ein erotischer Abendkurs mit offenem Ende. Der Schütze besitzt eine Phantasie beim Liebesspiel, die dem Körper eines Wassermanns sehr angenehm ist. Er läßt sich immer wieder etwas Besonderes und Delikates einfallen – ein Leckerbissen für neugierige Wassermänner.

Wassermann – Steinbock

Vielleicht versteht der Steinbock nicht, was ein Wassermann an ihm so interessant findet, aber der Wassermann weiß genau, was ihn fasziniert – nämlich die Eigenschaften, die er selbst nicht hat. Im Steinbock findet der Wassermann etwas Herbes, das ihn magisch anzieht, eine Mischung aus Härte und Sanftheit, heiß und kalt, und hinter allem steckt diese gewisse Festigkeit. Der Steinbock besitzt Mut und Ehrgeiz, alles packt er gleich und richtig an, und obendrein den intellektuellen Touch, eine ganze Menge also, die er zu bieten hat. Der Wassermann läßt sich sofort beeindrucken und hat den Drang, von diesem Partner zu lernen. Aktiv werden muß aber der Wassermann, damit sich der Steinbock für ihn erwärmt, denn trotz Sympathien auf der »Gegenseite« bleibt der Steinbock mißtrauisch bis zuletzt. Der Wassermann schafft es aber, den Steinbock mit seiner Phantasie und seinem Elan mitzureißen und ihn etwas aufzulockern.

Am Ende sind es aber die einst bewunderten Eigenschaften des Steinbocks, die ihn stören. Der Wassermann bringt nicht die Geduld und Ernsthaftigkeit auf, ihm nachzueifern. Der Steinbock verhält sich oft ziemlich rauh, verletzt den Wassermann. Man kann davon ausgehen, daß eine Steinbock-Wassermann-Ehe irgendwann geschieden wird. Man wirft sich Fehler vor, und meistens ist es der Wassermann, der ausbricht. Mit diesem Partner wächst er nicht zusammen. Gemeinsam haben sie am Ende nur ihr Auto und ihr Haus, aber das reicht leider nicht, um glücklich zu sein.

Wassermann – Wassermann

Hier kann man nicht viel sagen, denn vor lauter Chaos sieht man nichts. Dabei verstehen sie sich recht gut, denn beide plappern sich gegenseitig zu und überhäufen sich mit abwegigen Einfällen. Sollten sie zusammenwohnen, kann das nur Zufall sein. Es dürfte sich um eine WG oder sonst eine alternative Art des Zusammenlebens handeln (eine Hausgemeinschaft im Rahmen eines Architekturprojektes oder ähnliches), bei der diese zwei sicher kein Paar bilden und schon gar nicht gemeinsam den Einkauf erledigen – dafür sorgen sie auf einer Party für Stimmung . . .

Wenn sie zusammen schlafen sollten, käme das einem Inzest gleich. Keiner weiß, was er mit dem anderen machen soll. Sie brauchen sich aber nicht verpflichtet zu fühlen, sich als Cousin und Cousine vorzustellen. Wassermannfrau und Wassermann-Mann muß man sich vielmehr wie Luftgeister vorstellen, die durch den anderen hindurchfliegen, wenn sie aufeinanderstoßen, und nicht die geringste Spur hinter sich lassen.

Wassermann – Fische

Der Fisch sagt zum Wassermann: »Komm in meine Welt und tanz mit mir«, aber der Wassermann scheint das entweder nicht zu hören oder die Schritte nicht zu beherrschen. Beim ersten Kennenlernen gibt es zwar eine gewisse Sympathie zwischen ihnen, aber es ist der Fisch, der dem Wassermann hinterherschwimmt. Doch mit einem Fisch gemeinsam ein schönes Erlebnis zu haben, scheint hier nicht möglich zu sein. Den ganzen Tag verpufft der Wassermann seine Phantasie und seine Energie, für den armen Fisch bleibt nichts mehr übrig. Für ihn braucht man sehr viel Einfühlungsvermögen, anders läßt sich die sensible Seele dieses Menschen nicht ergründen.

Mißstimmung gibt es vor allem im Schlafzimmer. Der Fischemann stößt die Wassermannfrau ziemlich vor den Kopf, weil er schnell zur Sache kommt und sich nicht erstmal mit ihrem schönen Körper beschäftigt. Der Wassermann kann mit der sinnlichen Fischefrau wenig anfangen, denn so wie sie sich gibt, wird er ganz schön unsicher. Soweit braucht man es aber nicht kommen zu lassen. Freundschaftlich ist die Wassermann-Fische-Kombination ein Volltreffer. Zum Fischemenschen kann der Wassermann absolutes Vertrauen haben, enge und herzliche Gespräche führen und sich Trost und Rat holen – vorausgesetzt, der Fisch gibt sich mit dieser Freundschaftsrolle zufrieden. Es muß sich ja nicht immer alles um Sex drehen.

Fischefrau

Persönlichkeit und Eigenschaften

Neptuns liebstes Kind

Wenn eine Fischefrau nicht doch noch einen Rest von Pflichtbewußtsein in sich hätte, das sie aus dem warmen Bett und an ihren Arbeitsplatz treibt, würde sie sich wohl bis zum späten Vormittag in ihren Laken räkeln, ein spannendes Buch lesen, ihren Kaffee schlürfen und an nichts denken. Die Fischefrau ist ein Langschläfer und liebt das Faulenzen, sie muß es wohlig und bequem haben, um mit all ihren Sinnen genießen zu können. Sie ist empfänglich für alle sinnlichen Reize.

Wenn sie aus dem Haus geht, dann so, daß sie vollkommen zufrieden mit sich ist. Ihre Kleidung umschmeichelt ihren Körper, ihr frischgewaschenes und geföntes Haar umspielt ihr Kinn oder fällt locker auf ihre Schultern, sie ist dezent geschminkt, gerade so, daß die Vorzüge ihres Gesichts hervorgehoben werden. Eine Fischefrau weiß, wie attraktiv sie wirkt, und das nicht nur, weil Neptun über sie wacht, der Schönheit und Geheimnis symbolisiert. Weiblich sinnlich ist sie – zumindest präsentiert sie sich so. Man weiß nicht recht, ob sie nun wirklich so ist oder ob sie nur eine Rolle spielt. Eigentlich ist das egal, denn man weiß die Anwesenheit einer Fischefrau zu schätzen. egal wo sie auftaucht. Bei ihren Freunden gilt sie als hilfsbereit und verständnisvoll, bei ihren Arbeitskollegen als zuverlässige Macherin und bei den Männern als die Nummer 1.

Die Fischefrau scheint nur in bezug auf ihre Mitmenschen zu leben. Zum einen spiegelt sie sich in ihnen, denn sie braucht die Bestätigung, daß sie schön und begehrenswert ist – wofür sie sogar Jobs als Aktmodell oder Sextänzerin annimmt –, zum anderen hat sie einfach ein Talent, mit Menschen umzugehen, und nimmt sich durchaus ihrer Probleme an. Sie scheint die

Gefühle anderer mitzuerleben. Jemand, der ihr sein Herz ausschüttet, fühlt sich von ihr voll und ganz verstanden. Eine Fischefrau kann einfach nicht unbeteiligt sein, wenn jemand bekümmert ist. Man kann sie getrost mitten in der Nacht anrufen, um ihr sein Herz auszuschütten, doch man sollte nicht vergessen, ihre Bemühungen anzuerkennen und ihren Edelmut zu loben. Man kann sie auch nicht täuschen, denn sie spürt intuitiv, was Wahrheit und was Schein ist.

Diese Sensibilität läßt sie auf ihre Gefühle und Ahnungen setzen – was manchmal ihren Verstand auszuschalten scheint. Kein Wunder, daß es eine Fischefrau oftmals hin zu esoterischen oder okkulten Dingen zieht. Sie läßt sich leicht überzeugen und ändert ihren Lebensstil von heute auf morgen. Sie denkt ihren neuen Lebenswandel nie bis zur letzten Konsequenz durch, sondern stürzt sich ins Abenteuer. Es mag daran liegen, daß sie letztendlich doch eine Träumerin mit starken Sehnsüchten ist. Hier zeigt sie sich als absolute Romantikerin.

Das genaue Gegenteil ist sie, wenn es um Machtkämpfe geht, bei denen man glauben könnte, mit einer Fischefrau leichtes Spiel zu haben. Noch bevor ihr jemand eins auswischen will, hat sie die Sache mitbekommen. Sie mag in den Augen mancher unschuldig und hilflos wirken, aber das ist sie nicht. Die Fischefrau scheut offene Auseinandersetzungen, dafür geht sie aber viel subtiler vor. Um das zu bekommen, was sie möchte, setzt sie alle Mittel ein, die sie hat – Verstand und Körper. Wie sie es immer wieder schafft, als Siegerin das Schlachtfeld zu verlassen, ohne gekämpft zu haben, bleibt ein Rätsel. Jedenfalls hat sie obendrein die einflußreichsten und wichtigsten Leute auf ihrer Seite – oder ihren Traummann?

Traummänner gibt es viele im Leben einer Fischefrau. Sie verliebt sich immerzu in irgend jemanden, wobei es völlig unterschiedliche Männertypen sind, für die sie gerade schwärmt. Wem sie ihre Zuneigung nun schenkt, da ist sie unberechenbar. Es ist mehr ihr starker Sextrieb, von dem sie sich lenken läßt. Um einen Mann zu bekommen, läßt sie ihre Weiblichkeit mächtig spielen. Auch hier erweist sie sich wieder als hervorragende Schauspielerin – femme fatale oder kleines Mädchen,

Kumpel oder Vamp –, sie beherrscht ihre Rolle perfekt. Kein Wunder, daß man sie beruflich oft auf der Bühne oder beim Film findet. Sie tut alles, um Interesse bei einem Mann zu wekken, sie läßt sich verwöhnen und vergöttern, genießt Komplimente, doch wenn er ihr zu verstehen gibt, daß er es ernst meint, kann es passieren, daß sie es plötzlich mit der Angst zu tun bekommt und einen Rückzieher macht.

Der Mann, den sie sich dann unter ihren vielen Lieben und Affären aussucht, ist meistens der falsche. Oft heiratet sie einen weichen, wenig triebhaften Mann. Einerseits fühlt sie sich hier sicher und gut aufgehoben, doch irgendwann kommen die Probleme auf sie zu. Ihre lebhafte sexuelle Phantasie sucht Ventile, so geht sie auf Wanderschaft und wird ihrem Gatten untreu. Meistens kommt ihr Liebhaber ihrer romantischen Ader entgegen. Ihn vergöttert und verwöhnt sie, während ihr Ehemann zu Hause vernachlässigt Trübsal bläst. Meistens kehrt sie aber doch wieder ins traute Heim zurück, wenn sie der Abenteuer überdrüssig ist oder wenn sie ihren Geliebten mit ihrem Mann austauschen kann.

Die Fischefrau wird aber leider oft von Männern enttäuscht. Leicht läßt sie sich das Herz brechen, weil sie sich in ihrer hingebungsvollen Liebe hat blenden lassen. Eine mißlungene Affäre versetzt sie in düstere Stimmung, die sie selbst schlecht unter Kontrolle bekommt und die sie manchmal an den Rand eines Zusammenbruchs führt. Meistens setzt sie hohe und unrealistische Maßstäbe an einen Mann. Wenn das, was sie sich vorgestellt hat, nicht mit der Realität übereinstimmt, wird sie krank.

Richtig geborgen fühlt sich die Fischefrau inmitten ihrer Familie, denn da weiß sie, wo sie hingehört. Sie kann eine sehr liebevolle Ehefrau und Mutter sein, versteht es, ihr Heim gemütlich zu machen, und verwöhnt ihren Anhang.

Im Grunde ist sie unselbständig und klammert sich an die Hauptperson in ihrem Leben, am besten an einen Mann, der ihr auch finanzielle Sicherheit gibt, denn mit Geld kann die Fischefrau einfach nicht umgehen. Oft macht sie jemandem teure Geschenke, um seine Aufmerksamkeit zu gewinnen oder ihm die ersehnte Anerkennung abzukaufen. Zu sparen versteht sie kaum, denn alles, was ihr schön und begehrenswert erscheint, möchte sie haben. Sie kann schwindelerregende Summen zum Fenster rauswerfen und sich dabei ganz unschuldig fühlen. Aber ein kleines »Laster« muß der Mensch ja haben, oder?

Liebesgeheimnisse und Phantasien

Reif für die Bühne

Beleuchtung stimmt, Make-up, Position – Klappe . . .die Fischefrau spricht und bewegt sich. Ein vollkommenes sinnliches Schauspiel bis zum Ende der Szene. Das Stück könnte »Sinneslust« oder so ähnlich heißen. Die Hauptdarstellerin kann niemand anders als die Fischefrau sein.

Einem Mann, der ihr gefällt, signalisiert sie Interesse, ohne ihre Erscheinung als unschuldiges stilles Wasser zu beeinträchtigen. Während sie sich kühl gibt, läßt sie Lust durchschimmern und heizt die Phantasie eines Mannes an.

Die Fischefrau ist schon früh entwickelt. Neugierig und ohne Scheu probiert sie bereits im Teeniealter alles mögliche aus. Die Bereitschaft, sich erobern zu lassen, verspürt sie immer. Jemandem, der versucht, sie zu erobern, kann sie einfach nicht widerstehen, nein zu sagen fällt ihr grundsätzlich schwer.

Sie richtet sich ganz nach den Wünschen ihres Liebhabers. Wie und wo er es mit ihr machen möchte, dazu ist sie bereit. Sie hat nichts gegen Sex in der Natur oder wenn es sein muß auch im Auto, aber ein Bett, am besten ihr eigenes, zieht sie allem anderen vor. Hier kann sie ihr Liebesspiel inszenieren. Bei ihrer natürlichen dramatischen Begabung kann man davon ausgehen, daß sie jetzt alles richtig macht, vor allem, daß es ihm gefällt. Zunächst mal schafft sie die richtige Atmosphäre. Die Beleuchtung reicht aus, damit er ihren Körper bewundern kann, denn sie will, daß er sie ansieht. Es macht ihr gar nichts aus, wenn er sie als Objekt betrachtet. Im Gegenteil, sie setzt sich in Pose und zeigt sich so, daß er sie von allen Seiten richtig betrachten kann. Sie kleidet sich in ihre schönste Wäsche, legt Parfüm an und sorgt für passende Musikuntermalung. Kennt sie einmal die Marotten ihres Partners, inszeniert sie es beim nächsten Mal so, daß es ihm an nichts fehlt und er vollkommen verzaubert ist. Dann kann es losgehen.

Wenn die Realität mit ihrer Phantasie übereinstimmt, ist die Fischefrau glücklich, und sie kennt keine Hemmungen mehr. Nicht daß sie irgendwelche besonderen Vorlieben hätte, aber sie wünscht sich einen Sexpartner, der stark, ausdauernd und zärtlich ist. Reibeisen oder Männer ohne Gefühle stoßen eine Fischefrau ab. Wenn der Partner also ihren Vorstellungen entspricht, ist sie für jede Art von Sexspiel zu haben. In ihrer wilden, heftigen Leidenschaft ist sie zu allem fähig.

Durch ihre offene Bereitschaft gerät die Fischefrau oft in eine Art Herr-Sklavin-Beziehung. Schon allein weil sie ihm zu verstehen gibt, daß er sie als Sexobjekt zu allem gebrauchen darf, worauf er Lust hat, verstehen das viele Männer falsch. Sie ist eben ganz Hingabe und kann schlecht nein sagen. Wenn ihr allerdings jemand Schmerz zufügen will, wird sie aktiv. Das geht ihr zu weit. Die Peitsche braucht er also nicht auszupacken.

Am liebsten ist der Fischefrau ein langes zärtliches Vorspiel. Sie wird gern gestreichelt, vor allem am Hals bis zu den Brüsten und zwischen den Beinen. Leidenschaftliche Küsse bringen sie zur Ekstase. Sie ist eine Künstlerin im Gebrauch ihrer Zunge, mit der sie den ganzen Körper ihres Liebhabers bedient. Wenn sie über die Maßen erregt ist, kennt sie keine Grenzen. Am liebsten setzt sie sich auf ihn und bewegt sich in leichten Wellenbewegungen. Sie schüttelt ihren Kopf hin und her, damit sie dabei ihr Haar auf der Haut spürt, nimmt seine Hände, damit er ihre Brüste berührt. Sie schreit und stöhnt in der Überzeugung, daß das den Appetit ihres Partners zusätzlich steigert. Aber was sie wirklich ausdrückt ist: Sieh nur, wie schön ich bin! Dann legt sie sich mit dem Oberkörper wieder auf ihn, um seine Haut fest an ihrer zu spüren.

Sie hat es auch gern, wenn er sie von hinten liebt, am besten so, daß sie vor ihm kniet. Hin und wieder sollte er dabei ihr Haar festhalten oder über ihre Brüste streicheln. Hier ist sie sehr empfindlich, besonders an den Brustwarzen. Es macht eine Fischefrau glücklich, wenn er mit einem sanften befreienden Stöhnen in ihr kommt. Erst das gibt ihr richtige Bestätigung.

Nach dem Liebesspiel wird sie locker und lustig. Das Bett möchte sie am liebsten nicht mehr verlassen. Lieber turtelt sie mit ihrem Liebsten noch ein wenig, albert mit ihm und neckt ihn. Es wird nicht lange dauern, bis sie in ihm von neuem die Lust geweckt hat.

Fischemann

Persönlichkeit und Eigenschaften

Der Meister der Luftblasen

Der Fischemann strahlt Kraft und Dynamik aus, und obwohl er sich in einer Gesellschaft nicht in den Vordergrund drängt, zieht seine starke Persönlichkeit an. Meistens steht er nicht lange still, sondern wandert umher, so wie seine Augen, aber man kann eigentlich nicht sagen, daß er etwas Bestimmtes sucht.

Meistens befindet sich der Fischemann in Gesellschaft von Künstlern und Schriftstellern oder auch in der Werbewelt. Er ist sehr intelligent und scharfsinnig, so daß seine schöpferische Ader ihn nicht ins Chaos führen kann. Meistens hat er eine Position zum Beispiel in einem Kunstverlag oder einer Werbeagentur, in der er seine Ideen anbringt, aber an andere delegiert, wenn es um die Ausführung geht. Am liebsten arbeitet er allein, schon weil die Gefahr besteht, daß andere nicht so gut sind wie er oder ihm mit einer anderen Denkweise im Wege stehen. Er selbst sucht sich nämlich immer den leichtesten Weg aus. Er ist außerdem selbständig genug, daß er auf Vorgesetzte verzichten kann. Der Fischemann hat nicht unbedingt das Organisationstalent und die Power eines erfolgreichen Geschäftsmannes, im Gegenteil, manchmal wirkt er sogar zurückhaltend und träge. Aber er fesselt Menschen und überzeugt sie von seinen Ideen. Wir wollen nicht übertreiben und sagen, er habe hypnotische Fähigkeiten, aber man hat manchmal den Eindruck, als sauge er sich am Gesicht seines Gegenübers fest. Oft macht er nicht mal klare Aussagen, sondern benutzt seine Wortgewandtheit und redet um den heißen Brei herum. Hauptsache er bekommt, was er will.

Man kann einen Fischemann durchaus länger kennen, aber

man weiß nie so recht, woran man bei ihm ist. Er ist wirklich wie ein Fisch, der kurz an einem vorbeischwimmt, durch sein schillerndes Schuppenkleid betört und dann schon wieder in die tiefen Fluten abtaucht, geschweige denn, daß man ihn einfangen kann.

Der Fischemann will Freiheit und Unabhängigkeit, sich auf nichts festlegen, nicht mal auf eine Meinung. Er ist nicht ohne Überzeugungen, aber er macht kein Aufhebens darum. Er hat seine Prinzipien und Lebenseinstellungen, aber er duldet von anderen keinen Widerspruch und hat auch kein Verständnis dafür. Er würde nie ausfällig werden, wenn ihm jemand mit anderer Meinung gegenübertritt, dafür liegt ihm seine gute Erziehung und seine Bildung viel zu sehr am Herzen. Er gibt seinem Gegenüber auf andere, aber unmißverständliche Weise zu verstehen, daß dessen Ansichten ein völliger Blödsinn sind. Zu einem offenen Streit wird es der Fischemann nicht kommen lassen, das wäre unter seiner Würde als kultivierter Mensch.

Der Fischemann hat einen großen Bekanntenkreis. Seine Wohnung steht für fast jeden offen. Wer abends um zehn noch bei ihm anklingelt, wird mindestens zwei bis drei Leute vorfinden und vielleicht noch eine Kleinigkeit zum Essen. Er strahlt Wärme und Zuversicht aus, bei ihm fühlt man sich wohl. Außerdem hat er für die Sorgen seiner Freunde ein offenes Ohr. Eigentlich besitzt er eine gute Menschenkenntnis, doch selten kann er einen Menschen so akzeptieren, wie er wirklich ist. Am liebsten sieht er ihn so, wie er ihn sehen möchte.

So mancher wird den Fischemann dabei ertappen, daß er während eines Gesprächs etwas abwesend wirkt. Obwohl er mit seinen Gedanken ganz woanders ist, tut er so, als sei er die Aufmerksamkeit in Person. Dabei ist er unruhig, träumt vor sich hin, denkt an den nächsten Arbeitstag oder folgt einem plötzlichen Impuls, der ihn gleich etwas ganz Unerwartetes tun läßt.

Meistens geht es ihm so, wenn er eine Frau kennenlernt. Am stärksten faszinieren ihn sinnliche Frauen mit Ausstrahlung. Insgeheim können sie ruhig etwas Dominantes an sich haben, das fordert seine Männlichkeit heraus. Es mag also sein, daß ihm die gerade aufgegabelte »Domina« etwas wirklich Interessantes erzählt und der Fischemann sie plötzlich, wie vom Blitz getroffen, an sich reißt und küßt. Für eine Ohrfeige oder Protest zeigt er jetzt nicht das geringste Verständnis. Sein Argument ist, daß *sie* ihn schließlich verführt und betört hat. Er ist nun mal ein Mann, sie eine Frau, warum sollte er seine körperlichen Reaktionen unter Kontrolle haben?

Der Fischemann flirtet zwar und versteht es, Frauen richtig anzumachen, aber mit jeder würde er sich nicht abgeben. Hinter der hübschen Fassade muß auch Geist stecken, sonst wechselt er keine drei Worte mit ihr. Er will hinter jeder Frau, die ihm gefällt, mehr als eine einmalige Begegnung oder einen netten Flirt sehen, und beansprucht sie einfach für sich. Hier gibt er sich offensichtlich Träumereien hin. Er will eine romantische Liebe ohne große Verpflichtung, er will Zufriedenheit und Geborgenheit, eine Frau, die ihn also aus seinen zeitweise düsteren Stimmungen herausholt, und er will richtig guten Sex genießen. Er weiß, daß es schwierig ist, das alles zu vereinen . . .

Als Mensch, der sich leicht beeinflussen läßt und empfänglich für alle sinnlichen Dinge ist, lebt der Fischemann von Augenblick zu Augenblick. Er mag für den Rest des Abends etwas ganz anderes geplant haben, doch wenn er von einer Frau berauscht ist, richtet er seinen Kurs gleich in ihre Richtung und steuert nichts anderes mehr als ihre Wohnung an.

Obwohl der Fischemann nicht der treueste Zeigenosse ist, braucht er aber im Prinzip eine Frau, die sensibel auf seine Gemütsschwankungen eingeht, ihm zeigt, daß sie ihn bedingungslos (ganz wichtig!) liebt und ihm erhalten bleibt. Stabilität ist für den weichen Fischemann enorm wichtig. Seine Emotionen gehen tief, obwohl er weiß, wie unvernünftig das manchmal ist. Eine Enttäuschung stürzt ihn in tiefe Abgründe, und nur eine starke Frau kann ihn da wieder rausholen. Dennoch ist die Ehe für ihn keine Lösung. Einen Fischemann wird man selten in den Hafen der Ehe eintauchen sehen, und wenn, ist die Scheidung schon so gut wie vorprogrammiert. Das liegt auf der Hand. Welcher Fisch ist schon gern an der Angel? Ein Ehegelübde bedeutet ihm gar nichts. Er kann zwar mit einer Frau zusammenleben, aber sie muß damit rechnen, daß es Begriffe wie

»Treue« oder »Betrügen« für ihn gar nicht gibt. Meistens hat der Fischemann mehrere feste Freundinnen, die für seine unterschiedlichen Bedürfnisse zu Diensten stehen. Mit der einen führt er politische Diskussionen, mit der anderen geht er ins Theater, mit der dritten ins Bett. Aber er behandelt alle mit der gleichen Zuvorkommenheit und Liebe, mit dem gleichen Respekt. Doch wehe, eine seiner Schönen wendet sich von ihm ab und einem anderen zu, dann erlebt man bald einen rasend eifersüchtigen Fischemann.

Liebesgeheimnisse und Phantasien

Wie die Tiere im Wald

Was ist er denn nun, der Fischemann? Einfühlsamer Liebhaber oder Grobian? Wir wollen hier kein hartes Urteil abgeben, nur soviel: So manche Frau wird sich wundern, wie sich der höfliche und kultivierte Fischemann plötzlich im Schlafzimmer verhält.

Stellen wir uns vor, die Lust treibt ihn aus dem Haus. In den Institutionen, wo das Leben tobt und die Dates für die Nacht ausgemacht werden, verkehrt er selten. Das ist ihm zu mühsam. Außerdem sucht er keine x-beliebige Frau, sondern eine mit Intelligenz und allem, was er sich so unter »weiblich« vorstellt: weich, anschmiegsam – aber »ein sauberes Mädel«. Wenn sich gar nichts tut, überlebt er das auch, dann geht er eben allein schlafen. Übrigens: Pornos verachtet er, und Selbstbefriedigung ist unter seiner Würde. Um seinen Trieb zu befriedigen, gibt es Frauen, meint er.

Meistens besucht er eine Freundin in der Hoffnung, dort zu übernachten – beziehungsweise er setzt es voraus, wenn sie ihn schon in ihre Wohnung läßt. Nach einem kurzen Plausch ist es genug des Entrées, dann kommt er schnell zur Sache. Entweder er zieht sich einfach aus, macht im Schlafzimmer das Bett und führt sie kurzerhand dorthin, oder er küßt und entkleidet sie einfach. Sie kann tausendmal sagen »heute nicht« oder was Frauen sonst noch einfällt, er ignoriert das, denn er geht davon aus, daß sie Lust hat wie er. Frauen zieren sich eben manchmal, aber im Grunde wollen sie ja auch nur das eine! Außerdem haßt er großartiges Gerede. Seine Einstellung ist, daß die Tiere im Wald auch kein Theater machen und zu diskutieren anfangen . . .Wenn er eine Frau will, dann hat sie auch zu wollen. Sollten die Wünsche eines Fischemannes nicht anerkannt und erfüllt werden, reagiert er beleidigt. Verärgert wird er den Exit suchen. Aber das sollte man ihm nicht antun, denn Sex mit einem Fischemann kann sehr aufregend sein. Aber man genießt ihn am besten wie ein chinesisches Gericht – süß-sauer.

Der Fischemann wird sicher nicht gewalttätig, aber er geht sehr bestimmt vor. Und er versteht es letztendlich doch, die Lust in einer Frau zu wecken. Ihre erogenen Zonen hat er schnell gefunden. Er genießt es, ihren Formen nachzuspüren, ihre warmen Brüste unter dem Pullover zu liebkosen; und lange tiefe Küsse mit geschlossenen Augen. Er läßt sich auch gern verwöhnen, wobei er es mag, wenn eine Frau ein bißchen unterwürfig ist. Sie soll ihm nette Worte ins Ohr flüstern, mit der Zunge in sein empfindliches Ohr eintauchen und, was er besonders gern hat: Wenn sie ihm die Schuhe und Socken auszieht und seine Füße streichelt.

Wenn seine Gelüste den Höhepunkt erreicht haben, wird der Fischemann leidenschaftlich, fast animalisch. Er wartet nicht, bis sie auch so weit ist, er nimmt sie einfach, die Zärtlichkeiten kommen später. Er liebt sie in jeder Stellung – von vorn, von hinten, von der Seite, wobei er die Positionen öfter wechselt. Eine seiner bevorzugten ist die im Sitzen, wenn sein Gesicht dem ihren zugewandt ist. Seine Stöße sind kraftvoll und von gleichbleibendem Tempo. Trotz seiner großen Erregung muß man sich wundern, wie ausdauernd er ist. Wenn er ihre Lust spürt, überkommt ihn ein Gefühl des Glücks (egal mit welchen Mitteln er diesen Zustand erreicht hat), denn das ist genau das, was er sich wirklich gewünscht hat: eins sein mit ihr, im körperlichen Einklang die Lust gemeinsam genießen und es als ein schönes, angenehmes Erlebnis betrachten.

Der Fischemann steht mehr auf reife, erfahrene Frauen als

auf junge Mädchen. Für ihn spielt es keine Rolle, ob eine Frau eine tadellos knackige Figur hat. Er sucht das Sanfte, Weibliche in jeder Frau, aber auch das Mütterliche und Starke. Der Fischemann neigt deshalb zu verschwiegenen Zusammenkünften mit der Geliebten eines anderen oder zu Affären mit verheirateten Frauen. Er selbst hat zwar meistens den aktiven Part beim Liebesspiel, doch in seinen Phantasien und Träumen sieht er sich ganz anders. Die kreisen oft um eine starke Frau, die schlimme und heikle Forderungen stellt. Es ist ihm ein Genuß, ihr gefällig zu sein und gedemütigt zu werden. Sollte der Fischemann diese Phantasie tatsächlich ausleben können, läuft er Gefahr, süchtig nach Schmerz und Lust zu verlangen, ein hemmungsloser Sexbesessener zu werden. Daß ein Fischemann diese Veranlagung in sich trägt – wie viele andere übrigens auch –, heißt nicht, daß er sie unbedingt ausleben will. In erster Linie will er doch Liebe machen, ein Mann und eine Frau . . . oder wie die Tiere?

Wer paßt zu wem, wie und warum

Fische – Widder

Es muß sich um eine karmische Bindung handeln, denn warum würden sich Fische sonst immer wieder von diesem Zeichen faszinieren lassen, obwohl sie genau wissen, daß es mit Unglück und Tränen endet. Sobald ein Widder auftaucht, bewundert der Fisch dessen Stärke und Ausstrahlung, er versteht es, sich zu präsentieren. Außerdem bemüht er sich um ihn. Der Fisch glaubt, bei diesem Menschen Halt zu finden, und immer wieder wird er enttäuscht.

Der Widder genießt es sehr, daß sich sein Fischepartner auf ihn einstellt, vor allem im Bett. Deshalb bemüht er sich anfangs auch, ihn zufriedenzustellen, und ist zu ihm viel zärtlicher, als es sonst seine Gewohnheit ist. Davon sollte sich der Fisch nicht täuschen lassen. Denn schnell kommt der typische Widderegoismus durch. In der Partnerschaft stellt sich der Fisch natürlich sehr auf seinen Partner ein, schon allein weil er Harmonie braucht, doch der Widder nützt diese Gutmütigkeit schamlos aus. Unnachgiebig und stur versucht er, seine Vorstellungen durchzusetzen, was auch einem Fisch irgendwann zuviel wird. Das Schlimmste ist, daß er auch noch Liebe und Zärtlichkeit vermissen läßt. Spätestens dann wird es für den Fisch Zeit, sich zu trennen. Oder man muß wirklich warten, bis daß der Tod sie scheidet.

Fische – Stier

Nach dem Zusammenstoß mit einem Stier dürfte sich der Fisch gleich besser fühlen. Der Stier verkörpert schon rein äußerlich alles das, was er zu schätzen weiß. Er wirkt sauber, ordentlich und häuslich. Er gibt sich offen und kommunikativ. Der Fisch verliebt sich zwar nicht Hals über Kopf in ihn, aber hier weiß er gleich, daß er einfach gut aufgehoben ist. Allerdings braucht der Stier etwas länger, bis er sich erobern läßt – ein bißchen *Amore* muß sein.

Meistens wird es gar nicht lange dauern, bis Fisch und Stier den Bund der Ehe eingehen. Der Stier will unter die Haube, und wenn der Fisch ehrlich zu sich selbst ist, will er eigentlich auch in festen Händen sein. Mit dem Stier kann sich der Fisch wunderbar arrangieren. Er wächst mit ihm sozusagen zusammen. Stiere sind mindestens genauso harmoniebedürftig wie er selber und werden die Gutmütigkeit ihres Partners nicht ausnutzen, sondern ihn von ihrer Großzügigkeit profitieren lassen.

Zu guter Letzt erlebt er mit diesem Partner einen ebenso zärtlichen und harmonischen wie vielseitigen Sex. Nach einer gewissen Zeit des Zusammenseins sollte der Fisch aber darauf achten, daß die Partnerschaft nicht vor lauter »Häusle baue« und Kuchenbacken auf der Strecke bleibt. Irgendwann sind beide zu sehr mit äußeren Dingen beschäftigt, als daß man sich dem anderen ganz persönlich widmet. Vor lauter Aktivität könnten sie sich auseinanderleben. Ein Streitpunkt wird immer das Geld bleiben. Während die Fischefrau gern das eine oder andere »Schnäppchen« macht, schaut der Stiermann auf sein Geld. In der umgekehrten Konstellation gehen beide Partner recht locker mit dem Geld um, doch einer schiebt dem anderen die Schuld zu. Aber das dürfte man ja noch hinkriegen. Vom Stier darf sich der Fisch gern zum Traualtar führen lassen.

Fische – Zwillinge

Der Fisch mag nicht an Voodoozauber glauben, aber was hier passiert, kommt dem doch sehr nahe. Der Zwilling dreht und wendet ihn, hypnotisiert, umwirbt und beeinflußt ihn, so daß er völlig vergißt, klar zu denken. Aus Vernunftgründen würde er mit dem Zwilling nie eine Partnerschaft eingehen, so aber folgt er ihm wie verhext.

Der Zwilling spricht die schöpferische und phantasievolle Seite im Fischegeborenen an. Selten kann dieser sie mit einem Partner so ausleben wie mit dem Zwilling. Und selbstverständlich genießt er mit ihm alle erotischen Freuden. Vom Tantrasex bis zu den kleineren »Schweinereien«, der Zwilling lehrt einen

Fisch, was Tabulosigkeit heißt, reißt ihn mit und entlockt ihm seine geheimsten Sehnsüchte. Kein Wunder, daß der Fisch ihm hörig wird.

In der Partnerschaft kommt dann das große Erwachen. Es wird ein einziges Fiasko, denn nichts läßt sich regeln. Sobald der Fisch sich mit dem Gedanken an eine festere Verbindung mit dem Zwilling vertraut gemacht hat, wird er merken, daß ein Zwilling nicht treu sein kann. Der Fisch leidet darunter, daß er sich auf seinen Partner nicht verlassen kann, aber sich von ihm zu trennen schafft er auch nicht. Faszination hin oder her: Für den Fisch wäre es besser, es mit dem Zwilling gar nicht so weit kommen zu lassen.

Fische – Krebs

Hier funkt es erst ganz leicht, und wenn nicht einer der beiden das ganze Vorhaben forciert, schwimmen sich diese beiden Wasserzeichen schnell wieder davon. Mit einem Krebs hat der Fisch viele gemeinsame Anziehungspunkte, sensibel und einfühlsam sind sie beide.

Bis sie sich aber einander näherkommen und richtig kennenlernen, kann es ewig dauern, weil keiner so richtig die Initiative ergreift. Auch in der Partnerschaft entstehen aus diesem Grund oft Mißverständnisse. Der Fisch bleibt stumm und gibt seinem Partner überhaupt keine Signale mehr, so daß der Krebs sich irgendwann schmollend zurückzieht. Es ist aber meistens der Krebs, der versucht, seinen Fischepartner immer wieder zu verführen, die Mißstimmung durch ein reges Sexleben auszugleichen. Ein Allheilmittel ist das nicht. Gegenseitig machen sie sich etwas vor, versuchen, aus der Beziehung das Beste zu machen, aber vielleicht stimmt die Grundlage nicht, und man macht zuviel Aufhebens.

Meistens wird aus der Fische-Krebs-Partnerschaft eine gute Freundschaft. Sobald der Umgang nicht mehr dem partnerschaftlichen Zwang unterliegt, können sie ihre gemeinsamen Interessen viel besser genießen. Der Umgang wird unkompliziert und kumpelhaft, aber eine wahre Brücke, die den Fisch mit dem Krebs in Liebe verbunden hält, gibt es nicht.

Fische – Löwe

Diese Kombination ist zwar häufig, aber es sind eher Beziehungen, die irgendwann der Vergangenheit angehören, denn für das ganze Leben dürfte ein Löwe doch zu anstrengend sein. Immer wieder lockt der Fisch den Löwen an und läßt sich verführen. Ein Löwe will erobern, und das läßt der Fisch auch gern mit sich geschehen. Vor allem die Fischefrau, die anfangs sehr introvertiert ist. Der Löwemann versteht es, sie mit sanfter Gewalt zu erobern. Er ergreift in allem die Initiative, doch ob seine Vorschläge immer ihren Vorstellungen entsprechen, ist nicht sicher. Auch die Löwefrau übernimmt das Kommando, sobald sie merkt, daß ein Fischemann ihr zugetan ist. Mit ihr verbindet ihn zwar meistens ein kulturelles Interesse, aber sie beeindruckt ihn vor allem durch ihre weibliche Erscheinung und starke Ausstrahlung. Nach einiger Zeit wird der Fisch aber merken, daß der Löwe ständig versucht, ihm seine Interessen aufzudrängen und ihn in seine Richtung zu lenken. Ein Fisch läßt sich leider viel zu schnell beeinflussen und gibt zu schnell nach, anstatt diesem starken Partner auch mal Paroli zu bieten. Während der Fisch bodenständig beim Altbewährten bleibt, eilt ihm der Löwe, ohne Vor- und Nachteile abzuwägen, mit großen Schritten voraus. Insofern kann der Fisch mit diesem Partner nicht auf der gleichen Ebene sein. Letztendlich gibt er dem Fisch nicht die Ruhe und Ausgeglichenheit, nach der er in einer Partnerschaft strebt.

Fische – Jungfrau

Den Rosenkrieg gibt es nicht nur im Kino. Wenn er in der Realität stattfindet, müssen es Fisch und Jungfrau sein, die sich harte Gefechte liefern. Wie es dazu kommt, kann man sich nur damit erklären, daß der Fisch irgendwann erwacht und das Gefühl hat, betrogen worden zu sein. Es ist auch nicht so, daß der Fisch von der Jungfrau besonders angetan wäre, aber sie schafft es mit List und Tücke, Interesse zu wecken. Auch sie zeigt ehrliches Interesse am Fisch und bringt ihm überbordende Zärtlichkeit entgegen.

Nachdem sie ihm in einer Nacht alles gegeben hat, weicht

sie nicht mehr von seiner Seite. Für eine Fischefrau mag das ja zeitweise noch ganz angenehm sein, zumal sie sich bei einem Jungfraumann so richtig als Frau fühlen kann, aber ein Fischemann kann eine Jungfrau-Frau nicht richtig einschätzen. Er ist ihr gegenüber mißtrauisch, denn sein Instinkt verrät ihm nichts Gutes. Die Jungfrau will den Fisch festhalten und gebraucht all ihre Überredungskunst.

In einer Fische-Jungfrau-Beziehung wird sich schon nach kurzer Zeit herausstellen, daß es hinten und vorn nicht stimmt. Die Jungfrau schränkt den Fisch ein, macht ihm Vorhaltungen, zieht ihn zur Rechenschaft. Ob es um Flirt, Geld oder die Wohnungseinrichtung geht, die beiden sind einfach selten einer Meinung. Eine Warnung an alle Fischegeborenen: Gar nicht erst mit einem One-Night-Stand anfangen, sonst muß man die Konsequenzen tragen, und das kann lange dauern, denn eine Jungfrau läßt nicht so schnell locker.

Fische – Waage

Obwohl die Waage nicht gerade animierend und warmherzig auf den Fisch wirkt, ahnt er vielleicht die verborgenen Ähnlichkeiten mit ihr. Emotionsgeladen ergreift er die Initiative und geht einfach auf die Waage zu. Der Fischemann will die Waagefrau besitzen. Sie macht auf ihn den Eindruck, als könne er sie schnell überreden, ihm zu Willen zu sein. Der Waagemann übt auf die Fischefrau durchaus erotische Anziehungskraft aus. Schon allein weil er nicht diese typischen Männerposen an sich hat, gefällt er ihr und ist zugleich eine Herausforderung.

Beim Sex spielt die Waagefrau die Unterlegene, was der masochistischen Seite im Fischemann sehr entgegenkommt. Sie gibt ihm das Gefühl, daß er über sie verfügen kann. Die Fischefrau kann mit einem Waagemann alle Positionen durchspielen, und sie hat in ihm einen bewundernden Liebhaber. Alles was über die harmonischen Liebesnächte hinausgeht, sieht für die Fische-Waage-Kombination ziemlich kompliziert aus.

Der Waagemann ist extrem eifersüchtig. Aber da die Fischefrau sich das Flirten auf keinen Fall verbieten lassen wird, kommt es zu filmreifen Eifersuchtsszenen. Im großen und ganzen geht sie mit vielen Dingen, gerade im Alltag, viel lockerer um, ihr Waagemann wirkt dagegen direkt verkrampft. Die Waagefrau stellt sich für den Fischemann ganz schnell als gar nicht so umgänglich heraus. Sie läßt sich des Nachts vielleicht einiges gefallen, aber bei Tag weiß sie sich zu behaupten. Und auch sie verlangt von dem Partner, mit dem sie zusammen ist, Treue. Die Einstellung des Fischemannes ist sie nicht bereit zu akzeptieren, insofern muß er in Kauf nehmen, daß sie ihm bald wieder davonläuft.

Fische – Skorpion
Eine erotische Kombination mit Aussicht auf Dauer! Der Fisch weiß, wenn er den Skorpion sieht: Den muß ich haben. Abgesehen von der körperlichen Anziehung verkörpert der Skorpion für ihn etwas sehr Wertvolles, das er besitzen und festhalten möchte. Er spürt, daß er tiefer und aufrichtiger Gefühle fähig ist, deshalb gehen die Gedanken des Fisches in diesem Fall auch weit über den puren Sex hinaus.

Nicht nur beim Sex harmoniert der Skorpion mit dem Fisch, hier stimmt auch der geistige Austausch. Der Skorpion hat die Gabe, alles aus einem Fisch herauszuholen, aber ohne ihn unter Druck zu setzen. Der Fisch öffnet sich bei diesem Partner freiwillig. Er könnte akzeptieren (und sollte es auch), daß der Skorpion in der Partnerschaft die Führung übernimmt. Dieser hat genau das richtige Gespür dafür, wie er mit dem Fisch umgehen muß – mal faßt er ihn mit Samthandschuhen an, mal ein bißchen härter. Es muß Intuition sein, daß er immer das Richtige tut, doch umgekehrt ist es genauso. Kein Wunder, daß in dieser Konstellation beide Partner schnell das Gefühl haben, als könnten sie ohne einander nicht mehr sein. Das müssen sie ja auch nicht, denn mit einem Skorpion hat der Fisch das große Los gezogen.

Fische – Schütze
Wenn der Fisch sich nicht so an den Schützen klammern würde, dann hätte das ewige Hin und Her, Ja oder Nein schon früher ein Ende und würde dem Fisch vieles Unangenehme er-

sparen. Es ist der Schütze, der sich dem Fisch nähert und ihn in sich verliebt macht, und er ist es auch, der ihn wieder verläßt, kaum daß sich der Fisch an ihn gewöhnt hat.

Der Schütze verwirrt den Fisch, so daß sich dieser nicht einmal sicher ist, ob er wirklich echte Gefühle für ihn hat. Allerdings ist er begeistert von den gemeinsamen wilden Nächten mit dem Schützen. Der Schütze glaubt, um endlich Klarheit zu haben, aufs Ganze gehen zu müssen, aber damit erreicht er genau das Gegenteil. Der Schütze ist nun mal freiheitsliebend und mag es nicht, wenn jemand ihn festhalten will. Der Fisch gibt einem Schützen alles, er verhält sich überaus großzügig. Doch statt daß es den Schützen freut, verschreckt es ihn, er wird mißtrauisch. Daß ihm jemand soviel echte Gefühle entgegenbringt, kann ein kurzabenteuergeschädigter Schütze natürlich nicht glauben.

Im Laufe einer Beziehung wird es nicht zu vermeiden sein, daß sich der Fisch ausgenutzt fühlt, zumindest wenn er an ihm festhält. Der Schütze ist ein interessanter Gesprächspartner und guter Arbeitskollege. Er kann mit ihm Freundschaft pflegen, aber eine partnerschaftliche Beziehung weist auf harte Arbeit.

Fische – Steinbock

Zu diesem Zeichen fühlt sich der Fisch hingezogen. Es ist das Bodenständige, die Zuverlässigkeit, die der Steinbock ausstrahlt. Daß dieser nicht gleich offen auf den Fisch zugeht, sondern sich lange in Zurückhaltung übt, macht dem Fisch nichts aus. Insbesondere Fischemänner haben ein großes Bedürfnis, Steinbockfrauen wie ein scharfes Stück ungarischen Paprika zu vernaschen. Manchmal können sie sich dabei ziemlich die Zähne ausbeißen, denn wenn sie nicht will, will sie nicht (gerade das reizt ihn). Die Steinbockfrau zeigt einem Fischemann zwar ihr Interesse, aber sie läßt nicht durchblicken, ob sie zu mehr bereit ist. Sie kann ihn ganz schön abblitzen lassen.

Die Fischefrau mag es da einfacher haben, wenn sie von einem Steinbockmann umworben wird, allerdings ist diese Kombination nicht so häufig. Aber im großen und ganzen verbindet sich ein Fisch gern mit einem Steinbock – möglicherweise weil er Eigenschaften hat, die der Fisch bewundert und die er selbst nicht hat. Eine Partnerschaft könnte sogar andauern, insofern das sogenannte *general agreement* stimmt, vielleicht sogar mit getrennten Schlafzimmern. Worunter der Fisch aber zu leiden hat ist der Egoismus des Steinbockpartners. Manchmal ist er sogar ziemlich rücksichtslos, der Fisch fühlt sich wie unterernährt. Eine Konstellation also, die mit etwas Glück und Bescheidenheit durchaus funktionieren könnte, die aber auch viele Gefahren in sich birgt – vor allem für den Fisch.

Fische – Wassermann

Für den Fisch wird es schwierig sein, die Gemeinsamkeiten mit dem Wassermann zu entdecken, da beide Zeichen sehr vielseitig sind. Gemeinsamkeiten gibt es auf jeden Fall, leider genauso viele Unterschiede. Der Wassermann-Mann macht einer Fischefrau den Hof, denn ihm gefällt ihre kumpelhafte und trotzdem weibliche Art. Er ist sowieso interessant für sie: witzig, charmant und in gesicherten finanziellen Verhältnissen. Die Wassermannfrau wiederum scheint nur auf einen Fischemann gewartet zu haben – daß er sie erobert, was natürlich seiner Männlichkeit schmeichelt.

Der Wassermann kann ein phantasievoller, witziger und liebevoller Partner für einen Fisch sein, aber es ist unwahrscheinlich, daß sich die Harmonie länger als für eine Affäre aufrechterhalten läßt. Der Fisch braucht eben hin und wieder eine Pause, der Wassermann treibt ihn ständig zur Bewegung an. Ein Wassermann trifft oft Entscheidungen ohne seinen Partner, der Fisch läßt sich da oftmals zu schnell überrumpeln. Letztendlich leidet er aber darunter, daß der Wassermann sowenig Rücksicht nimmt. Irgendwann läuft ihm der Wassermann ganz davon, während der Fisch stehenbleibt. Wenn er sich vom Wassermann trennt, wird er auch selten in Kontakt mit ihm bleiben. Es ist meistens ein kurzes, aber ein schönes Abenteuer.

Fische – Fische
Warum nicht? Wenn die Rollen richtig verteilt sind, könnte aus zwei Fischen sogar ein Paar werden. Das haben sie ihrem gegenseitigen Einfühlungsvermögen zuzuschreiben und dem Verständnis, das sie füreinander aufbringen.

Wenn in der Fische-Fische-Ehe Probleme auftauchen, dann meistens, weil sie sich gegenseitig die Kräfte rauben. Sie sind eine Art von emotionalen Vampiren (man hat ja schon öfter gehört, daß man sich »vor Liebe« umbringt) und verrennen sich schnell in der kühlen Alltagsrealität. Wenn sich einer der beiden schwach fühlt, kann ihm der andere keine Stütze sein. Aber: Probleme tauchen bekanntlich überall auf. In der Fische-Fische-Konstellation muß vor allem die körperliche Harmonie stimmen, dann läßt sich auch der Alltag meistern. Meistens haben diese Partner ein sehr sinnliches Liebesverhältnis, das sogar hier und da ausschweifend sein kann. Sicher ist es die Fischefrau, die meistens klein beigibt, aber gegen diese Rolle hat sie ja auch nichts. Was soll's, echte Liebe bleibt eben immer in der Familie!

Verführung, Liebe und was dann?

Ängste, Sehnsucht – Bereitschaft

Warum verführen wir jemanden? Warum lassen wir uns verführen? Weil es uns Spaß macht, weil es uns guttut, zum Beispiel. Das wäre die einfachste Erklärung. Doch letztendlich, um mit jemandem zusammen zu sein, um einen Partner zu finden, mit dem wir den noch bevorstehenden Lebensabschnitt gemeinsam bestreiten. Das scheint ein Idealfall zu sein, der immer seltener wird. Die Tendenz geht dahin, daß wir die Verführung als unnötigen Aufwand oder zunehmend nur noch im Hinblick auf körperliche Genüsse sehen. Wir sind eine Gesellschaft von Egoisten geworden, die erotische Erlebnisse konsumieren wie Hamburger und Computerspiele. Wer denkt im Zeitalter von Cybersex noch an schicksalhafte Begegnungen, himmlische Verführung oder an die große Liebe? Die Tatsache, daß es immer weniger Menschen tun, hat dazu geführt, daß wir zu frustrierten Einzelgängern geworden sind, müde, sich mit einem anderen mehr zu beschäftigen, als es unsere kostbare Zeit erlaubt, unfähig, sich überhaupt in einen anderen einzufühlen.

Doch es sind nicht nur die äußeren Einflüsse der Konsumgesellschaft, denen wir unterliegen. Es sind die Ängste, tief in uns verborgen und täglich geschickt verdrängt, die uns daran hindern, unserem Wunsch nach einer festen Partnerschaft zu folgen und uns mit allen Konsequenzen auf eine Beziehung einzulassen. Wir haben Angst, zuviel von unserer Persönlichkeit aufzugeben, denn schließlich ist nichts heiliger als das. Wir haben Angst vor Schmerz und Enttäuschung, weil wir es nicht mehr gewohnt sind, mit Gefühlen umzugehen, geschweige denn Gefühle zu zeigen.

Wir haben Angst, uns fest zu binden, denn wir könnten enttäuscht werden. Wir wollen nicht verlassen werden, nicht beleidigt werden, nicht streiten und nicht weinen. Wir haben Angst davor, daß etwas auf uns zukommt, von dem wir nicht wissen, was es ist, das wir nicht einschätzen oder kontrollieren können.

Sicher haben Sie folgendes oder etwas Ähnliches schon öfter gehört: »Jetzt sind wir so lange zusammen, aber das hätte ich nie von ihm gedacht. So kenne ich ihn gar nicht.« Ein Mann jammert, nachdem ihn seine Frau bei Nacht und Nebel verlassen hat: »Wie konnte sie mir das antun? Nie hat sie etwas gesagt. Warum so plötzlich?«

Warum so plötzlich? Eine Frage, von der wir glauben, sie nicht beantworten zu können, denn wir wollen sie nicht beantworten. Dazu müßten wir zuerst tief in unser Inneres schauen, wo wir unsere eigenen Fehler entdecken. Davor haben wir Angst. Nie möchten wir in eine solche Situation kommen, es reicht, wenn man so etwas in der Zeitung liest oder von Bekannten erfährt. Wie schnell sagen wir »Mir könnte das nicht passieren!«. Wir wappnen uns mit der schweren Rüstung aus Vernunft und Ignoranz und beugen vor, wo wir nur können. Das Ergebnis: eine Ehe aus steuerlichen Gründen, eine lockere Beziehung, in der jeder seine sogenannte Freiheit hat, die Traurigkeit, daß wir nie Liebe bekommen, wonach wir uns doch eigentlich sehnen.

Am liebsten genießen wir die schönen Momente der Verliebtheit, und wenn diese vorbei sind, trennen wir uns wieder oder verbringen ein Leben in trister Zweisamkeit. Wer möchte schon trockenes Brot haben, wenn es Sahnetorte gibt? Kein Wunder also, daß wir immer wieder betroffen sind von der völlig unerwarteten Reaktion unseres Lebensgefährten, und wir müssen uns fragen, mit wem man da eigentlich Tag für Tag, über Jahre oder Jahrzehnte zusammengelebt hat. Wir müssen uns eingestehen, daß wir ihn überhaupt nicht kennen, daß er ein Fremder geblieben ist. Im Grunde genommen beschäftigen wir uns mit dem Menschen an unserer Seite nur oberflächlich. Wir haben Angst, daß er ein Spiegel ist, in dem wir unsere eigenen Schwächen sehen.

Deshalb soll unser Partner einem Idealbild entsprechen, das

wir in unserer Phantasie zurechtgezimmert haben und das uns nichts anhaben kann. Wir versuchen, ihn zu erziehen, kritisieren alles, was uns nicht paßt, beeinflussen ihn, zwingen ihn, in eine Rolle zu schlüpfen, die wahrscheinlich gar nicht die seine ist. Am Ende steht ein Mensch, der ganz und gar verschieden ist von demjenigen, den wir einst kennenlernten und liebten, und der uns gar nicht mehr gefällt. Ist das nicht absurd? Wir verlangen viel vom Leben und von unserem Partner, wir verlangen, daß er unsere eigenen Fehler und Schwächen ausgleicht. Indem wir also versuchen, unseren Partner zu einem Idealpartner zu machen, ignorieren wir seinen wahren Charakter, seine Gewohnheiten, seine Vorlieben. Wir kennen sie gar nicht mehr. Und hier liegt der Kernpunkt der Angst. Ängste kommen von »nichts wissen«. Was wirklich in unserem Partner vorgeht, wissen wir nicht, davor haben wir Angst. Deshalb spielen wir lieber Theater und lassen ihm diejenige Hauptrolle zukommen, die wir am liebsten sehen. Wir wollen Perfektion, wir wollen ein ideales Paar sein. Unser Unterbewußtsein sagt uns aber etwas ganz anderes. Es strebt nicht nach Perfektion, ganz einfach, weil es die gar nicht geben kann, und akzeptiert die Angst als einen Teil unserer Natur. Wir verdrängen das bis in den letzten verborgenen Winkel als etwas Unvollkommenes, Störendes. Wir ergründen oder kennen unsere Ängste nicht, schon gar nicht die unseres Partners. Das ist der Grund, warum wir immer wieder an den gleichen Typ Partner geraten und immer wieder die gleichen Erfahrungen machen.

Nehmen wir ein extremes Beispiel: Eine Frau wird von ihrem Partner geschlagen. Natürlich hat sie Angst vor seinen Schlägen und vor dem Schmerz, der nicht nur ihrem Körper Schaden zufügt, sondern auch ihrer Seele. Je öfter und heftiger er sie schlägt, desto größer wird ihre Angst vor ihm. Sie weiß, daß sie dieses Erlebnis immer wieder durchmachen muß, tut aber nichts, um dieser Situation zu entgehen. Die Frau läßt sich von ihrer Angst besiegen, die, hat sie einmal Besitz von ihr ergriffen, sie daran hindert, aktiv zu werden und ihre schlimme Situation zu ändern. Angst lähmt den Verstand und blockiert die Energie.

Aber wie ist es überhaupt so weit gekommen? Es sind nämlich die Ängste (das, was wir nicht wissen), die viel tiefer liegen und die erst zu solchen Situationen führen. Solange wir sie nicht erkennen, können wir sie auch nicht auflösen, sprich Konsequenzen ziehen, uns von unseren Problemen mit dem Partner befreien.

Wir sehen, daß der Partner nicht unserem Ideal entspricht, und versuchen entweder dieses Bild heraufzubeschwören, obwohl alles dagegen spricht (wie im Prügelbeispiel), oder aber wir werfen ihm seine Unvollkommenheit vor und wenden härtere (Erziehungs-)Maßnahmen an (wie Schimpfen, Liebesentzug, Fremdgehen), um ihn wieder weich und biegsam zu machen. Aber es gelingt nicht. Die Probleme bleiben.

Je mehr wir uns von Problemen umgeben sehen, desto größer wird unsere Sehnsucht. Sehnsucht nach Perfektion, nach Liebe und Glück. Anstatt zuerst mal gemeinsame oder eigene Probleme zu lösen, steigern wir uns in diese Sehnsucht hinein. Sehnen heißt Suchen nach etwas, was ich noch nicht habe. Sehnsucht ist ein unvollkommener, ein unreifer Zustand. Theoretisch dürfte man sich in einer harmonischen Beziehung nach gar nichts sehnen. Aber dadurch, daß die Harmonie immer wieder gestört wird, sehnt man sich. Sehnsucht entfernt uns von unserem Partner. Sie ist wie ein Traum, den nur jeder für sich allein träumen kann. Sie lenkt uns ab und verwischt die Realität. Dabei vergessen wir, daß wir uns meistens nach etwas sehnen, was wir eigentlich schon haben. Es ist in uns, aber wir sind unersättlich in unserer Gier. Wir wollen vom anderen etwas haben, das wir selbst nicht einmal geben können.

Eine Fischefrau zum Beispiel sehnt sich nach tiefer, aufrichtiger Liebe. Sie verlangt von ihrem Partner, daß er ihr diese Liebe entgegenbringt, weil ihre eigenen Gefühle so tiefgründig sind. Sie selbst besitzt also diese Eigenschaft, aber dennoch sehnt sie sich danach. Ein sensibler Krebsmann sehnt sich nach einem sensiblen Partner. Er braucht jemanden, der auf seine Stimmungen eingeht, und fürchtet nichts mehr, als verletzt zu werden. Die Stierfrau wünscht sich Sicherheit, das heißt einen treuen Partner kombiniert mit Altersversorgung, dabei kann niemand besser als sie einem Partner Sicherheit geben. Eine Steinbockfrau sehnt sich nach Freiheit und Unabhängigkeit innerhalb einer festen Partnerschaft. Sie erwartet von ihrem Partner die gleiche Großzügigkeit, die sie selbst zu geben bereit ist.

Dies sind nur einige Beispiele, die zeigen, daß unser Partner eigentlich nichts anderes als unsere Sehnsüchte in Verkörperung einer Person ist. Wir glauben, daß nur derjenige zu uns paßt, der uns das gibt, was wir schon besitzen. Ist es das, was wir in Wirklichkeit möchten?

Wir machen den Fehler, daß wir immer von uns ausgehen. Unser Egoismus fordert – von anderen, von uns selbst aber nichts. Notgedrungen kommt es zu einem Ungleichgewicht, mit dem der Problemkreislauf anfängt. Das können wir nur verhindern, indem wir uns 1. selbst richtig kennenlernen, sprich unsere Ängste, Schwächen und Stärken, und 2. unseren Partner richtig kennenlernen und akzeptieren, daß er anders ist, und 3. unsere Ängste und die des anderen entdecken, um sie gemeinsam bekämpfen zu können oder um sie von vornherein zu vermeiden. Wenn wir wirklich wissen, was wir wollen, das heißt, ob derjenige, mit dem wir gerade im siebten Himmel schweben, nur ein Flirt ist oder ein Partner auf Dauer sein könnte, dann müssen wir auch bereit sein, uns ganz auf ihn einzulassen, und zwar so, wie er ist. Es ist auch die Bereitschaft, sich selbst zu öffnen, die wir lernen müssen, den Partner an uns heranzulassen. Bereitschaft zeigen, das ist die einzige Chance, um sich richtig kennenzulernen. Bereitschaft führt dazu, daß aus Verführung wirklich Liebe wird und daß es nach vielen Jahren gemeinsamer Partnerschaft immer noch Liebe – und auch Verführung – gibt.

Der Prozeß der Veränderung

Krise und Trennung in der Beziehung

Wir haben gesehen, was Ängste bewirken können, wenn sie nicht erkannt und aufgelöst werden. Wenn wir nicht wirklich wissen, was wir wollen und warum wir mit unserem Partner zusammen sind, ihn nicht richtig kennenlernen und so annehmen, wie er ist, bleiben wir an der Oberfläche. So kann man eine Zeitlang durchaus zusammenleben, doch dem Moment, in dem die Wahrheit zu Tage kommt, entgeht man nicht.

Plötzlich werden wir mit der Wahrheit konfrontiert, und die stürzt uns in Verwirrung und Probleme, was genau in die Beziehungskrise führt. Diese ist nicht mit den alltäglichen Streitereien zu vergleichen. Eine Krise führt, wenn sie nicht gelöst werden kann, unter Umständen zur Trennung.

Die Zeit der Krise bringt viele Verletzungen mit sich. Um uns herum scheint das Licht ausgegangen zu sein, kein erhellender Gedanke scheint mehr aufzutauchen, der uns da herausführt und der uns zumindest eine Perspektive zeigt, daß es irgendwann wieder aufwärts geht. Dennoch liegt gerade in der Krise die größte Chance, um Lösungen zu finden, um unser Schicksal wieder zum Guten zu wenden oder um einen Neuanfang zu machen.

Eine Beziehung kann man durchaus mit einer Maschine vergleichen, bei der mehrere Funktionen Hand in Hand gehen müssen, damit sie läuft. Fällt eine aus oder ist ein Teil defekt, funktioniert sie nicht mehr richtig. Eine Maschine kann man natürlich reparieren. Eine Beziehung auch? Vielleicht. Zumindest können wir uns selbst die Frage stellen, ob wir die Fähigkeit haben, die Beziehung wiederherzustellen, nachdem wir uns sicher sind, daß wir das auch wollen. Erst dann haben wir die Reife, einer neuen Beziehung wieder positiv entgegenzusehen. Betrachten wir einmal das folgende Bild, um zu verdeutlichen, was Krise überhaupt bedeutet.

Was man in einer Beziehung erlebt, ist ein Prozeß der Wandlung, den wir begleiten. Es ist, als würden wir auf einem schmalen Pfad ein Gebirge durchschreiten, der uns über Berge und durch Täler führt, auf dem wir große Anstrengungen in Kauf nehmen müssen. Doch irgendwann werden wir müde. Die Erschöpfung hindert uns daran weiterzugehen, also rasten wir. Während dieser Pause passiert etwas Wunderbares. Wir nehmen die Nahrung zu uns, nach der der Körper dringend verlangt hat, wir ruhen uns aus und spüren, wie nach und nach die Kraft in den erschöpften Körper zurückkehrt. Nach der Pause fühlt man sich gestärkt genug, um seinen Weg wiederaufzunehmen. Es geht also weiter bis zum nächsten steilen Berg, dessen Aufgang so beschwerlich ist, daß wir ganz langsam, Schritt für Schritt gehen und uns auf einen Stock stützen müssen. Anstatt des Stockes könnte es auch die Hilfe eines Vorbeigehenden sein, an dessen Schulter wir uns anlehnen. Doch zwischendurch, sobald wir wieder spüren, daß der Körper müde wird, rasten wir erneut.

Dies mag ein sehr einfacher Vergleich sein, um das Auf und Ab in einer Beziehung und den Zustand der »Erschöpfung« zu beschreiben, den eine Beziehungskrise in uns bewirkt, angesichts des großen Schmerzes, den wir erfahren. Und doch ist die Krise nichts anderes als eine Pause, um weitergehen zu können. Die Krise mit unserem Partner gibt uns das Gefühl, keine Kraft mehr zu haben, den Weg fortzusetzen. Sie ist ein Zeichen, das uns signalisiert, zu uns zurückzukehren, über etwas nachzudenken und etwas zu ändern.

Meistens werden wir Opfer unserer Emotionen, sind wie Gefangengehaltene. Wir sind verletzt, wütend und enttäuscht. Wir wollen nicht wahrhaben, daß es offensichtlich nicht mehr weitergeht. Diese Emotionen hindern uns daran, die Zeit des »Rastens« sinnvoll zu verbringen. Lieber sagen wir »Ich kann nicht mehr, ich will nicht mehr« und gehen damit ein Stück des Weges wieder zurück, statt daß wir die Müdigkeit als Chance zum Auftanken sehen. Dieses »Ich kann nicht mehr« ist eine negative Energie, die uns nicht weiterführt. Dabei könnte man sie durchaus in positive Energie umwandeln.

Die Krise, die wir durchschreiten müssen, die nichts anderes als eine schöpferische Pause darstellt, ist zugleich ein Weg, denn sie führt uns weiter, neuen Aufgaben, neuen Anstrengungen entgegen. Der Moment der Ruhe bedeutet, daß wir nachdenken müssen über den Weg, den wir bisher gegangen sind, und wohin uns der weitere Weg führen soll.

Es heißt: mich zurückziehen, in mich gehen, über mich und meinen Partner nachdenken, mich fragen, weshalb er mich oder die Familie verlassen hat, warum er sich so verhalten hat und umgekehrt, warum ich mich so verhalten habe? Die Krise ist eine Zeit der Meditation, in der wir uns mit uns selbst auseinandersetzen müssen. Und sie gibt uns die Möglichkeit, gestärkt daraus hervorzugehen, etwas Neues anzufangen.

Schöne Worte, reine Theorie? Nein! Wenn wir in einer Beziehungskrise stecken, ist das schwer begreiflich. Wir sind enttäuscht, müde, zweifeln an allem und am meisten an uns selbst. Wir verlieren viel von unserem Selbstbewußtsein, was uns noch schwächer macht.

Es ist einfach, zu sagen »Ich kann nicht mehr« oder »Ich will nicht mehr«. Natürlich müssen wir uns auch eine Zeitlang diesem Schmerz hingeben, ihn richtig spüren, schließlich haben wir einen Verlust erlitten – zumindest glauben wir das. Die Gefahr besteht darin, daß wir nicht mehr aufhören können, Schmerz zu empfinden und zu leiden. Je mehr wir uns vor Augen halten, daß es keine Lösung gibt, daß wir schwach und verzweifelt sind, desto stärker geraten wir in den Sog negativer Energien, der uns immer weiter nach unten zieht. Wir vergessen, daß wir in diese negative Haltung eine ungeheure Kraft investieren, die uns zerstört, anstatt aufzubauen. Wir erwarten Hilfe von außen, die es auch geben kann, doch zunächst müssen wir erst einmal selbst den Weg und das Ziel finden, um diese destruktive Kraft in positive Energie umzusetzen. Erst ab dann kann der Prozeß der Veränderung stattfinden.

Während dieses Prozesses müssen wir versuchen, Stärke zurückzugewinnen. Wenn wir es allein nicht schaffen, den steilen

Berg zu erklimmen, dürfen wir ruhig auf eine Stütze zurückgreifen. Es kann die Hilfe eines Freundes oder, ganz unerwartet, eines Unbekannten sein oder auch eine psychologische Beratung, eine Therapie. Doch um erneut Stärke zu bekommen oder Hilfe, müssen wir uns entschließen, den Weg wiederaufzunehmen. Ansonsten führt der Zustand des »Rastens« zur Trägheit, anstatt zur Regenerierung von Geist und Körper.

Anstatt zu jammern, müssen wir uns bohrende Fragen stellen, uns selbst der strengste Richter sein. Je mehr Fragen wir stellen, desto mehr Antworten bekommen wir, deren Zusammensetzung eine Lösung ergibt. Warum passiert mir das? Was tue ich, daß ich immer wieder in die gleiche Situation komme? Oder: Warum habe ich zehn Jahre lang zugesehen, wie mich mein Mann betrügt?

In dem Moment, in dem die Probleme beginnen und die Krise eintritt, muß der Zustand, der in unserem Unterbewußtsein schon längst nach Änderung schreit, tatsächlich und so schnell wie möglich aufgehoben werden. Sonst werden wir krank.

Also trennen wir uns von dem, was uns so viele Jahre unglücklich gemacht, was uns gestört, an unseren Nerven gezehrt hat, alles, was zur Erschöpfung geführt und uns unfähig gemacht hat, uns selbst wieder wahrzunehmen. Nicht die Trennung muß letzte Konsequenz einer Beziehungskrise sein. Dazu müssen wir aber genau wissen, was wir wollen. Die Entscheidung nimmt uns niemand ab, die können nur wir selbst fällen. Wenn ich also weiß, daß mein Partner mich betrogen hat, ich mich aber entscheide, trotzdem mit ihm zusammenzubleiben, weil ich weiß, daß es außer diesem Partner keinen anderen für mich gibt, dann muß in mir selbst genügend Energie vorhanden sein, um die Änderung dieses Zustands herbeizuführen, um Harmonie wiederherzustellen.

Wir müssen etwas ändern, um ihn zurückzugewinnen. Das schaffen wir nicht mit Rache, sondern damit, daß wir uns auf die Eigenschaften besinnen, die sie oder ihn einst fasziniert haben. Was hat dem Partner an uns gefallen, weshalb hat er sich verliebt? Oder: Weshalb haben wir ausgerechnet diesen Menschen geheiratet? Es sind sicher nicht die Falten im Gesicht, die uns aufhören lassen, den Partner zu begehren und zu lieben. Es sind seine Charakterzüge, sein Charme, bestimmte Gewohnheiten, eine bestimmte Art zu lächeln, die man vermißt und die er verloren hat. Es ist die Stärke und persönliche Ausstrahlung, die man geschätzt hat, und genau die muß man wiederfinden. Die Stärke in uns ist ein Zeichen unserer Individualität. Nur wenn wir wieder ein »Ich-Bewußtsein« haben, mit uns selbst ein Ganzes bilden, können wir stark sein. In einer Partnerschaft kommen aber zwei Ichs, zwei Persönlichkeiten zusammen, wie zwei Kreise, die sich zum Teil überschneiden. Der dadurch neu entstandene Raum in der Mitte ist die Beziehung, in die beide Partner einen Teil ihrer Persönlichkeit einbringen, um gemeinsam etwas Neues zu schaffen. Der Rest der Kreise bleibt, wie er ist (wie wir selbst sind) – es ist unsere Persönlichkeit, die wir nicht aufgeben dürfen. Wenn einer den anderen vereinnahmt, ihm seine Gewohnheiten aufzwingt oder man sich selbst so verändert, daß von einem kaum noch etwas wiederzuerkennen ist, lösen sich zwei Individuen auf, die so auch keine konstruktive Beziehung mehr aufbauen können.

Eine Krise können wir nicht vertuschen. Sie ist ein Ereignis und Geschehen, das über uns hereinbricht, und eine Chance, zum Beispiel unsere Ängste zu erkennen und aufzulösen. Damit setzen wir dem Zustand, der uns unzufrieden macht, ein Ende.

Wir lösen die Krise auf, oder wir trennen uns. Was wir als Schmerz empfinden, ist Verlust, aber Verlust von Ballast, auch wenn er mittlerweile ein Teil von uns geworden ist. Die Gewohnheit des Ballasts wird vielleicht deutlicher, wenn wir sie mit einem Gipsarm vergleichen. Wenn wir lange genug diesen Gips tragen, gewöhnen wir uns an andere Bewegungen, die wir nicht so ohne weiteres ablegen können, wenn der Gips plötzlich nicht mehr da ist. Der Arm selbst hat sich verändert, wir müssen erst wieder lernen, ihn zu gebrauchen, der Gips fehlt plötzlich. Im Grunde genommen müssen wir uns aber vor Augen halten, daß wir nur das abstreifen, was uns, wie der schwere Gips, behindert hat.

Wir neigen dazu, uns festzuklammern. Was wir haben, gehört uns für immer, auch das Negative. Wir müssen lernen loszulassen. Das, was uns belastet hat, auf was wir aber glauben, einen Anspruch zu haben, müssen wir loslassen. Wir klammern uns an alles und können letztendlich nicht mehr unterscheiden, was wir wirklich festhalten sollten und was loslassen.

Was geschehen muß, ist wie der Prozeß der Abnabelung. Zunächst werden wir durch die Nabelschnur genährt, doch nur für eine begrenzte Zeit. Erst wenn wir uns abgenabelt haben, können wir auf andere Art wieder Nahrung aufnehmen und dann auch einem anderen Menschen Nahrung geben. Es ist ein gegenseitiges Geben und Nehmen. Um die Gebirgslandschaft gemeinsam zu durchschreiten, ist es genau das, was uns am Leben erhält und was uns ermöglicht, den Weg wiederaufzunehmen.

Wenn Menschen ein harmonisches Leben zu zweit führen, liegt es daran, daß sie gelernt haben, mit den Augen des anderen zu sehen, mit den Ohren des anderen zu hören und mit dem Herzen des anderen zu fühlen. Es ist so wichtig, daß wir unseren Partner wirklich kennen und wissen, welche Kräfte unsere Beziehung zueinander beeinflussen.

Die Liebschaft ist nicht nur ein köstliches Geschenk, sondern eine dauernde Aufgabe.

Und am Ende: Das Glück auf Dauer

Manche behaupten, das Glück läge auf der Straße, manche, daß ihnen Glück niemals zuteil würde. Glück erscheint uns als etwas Großes und Vollkommenes – ein Zustand ohne Sorgen zum Beispiel.

Glück ist etwas, das man nicht so leicht bekommt. Meistens ist es nur ganz kurz, so kurz, daß es schon wieder vorbei ist, bevor wir es überhaupt bemerkt haben. Wir können morgens aufwachen, uns über den Sonnenschein freuen und plötzlich ein Glücksgefühl empfinden, doch meistens ignorieren wir diese Momente. Glück? Das heißt doch wohl: Sechs Richtige im Lotto, ein Leben in Reichtum und natürlich eine perfekt funktionierende Beziehung! Oder?

Meistens kommen die Glücksmomente in Augenblicken, in denen wir am wenigsten damit rechnen. Erst später wird uns das bewußt, und wir nehmen uns vor, sie beim nächsten Mal festzuhalten. Glück sollte ewig dauern. Wir müssen uns aber fragen, warum diese Glücksmomente so plötzlich gekommen sind. Was war der Auslöser? Daran denken wir natürlich nicht, denn Glück setzen wir mit Schicksal gleich, etwas, das von außen kommt, das wir nicht beeinflussen können. Dabei haben wir es selbst in der Hand. Man sagt nicht umsonst, wir sind unseres eigenen Glückes Schmied. Viel zu selten besinnen wir uns auf die alten, weisen Sprichworte. Jeder kann sich Glück schaffen. Menschen, die sagen, sie hätten nie Glück, werden auch keins haben.

Wir haben es verlernt, die kleinen Dinge zu schätzen. Darauf zu achten, fällt in unserer Zeit, in der es scheinbar nur noch den Superlativ gibt, natürlich schwer, doch nur wenn wir wieder sensibel werden für das »kleine Glück«, können wir zum Glück auf Dauer gelangen.

Wenn wir mit unserem Partner glücklich werden wollen, und

zwar über die Zeit der euphorischen Verliebtheit hinaus, müssen wir etwas dafür tun. Liebe ist ein tiefes Gefühl. Wir können sie erst wirklich begreifen und empfinden, wenn wir in diese Tiefe gelangen. Das heißt, jeder von uns muß sich so weit öffnen, um dem Partner einen Einblick zu gewähren, der ins tiefe Innere führt. Viele gelangen erst durch die Erfahrung einer Krise oder Trennung dahin, nachdem der Schmerz Wunden zugefügt hat, die nicht mehr verdeckt werden können und die die Seele nach außen kehren. Leider erkennen unsere Mitmenschen erst dann, was in uns vorgeht, oder wir erkennen es dann bei anderen. Wir könnten das vermeiden, indem wir uns von vornherein öffnen.

Mit einem Partner, der sich uns öffnet, der sich uns anvertraut, gehen wir ganz anders um. Wir lernen seine Stärken und Schwächen kennen. Wir sollten ihn wegen seiner Stärken loben, damit er sie nicht verliert und wir von ihnen lernen können. Wir sollten seine Schwächen nicht kritisieren, sondern sie mit unseren Stärken kompensieren. Wichtig ist, daß die Partner immer wieder miteinander reden. Es sind schließlich zwei im Grunde völlig voneinander verschiedene Menschen, die sich verständigen müssen.

Je mehr wir unseren Partner erforschen, desto besser lernen wir uns selber kennen, desto besser wissen wir, was wir überhaupt wollen. Es ist fast wie eine abenteuerliche Reise ohne Ende, auf der wir viele glückliche Momente erleben können, weil wir soviel entdecken, was uns Freude bereitet. Wir selber machen dem Partner eine Freude, wenn wir uns öffnen und zulassen, daß er uns richtig kennenlernt. Es ist der Austausch positiver Energie, der Glück verursacht.

Wir dürfen Glück nicht als etwas Abstraktes und Schicksalgegebenes sehen, sondern bei den einfachen zwischenmenschlichen Dingen anfangen, um es zu erreichen: dem anderen Freude bereiten. Das Glück, das ihm dadurch zuteil wird, kommt auf uns zurück. Versuchen wir es doch einfach mal!

»Liebe ist eine Hingabe, und in der Hingabe verbirgt sich das Glück.« Mit der himmlischen Verführung beginnt es, am Ende kann das Glück auf Dauer stehen.

Zum guten Schluß möchte ich jedem Sternzeichen noch eine kleine Weisheit auf den Weg zum Glück auf Dauer mitgeben.

Für den Widder:
Menschen, die sich lieben, sagen 1000 Worte, ohne zu reden.

Für den Stier:
Das Glück schenkt nichts, es leiht nur.

Für den Zwilling:
Erst in einer Zeit der Unruhe kann man Treue erkennen.

Für den Krebs:
Verstehen kann man das Leben nur rückwärts. Leben muß man es vorwärts.

Für den Löwen:
Wer mir schmeichelt, ist mein Feind; wer mir meine Fehler sagt, ist mein Freund.

Für die Jungfrau:
Treue ist ein seltener Gast; halt ihn fest, wenn du ihn hast.

Für die Waage:
Die Engel, die nennen es Himmelsfreud, die Teufel, die nennen es Höllenleid, die Menschen, die nennen es Liebe.

Für den Skorpion:
Liebe deine Feinde, aber sei schneller als sie.

Für den Schützen:
Die Zeit erkennen, das heißt, die Vergangenheit und die Gegenwart richtig begreifen.

Für den Steinbock:
Der Geist, der allen Dingen Leben verleiht, ist die Liebe.

Für den Wassermann:
Für Menschen, die lieben, ist sogar Wasser süß.

Für den Fischegeborenen:
Einige Menschen fangen die Fische, andere trüben nur das Wasser.